"十二五"国家重点图书出版规划项目

中国社会科学院创新工程学术出版资助项目

新版《列国志》编辑委员会

列国志 新版

GUIDE TO THE WORLD NATIONS

王景祺 编著

THE STATE OF KUWAIT

科威特

社会科学文献出版社
SOCIAL SCIENCES ACADEMIC PRESS (CHINA)

科威特行政区划图

科威特国旗

科威特国徽

古城门遗址（丁少文　摄）

法拉卡岛上的一处遗址

国民议会大厦夜景（丁少文　摄）

扩建前的塞夫宫（丁少文　摄）

科威特市中心广场雕塑（丁少文　摄）

社区雕塑（丁少文　摄）

造型别致的清真寺（丁少文　摄）

民间茶馆（丁少文　摄）

现代化的迪瓦尼亚——沙龙（丁少文　摄）

科威特市内美丽的阿拉伯建筑

设计新颖的清真寺（丁少文　摄）

科威特石油总公司的标志性建筑（丁少文　摄）

印有埃米尔头像的邮票

造型别致的民用水塔（丁少文　摄）

科威特市的地平线景观

海滨风景

出版说明

  《列国志》编撰出版工作自 1999 年正式启动，截至目前，已出版 144 卷，涵盖世界五大洲 163 个国家和国际组织，成为中国出版史上第一套百科全书式的大型国际知识参考书。该套丛书自出版以来，受到社会各界的广泛好评，被誉为"21 世纪的《海国图志》"，中国人了解外部世界的全景式"窗口"。

  这项凝聚着近千学人、出版人心血与期盼的工程，前后历时十多年，作为此项工作的组织实施者，我们为这皇皇 144 卷《列国志》的出版深感欣慰。与此同时，我们也深刻认识到当今国际形势风云变幻，国家发展日新月异，人们了解世界各国最新动态的需要也更为迫切。鉴于此，为使《列国志》丛书能够不断补充最新资料，更好地服务于社会各界，我们决定启动新版《列国志》编撰出版工作。

  与已出版的 144 卷《列国志》相比，新版《列国志》无论是形式还是内容都有新的调整。国际组织卷次将单独作为一个系列编撰出版，原来合并出版的国家将独立成书，而之前尚未出版的国家都将增补齐全。新版《列国志》的封面设计、版面设计更加新颖，力求带给读者更好的阅读享受。内容上的调整主要体现在数据的更新、最新情况的增补以及章节设置的变化等方面，目的在于进一步加强该套丛书将基础研究和应用对策研究相结合，将基础研究成果应用于实践的特色。例如，增加了各国有关资源开发、环境治理的内容；特设"社会"一章，介绍各国的国民生活情况、社会管理经验以及存在的社会问题，等等；增设"大事纪年"，方便读者在短时间内熟悉各国的发展线索；增设"索引"，便于读者根据人名、地名、关键词查找所需相关信息。

顺应时代发展的要求，新版《列国志》将以纸质书为基础，全面整合国别国际问题研究资源，构建列国志数据库。这是《列国志》在新时期发展的一个重大突破，由此形成的国别国际问题研究资讯平台，必将更好地服务于中央和地方政府部门应对日益繁杂的国际事务的决策需要，促进国别国际问题研究领域的学术交流，拓宽中国民众的国际视野。

新版《列国志》的编撰出版工作得到了各方的支持：国家主管部门高度重视，将其列入"国家'十二五'重点出版规划项目"；中国社会科学院将其列为创新工程学术出版资助项目，王伟光院长亲自担任编辑委员会主任，指导相关工作的开展；国内各高校和研究机构鼎力相助，国别国际问题研究领域的知名学者相继加入编辑委员会，提供优质的学术咨询与指导。相信在各方的通力合作之下，新版《列国志》必将更上一层楼，以崭新的面貌呈现给读者，在中国改革开放的新征程中更好地发挥其作为"知识向导""资政参考"和"文化桥梁"的作用！

新版《列国志》编辑委员会

2013 年 9 月

前　言

　　自 1840 年前后中国被迫开关、步入世界以来，对外国舆地政情的了解即应时而起。还在第一次鸦片战争期间，受林则徐之托，1842 年魏源编辑刊刻了近代中国首部介绍当时世界主要国家舆地政情的大型志书《海国图志》。林、魏之目的是为长期生活在闭关锁国之中、对外部世界知之甚少的国人"睁眼看世界"，提供一部基本的参考资料，尤其是让当时中国的各级统治者知道"天朝上国"之外的天地，学习西方的科学技术，"师夷之长技以制夷"。这部著作，在当时乃至其后相当长一段时间内，产生过巨大影响，对国人了解外部世界起到了积极的作用。

　　自那时起中国认识世界、融入世界的步伐就再也没有停止过。中华人民共和国成立以后，尤其是 1978 年改革开放以来，中国更以主动的自信自强的积极姿态，加速融入世界的步伐。与之相适应，不同时期先后出版过相当数量的不同层次的有关国际问题、列国政情、异域风俗等方面的著作，数量之多，可谓汗牛充栋。它们对时人了解外部世界起到了积极的作用。

　　当今世界，资本与现代科技正以前所未有的速度与广度在国际间流动和传播，"全球化"浪潮席卷世界各地，极大地影响着世界历史进程，对中国的发展也产生极其深刻的影响。面临不同以往的"大变局"，中国已经并将继续以更开放的姿态、更快的步伐全面步入世界，迎接时代的挑战。不同的是，我们所面临的已不是林则徐、魏源时代要不要"睁眼看世界"、要不要"开放"问题,而是在新的历史条件下,在新的世界发展大势下,如何更好地步入世界,如何在融入世界的进程中更好地维护民族国家的主权与独立,积极参与国际事务,为维护世界和平,促进世界与人类共同发展做出贡献。这就要求我们对外部世界有比以往更深切、全面的了解,我们只有更全面、更深入地了解世界,才能在更高的层次上融入世界,也才能在融入世界的进程中不迷失方向,保持自我。

与此时代要求相比,已有的种种有关介绍、论述各国舆地政情的著述,无论就规模还是内容来看,已远远不能适应我们了解外部世界的要求。人们期盼有更新、更系统、更权威的著作问世。

中国社会科学院作为国家哲学社会科学的最高研究机构和国际问题综合研究中心,有 11 个专门研究国际问题和外国问题的研究所,学科门类齐全,研究力量雄厚,有能力也有责任担当这一重任。早在 20 世纪 90 年代初,中国社会科学院的领导和中国社会科学出版社就提出编撰"简明国际百科全书"的设想。1993 年 3 月 11 日,时任中国社会科学院院长的胡绳先生在科研局的一份报告上批示:"我想,国际片各所可考虑出一套列国志,体例类似几年前出的《简明中国百科全书》,以一国(美、日、英、法等)或几个国家(北欧各国、印支各国)为一册,请考虑可行否。"

中国社会科学院科研局根据胡绳院长的批示,在调查研究的基础上,于 1994 年 2 月 28 日发出《关于编纂〈简明国际百科全书〉和〈列国志〉立项的通报》。《列国志》和《简明国际百科全书》一起被列为中国社会科学院重点项目。按照当时的计划，首先编写《简明国际百科全书》，待这一项目完成后，再着手编写《列国志》。

1998 年，率先完成《简明国际百科全书》有关卷编写任务的研究所开始了《列国志》的编写工作。随后，其他研究所也陆续启动这一项目。为了保证《列国志》这套大型丛书的高质量，科研局和社会科学文献出版社于 1999 年 1 月 27 日召开国际学科片各研究所及世界历史研究所负责人会议，讨论了这套大型丛书的编写大纲及基本要求。根据会议精神，科研局随后印发了《关于〈列国志〉编写工作有关事项的通知》，陆续为启动项目拨付研究经费。

为了加强对《列国志》项目编撰出版工作的组织协调，根据时任中国社会科学院院长的李铁映同志的提议，2002 年 8 月，成立了由分管国际学科片的陈佳贵副院长为主任的《列国志》编辑委员会。编委会成员包括国际片各研究所、科研局、研究生院及社会科学文献出版社等部门的主要领导及有关同志。科研局和社会科学文献出版社组成《列国志》项目工作组，社会科学文献出版社成立了《列国志》工作室。同年，《列国志》项目被批准为中国社会科学院重大课题，新闻出版总署将《列国志》项目列入国家重点图书出版计划。

在《列国志》编辑委员会的领导下，《列国志》各承担单位尤其是各位学者加快了编撰进度。作为一项大型研究项目和大型丛书，编委会对《列国志》提出的基本要求是：资料翔实、准确、最新，文笔流畅，学术性和可读性兼备。《列国志》之所以强调学术性，是因为这套丛书不是一般的"手册""概览"，而是在尽可能吸收前人成果的基础上，体现专家学者们的研究所得和个人见解。正因为如此，《列国志》在强调基本要求的同时，本着文责自负的原则，没有对各卷的具体内容及学术观点强行统一。应当指出，参加这一浩繁工程的，除了中国社会科学院的专业科研人员以外，还有院外的一些在该领域颇有研究的专家学者。

现在凝聚着数百位专家学者心血，共计 141 卷，涵盖了当今世界 151 个国家和地区以及数十个主要国际组织的《列国志》丛书，将陆续出版与广大读者见面。我们希望这样一套大型丛书，能为各级干部了解、认识当代世界各国及主要国际组织的情况，了解世界发展趋势，把握时代发展脉络，提供有益的帮助；希望它能成为我国外交外事工作者、国际经贸企业及日渐增多的广大出国公民和旅游者走向世界的忠实"向导"，引领其步入更广阔的世界；希望它在帮助中国人民认识世界的同时，也能够架起世界各国人民认识中国的一座"桥梁"，一座中国走向世界、世界走向中国的"桥梁"。

《列国志》编辑委员会
2003 年 6 月

科威特驻华大使序

Embassy of
the State of Kuwait
Beijing

سفــارة دولة الكويت
بكــين

亲爱的中国朋友们，

你们好！

《列国志·科威特》再版发行之际，我谨向广大读者和友好的中国人民致敬。

科威特国与中国之间富有成效的友好合作历史悠久，它是靠祖辈们铺设根基，父辈们赋予建设，后代们加以保护并且还在不断开拓的一条名副其实的友谊之路。

科中关系是我们多年来积攒的宝贵财富，全世界见证了在两国英明政策指引下两国关系发展历程所发生的事件和取得的进步。

当我被任命为我国驻中国大使，我目睹了中国社会的巨大变化，亲身感受到了改革开放政策给这个友好国家在政治、经济、社会、科技等诸多方面带来的巨大进步。中国已然成为了一支全世界瞩目的力量，一个在地区和国际事务中发挥独一无二作用的大国。

科中关系建立在友好合作、相互尊重、实现共同利益基础上，坚不可摧，经受得住任何障碍和考验。

科威特人民不会忘记中国维护科威特正义事业的坚定立场，同样，科威特也坚定支持一个中国政策、维护其正义事业。

　　我在中国已经居住了近四年，学到了不少东西，对这个伟大国家和友好人民有了更深的了解，感受到了国家巨大的进步和转型，相信这些必将给中国带来国家富强、人民幸福的美好未来。

科威特国驻华大使

穆罕默德·萨利赫·祖维赫

2014 年 7 月 25 日

科威特前驻华大使序

　　中国前驻科威特大使王景祺请我为其编著的《科威特》一书写前言。在我阅读了该书的目录和内容提要后，便不假思索地予以应允。这是基于：其一，作者身份。他作为一位工作勤奋努力的驻科威特大使，在长达4年的工作期间，对科威特有着深刻和全面的了解，并与之建立了密切的联系和友谊，掌握了有关科威特国情和居民的大量第一手资料。其二，内容全面、详实，叙事多视角、全方位。它既涵盖了从地理到历史，从政治、经济、文化、科技到科威特与中国及世界上其他国家的关系等各个方面。其三，中国为数众多的图书馆和资料室需要这样一本内容全面、精确、数据清晰的介绍科威特的权威性图书。我个人认为，该书不仅可成为那些有志于科威特国研究者的优秀的中文参考书，也可作为那些力求获取有关科威特国国情和现状的可靠资料的企业家和旅行者的良师益友。

　　本书的出版发行，无疑将进一步巩固中国和科威特国之间自1971年3月建立外交关系以来业已存在的极好的关系；向中国读者介绍科威特从1961年6月19日独立以来，到1990年8月2日被伊拉克军队占领前这段时间内在各个方面取得的巨大进步；描述科威特自1991年2月26日从占领军的铁蹄下被解放后，是如何以不怕任何艰难险阻和各种挑战的大无畏精神从事重建工作的。此外，该书还详细地描绘了科、中之间不断发展的政治、经济、军事和文化关系，以及在贸易、石油、投资等领域的合作。

　　最后，我要说，这是一个吉兆：这本颇具分量的书籍的问世适逢我们

的大使馆新馆舍落成之时。科威特把这座新馆舍看成是维护我们两国人民
之间友谊的牢固大厦。

فيصل راشد الغيص

سفير دولة الكويت في بكين

科威特国驻中国大使

费萨尔·拉希德·盖斯

2004 年 5 月于北京

CONTENTS

目 录

CONTENTS

目　录

CONTENTS

目 录

CONTENTS

目 录

CONTENTS

目 录

CONTENTS
目 录

CONTENTS

目　录

7

再版序言

　　《列国志》丛书之一《科威特》出版发行已近十年，发行情况相当不错，首版所印册数在不长的时间内便销售一空，此后又加印了一次。至于该书在学术界和社会上产生的影响，仅就作者本人接触的范围而言，也明显地感觉到它的存在。自本书出版以来，科威特国驻华使馆先后购买了数百册，作为宣传品向来馆办理签证和访问的各界人士分发。此外，大使馆还连续多年利用举行国庆招待会的机会，向来宾分发、赠送该书。笔者因有在科工作经历，每年都应邀出席招待会，目睹了摆放在签到桌上《科威特》一书被来宾纷纷取走的情景。全国各类图书馆和大专院校对该书都有收藏，在一些政府部门里，如笔者原工作单位外交部图书资料室里就有保存。作者经常浏览一些网站，发现不少网站有关科威特条目中的一些内容，引用自《科威特》一书。在一些大学里发表的有关学术论文中也有类似的情况。

　　上述结果之所以能够出现，可能与我国迄今为止尚无一本完整地、全面地介绍科威特的著作有关。有鉴于此，中国社会科学院科研局和社会科学文献出版社，于2013年年初联合启动了《列国志》修订再版工作，希望把这套丛书打磨成真正能起到"向导""参考"与"桥梁"作用的精品。因此，当社会科学文献出版社来电征询可否参与这项工作时，我欣然接受。一是作为原著作者，有不可推卸的义务；二是随着时代的前进，国家的发展，很多数据、资料都在更新变动，原著确需修订补充，以满足读者更新更高的要求。

　　在修改本书过程中，得到了科威特驻华大使馆，尤其是使馆中秘大力、热心的帮助，她们想方设法帮我查找图书资料，提供光盘图片。更难能可贵的是，为获得最新统计数据，她们在征得使馆同意后，径直向科国内有关部门致电索取，并用快递寄来。中国社会科学院西亚非洲研究所图书资料室为我全文复印了《中东与北非年鉴》中科威特部分。外交部亚非司提供了近年来中科关系的一些最新数据，《世界知识年鉴》（2011/2012）中的一些内容也为我提供了参考。对这些真诚实在的帮助笔者表示衷心感谢。

王景祺

2013 年 12 月 30 日

序　言

　　记得在海湾危机和海湾战争期间（1990.8～1991.2），原本默默无闻的海湾小国科威特，一时成为各国媒体关注的焦点，科威特的名字也由此而家喻户晓。人们迷惑不解的是，强大的伊拉克萨达姆政权，为什么要派兵占领一个军事上不堪一击且在两伊战争中毫无保留地支持过自己的友好邻邦科威特呢？而与此同时，超级大国美国，为什么又不惜大动干戈，纠集了30多个国家，80余万兵力，动用了最尖端的武器，决心要把萨达姆军队赶出科威特？

　　科威特是一个地处阿拉伯半岛东北隅的沙漠小国，面积17818平方公里，人口200余万，其中本国人口只有70多万。像这样的一个国家，一般来说，在地区和国际事务中的作用和影响是有限的。然而，正如科威特埃米尔贾比尔所说，"科威特在地区和国际上所拥有的地位和影响，远远超出其领土面积和人口数量。因此，我们要清醒地了解自己的强项和弱项，从而能精确地找到我们在世界上的方位"。贾比尔这样说是有根据的。科威特拥有世界第五位的石油储藏量（截至2011年底，已探明石油储藏量为1015亿桶）和极为丰富的天然气储藏。石油的开采和出口使科威特魔术般地富了起来，在短短四分之一世纪里创造了令世人感叹的"沙漠奇迹"。到1990年海湾危机爆发前，科威特仅在国外的投资即高达1000多亿美元，每年纯收入达百亿美元之多，达到了与石油出口收入不相上下的水平。此外，它还拥有美国、西欧一些国家著名大公司相当可观的债券、股权，控制了一些西欧国家的石油产品销售网和加油站，等等。拥有如此巨大的石油储藏量和雄厚财力的小国科威特，为世界各国所看重也就不足为怪了。由此，我们也就不难找到本文开始时所提问题的答案。

试想，如果这一事件发生在非洲的某一小国，美国及其盟国能甘冒风险不惜代价地去干吗？

科威特是海湾国家中同中华人民共和国建交最早的国家之一。自 1971 年 3 月建交以来，中科之间建立在互相尊重主权和领土完整、互不侵犯、互不干涉内政、平等互利、和平共处五项原则基础之上的友好合作关系得到了全面发展，两国间在各个领域里的合作都取得了实质性进展。政治上，两国高层领导互访频繁，增进了相互理解与信任。双方在一些重大的地区和国际问题上一贯相互支持，密切磋商，真诚合作。特别是在海湾危机中，中国所持的公正与原则立场得到了科威特官方和民间的普遍赞赏与好评。

中科贸易具有极大的互利、互惠、互补性质，有着广阔的发展前景。中科经贸合作是全方位的、多渠道的，其中包括投资、合作经营、技术合作、优惠贷款、人道主义援助等。随着两国在石油与石化领域里合作进一步拓展，中科经贸合作必将结出更为丰硕的成果，两国友好关系也一定会成为 21 世纪南南合作的典范。

《科威特》是中国社会科学院编纂的《列国志》系列丛书之一。笔者曾两度在科威特工作，历时 8 年，在驻在国的亲身经历，对这种纪实性写作颇有裨益，加之，笔者的同行、原西亚非洲研究所所长赵国忠研究员盛情邀请和鼎力相助，《列国志》系列丛书之一《科威特》的写作任务就这样承担下来。

现在，本书终于呈现在读者面前。

《科威特》依据的主要材料是：第一，科威特新闻部编辑出版的《科威特——事实与数字》双年刊，1988 年英文版，1995 年、1999 年阿拉伯文版。该刊实际上是科威特各部工作年报汇编，所列数据多采用科威特中央统计局年度资料，具有真实性、权威性。第二，英国出版的《中东和北非年鉴》（*The Middle East and North Africa*）2000 年版科威特部分。该年鉴多引用科威特中央统计局公布的材料和数据，并经阿拉伯专家审定，材料和数据也是可信的。第三，是笔者在科威特工作期间，搜集整理书籍、报刊、杂志上的材料，如历史、民俗、妇女、军事等部分即是。另外，笔者在编写科威特经济的一些章节中，引用了安维华、钱雪梅主编的《海湾石油新论》、经贸部西亚非洲司编写的《世界各国贸易和投资指南——海湾国家》中科威特部分的一些材料和数据。书中所插图片除少数几幅由作者自备外，均为中国石油工程建设公司驻科威特办事处主任丁少文提供。

最后，在本册编写过程中，得到了中国社会科学院西亚非洲研究所前所长赵国忠研究员、温伯友研究员的热心帮助和指导，中国前驻外大使黄振编审，前驻外武官许林根教授给予审核并提出了很多修改意见，不少同行和朋友也向笔者提供了一些参考材料，丁少文主任为本书插图亲自拍摄，张瑞仪副教授参加了书稿的校对工作，在此，一并表示感谢。由于水平所限，书中的错漏之处在所难免，诚挚地希望得到同行专家学者和广大读者的批评指正。

王景祺

2003 年 5 月 30 日

第一章

概　览

第一节　国土与人口

一　国土面积

科威特国（The State of Kuwait），面积 17818 平方公里（约 6880 平方英里），人口 363 万（2011 年），首都科威特城，官方语言阿拉伯语，通用语言英语。国家元首：萨巴赫·艾哈迈德·贾比尔·萨巴赫（2006 年 1 月 25 日即位）。

二　地理位置

科威特位于亚洲西部阿拉伯半岛东北部，波斯湾西北隅，北纬 28°45′~ 30°05′，东经 46°30′~ 48°30′。北部、西部与伊拉克共和国接壤，南部、西南部与沙特阿拉伯王国毗邻，东临波斯湾，与伊朗伊斯兰共和国隔海相望。科威特地理位置优越，素有"阿拉伯半岛东北窗口"的美称。

科威特全境南北长 200 公里，东西之间跨度 170 公里，国界线长 685 公里，其中海界长 195 公里（海岸线长 290 公里），陆界长 490 公里。北部和西部与伊拉克的边界线长 240 公里，南部和西南部与沙特阿拉伯王国的边界线长 250 公里。

三　地形与气候

科威特全境大部分为平坦的沙漠。地势由西向东为坡度式倾斜，从西

部边陲海拔 300 米的什嘎亚和萨勒米，直到东部的海平面。中部为一些凹地和丘陵所隔断，如利亚赫、库拉马鲁、夏嘎特杰里布、阿夫里丘陵等，这些丘陵在接近海滨的时候，形成了一道海拔 145 米高脊状丘陵——贾拉祖尔（Jal al-Zor）丘陵，横亘在科威特湾的西北，乌姆拉曼翠谷穿过其中，当地称这一地区为"欧代"高地。南部除海拔 137 米的艾哈迈迪丘陵外，便是平坦的沙土地。

科威特全境没有长年流水的河流，更不见波光粼粼的湖泊和其他令人赏心悦目的地貌。然而，自古以来，科威特大地就是游牧部落和骆驼商队的过往通道。这种自由迁移使得边境的界定相当困难，并由此衍生出一些边界问题，但科威特与沙特阿拉伯王国之间的中立区（面积为 5700 平方公里），经友好协商于 1965 年 7 月 7 日得到圆满解决。中立区由两国均分，北半部由科威特管辖，南半部隶属沙特阿拉伯，中立区所产原油由两国共享。

科威特地处沙漠地带，属热带沙漠气候。夏季长、炎热、干燥，冬季短暂、温和，时而有雨。夏天常出现沙尘暴天气，尘沙满天，湿度增高。科威特全年温度差别很大，最高温度达 51°C（1978 年 7 月），最低温度达 -6°C（1964 年 1 月）。夏季平均温度为 45°C，冬季平均温度为 8°C。科威特气候的剧烈变动起伏，常常导致年降雨量的明显差别。前一年的降雨量少至 22 毫米，而下一年的降雨量可能达到难以置信的 352 毫米之多，年均降雨量为 12 ~ 37 毫米。

科威特的四季划分如下：

冬季（12 月 6 日 ~ 2 月 15 日）低温，多云，降雨，刮西北风时气候寒冷。

春季（2 月 16 日 ~ 5 月 20 日）温度暖和多变，时而有雷阵雨，南风炎热。

夏天（5 月 21 日 ~ 11 月 4 日）温度与湿度显著升高，为强沙尘暴天气。其中，6 月至 7 月中旬多为酷热、沙尘暴天气，7 月下旬至 8 月底多为闷热潮湿天气，温度徘徊在 48℃ 左右。

秋季（11 月 5 日 ~ 12 月 5 日）时间短暂，温度适中，多云雨，夜间较凉。

四 行政区划

科威特全国共划分 6 个行政省：即首都省、哈瓦里省、艾哈迈迪省、杰赫拉省、法尔瓦尼亚省和大穆巴拉克省。首都省，哈瓦里省和法尔瓦尼亚省共同构成大科威特市区。

首都省 1962 年建省，面积 1009 平方公里，人口 510505 人（2011年），省会科威特市。它是王宫、政府、使团、银行、博物馆、古城门的所在地。

法拉卡岛（又译费莱凯岛）、奥哈岛、米斯堪、库巴尔、卡鲁、乌姆马拉迪姆、乌姆纳木勒等诸岛隶属首都省。

哈瓦里省 1962 年建省，面积 358 平方公里，人口 798380 人，是六省中面积最小、人口最多的行政省。该省以打出第一口甜水井而闻名，其名亦因水甜而得。科威特国际机场坐落于该省。

艾哈迈迪省 1962 年建省，面积 5183 平方公里，人口 715776 人，省会艾哈迈迪市，为科威特第二大省。它因第十任埃米尔艾哈迈德·贾比尔·萨巴赫提议建城而得名。该省以油田、水井、港口而著称。省会艾哈迈迪市有"石油之城"的美誉。

杰赫拉省 1977 年建省，人口 465860 人，是科威特最大的行政省，省会杰赫拉。该省以著名的杰赫拉战役发生地而闻名遐迩。境内有乌姆艾什人造卫星地面接收站，劳扎塔因、乌姆艾什、马纳基什等油田，以及著名的劳扎塔因淡水井。

瓦尔巴岛和布比延岛归该省管辖，在科威特大陆苏比亚与布比延岛之间，一座由法国公司设计、中国路桥公司修建的长 2.5 公里的大桥飞架东西，海峡变通途。这座宛如彩虹的大桥于 1983 年竣工并投入使用，但在海湾战争期间遭到破坏，21 世纪初已由中国公司重建。

法尔瓦尼亚省 1988 年 10 月建省，人口 973561 人。据说省名是根据科威特第十任埃米尔艾哈迈德·贾比尔·萨巴赫的一名忠实的仆人苏鲁尔·本·法尔瓦之名命名的。

大穆巴拉克省 1999 年建省，是科威特最年轻的省份，人口 227587

人，省名取自科威特第七任埃米尔穆巴拉克·萨巴赫·贾比尔，它是由原属于哈瓦里和法尔瓦尼亚两省的萨巴赫·萨利姆区、古林区、富奈蒂斯区、萨卜汗工业区、阿丹区、大穆巴拉克区、古苏尔区和马西拉区组成。

五　领海与岛屿

1967 年 12 月 17 日埃米尔令规定，科威特领海为陆地和岛屿周围 12 海里，科威特湾为内海，其领海范围从小湾两侧地角连线算起。

科威特的领海面积约为 2200 平方海里，分为两个海区：北区水浅，深度不超过 5 米，海底为淤泥；南区水较深，海底为沙质和硅石层。科威特大多数港口都建在那里。

科威特自古以来就与大海结下了不解之缘，大海曾是科威特人的主要生活来源，并使得当今的科威特人具有一种与众不同的鲜明性格。当然，今日之科威特，已不再是旧日模样，不断向外扩展中的城市，飞速实现的现代化，这一切如魔术般地展示在世人面前。然而，人们与大海在感情上的联系却是根深蒂固的，直到如今，科威特人仍愿到海滩上去度过一个个美好的夜晚。

科威特海岸绵延 290 公里，可分为两个主要部分：一部分是沿波斯湾，另一部分是沿科威特湾与苏比亚海峡。这两部分有很大的区别：第一部分多为沙质海岸，而第二部分长约 70 公里，为冲积层所覆盖，水浅浪低，特别是科威特湾北部，海浪最高仅 26 厘米。

据统计资料表明，科威特海岸利用情况如下：沙滩约占海岸总长的33.3%；港口、海水淡化厂、医院和疗养院约占 14%，这里有舒威赫、多哈、艾哈迈迪、舒艾巴、阿卜杜拉和祖尔 6 大海港，此外，还有一些公司和个人的专用码头和 20 个木帆船锚地；旅游设施规划用地约占 11%；公司与个人用于修建别墅和避暑小木屋等约占海岸的 4%；未利用的海岸约占海岸总长的 35%，主要集中在北部。

科威特拥有法拉卡、布比延、瓦尔巴、米斯堪、奥哈、乌姆马拉迪姆、乌姆纳木勒、库巴尔、卡鲁 9 个岛屿。

法拉卡岛：是科威特最美、最著名的岛屿和旅游胜地，位于科威特市东北 20 公里处海湾中。长 12 公里，宽 6 公里，面积 70 多平方公里，是科威特第二大岛。

布比延岛：位于科威特湾的北部，与大陆有公路桥相连。面积 863 平方公里，是诸岛中面积最大的，岛上缺少淡水，无人居住。

瓦尔巴岛：位于布比延岛北面，隔海峡与伊拉克相望，面积 37 平方公里，无人居住。

米斯堪岛：位于法拉卡岛北面，扼科威特湾北入口处，战略地位重要。

奥哈岛：位于法拉卡岛南面。

乌姆纳木勒岛：位于科威特湾之中。岛上发掘出许多古代伊斯兰文物。在其附近原有奥卡兹岛，现已开辟成为舒威赫港仓库。

库巴尔、卡鲁和乌姆马拉迪姆 3 岛：位于科威特南部海湾中，曾为各种海鸟的栖息地。近年来，由于狩猎者和游泳爱好者的大量涌入，鸟类已大大减少。

六　人口、民族、语言

（一）人口

基本情况　1957 年，科威特进行了首次人口普查。此前，很少有人知道全国有多少人口，尽管有些旅行者曾提及一些不确切的估计数字。科威特中央统计局倾向于下面的估计：1910 年时科威特的人口为 35000 人。1910~1935 年间，科威特的人口增长一直非常缓慢。1935 年发现石油后，人口增长速度突然加快。到第二次世界大战前，或者说，到石油实际出口前，科威特人口已增至 75000 人。到了 20 世纪 50 年代初期，人口已达 100000 人。1957 年进行第一次人口普查时，科威特人口增加了一倍，达到 206000 人。

从 1957 年起，科威特每 5 年进行一次人口普查，1980 年 5 月人口普查结果为 1357952 人，1985 年 4 月人口普查结果为 1697301 人。据科威特中央统计局估计，1988 年中期，科威特人口为 1958374 人；1990 年 8 月 1 日伊拉克入侵前，科威特人口为 2062275 人，其中科籍人口为

565829 人，占总人口的 27.4%。1991 年 2 月海湾战争结束后估计，科威特人口降至 120 万人，主要原因是大量外国移民撤离科威特。1995 年 4 月临时人口普查结果表明，科威特人口恢复到 1575983 人，其中科籍人口为 655822 人。1996 年科威特人口急剧回升，到年底增至 2093889 人，年增长率达 6.9%。其中，科籍人口由 1995 年底的 708115 人增至 732403 人，年增长率为 3.4%；非科籍人口由 1250679 人增至 1361486 人，年增长率高达 8.9%。2005 年 4 月，科威特人口为 2193651 人，其中，科籍 860324 人，非科籍 1333327 人。2011 年，科威特人口猛增至 3632009 人，科籍 1164448 人，占 32%，非科籍 2467561 人，占 68%。90% 以上的人口居住在城市和沿海一带，集中在科威特市及石油产区，而主要为沙漠和少许绿洲的内陆地区，则散居着少数农牧民（见表 1 - 1）。

表 1 - 1　科威特人口（根据 2005 ~ 2011 年临时人口普查数据）

年份	科籍人口	非科籍人口	总人口	科籍人口比例(%)
2005	860324	1333327	2193651	39
2008	1055000	2345000	3400000	31
2009	1239460	2203485	3442945	36
2010	1283917	2282520	3566437	36
2011	1164448	2467561	3632009	32

　　人口增长率　科威特是世界上人口增长最快的国家之一，特别是独立后，随着石油业的兴起，生活条件的逐步改善，人口迅速增加。1963 ~ 1970 年，科威特人口年增长率高达 10.3%，人口增长率为世界之最。1970 ~ 1980 年，人口增长率为 6.3%，1980 ~ 1990 年，人口增长率降为 4.6%。1990 ~ 1996 年，人口年均增长率为 4.8%，1996 年以后，科威特人口增长开始回升。

　　1957 年以来，科威特历次人口普查结果表明，外籍移民的增长率大于科籍人口的增长率。显而易见，这是由大量移民涌入所致。在石油

业发展以前，科威特是一个默默无闻的贫穷小国，人口稀少，人们靠打鱼、采珠、经商和放牧勉强为生，外籍人寥寥无几。在石油开始商业性出口的 1946 年，科威特人口不足 10 万，而到 1975 年"石油繁荣"期，人口总数达到 99 万，30 年增长了近 10 倍。当然，人口增长可归结为：一是生活条件的极大改善，出生率增加，死亡率下降；二是政府大力鼓励生育，出台了许多鼓励生育的优惠政策，如生育补贴（每生一个孩子国家每月补助 50 第纳尔，约合 175 美元），免费入托、医疗、教育等；三是大量移民的涌入，这是科威特人口快速增长的主要原因（见表 1 – 2）。

表 1 – 2　1995～2011 年科威特人口出生率、结婚率、死亡率

年份	出生人数	出生率(‰)	结婚人数	结婚率(‰)	死亡人数	死亡率(‰)
1995	41169	24.4	9515	5.6	3781	2.2
1996	44620	25.4	9022	5.1	3812	2.2
1997	42500	23.5	9612	5.3	3745	2.1
1998	41424	20.4	10335	5.1	4216	2.1
1999	41135	19.5	10847	5.1	4187	2.0
2000	41843	19.1	10785	4.9	4227	1.0
2008	54571	16.3	14709	4.4	5701	1.7
2009	56503	16.4	14526	4.2	5935	1.7
2010	57533	16.1	13993	3.9	5448	1.5
2011	58198	16.0	19860	5.4	5339	1.4

根据世界银行和世界发展组织的数据显示，2010 年，科威特居民平均预期寿命 74.6 岁，男性 73.7 岁，女性 75.5 岁。另据科威特《火炬报》援引世界卫生组织统计报告显示，2013 年，科威特居民平均预期寿命男女都是 80 岁。

人口结构　1957～1990 年，科威特的人口总量增加到原先的 10 倍，但在同一时期，科威特籍人口从 1957 年的 113600 人增加到 1990 年的565829 人（1990 年 8 月 1 日伊拉克入侵前），增加了 4 倍。而非科威特籍

人口则从不足 93000 人，增加到 1560791 人，增加了近 16 倍。

1957～1990 年科威特籍人与非科威特籍人的人口增长率如下：1965～1975 年，科威特籍人口增长率为 6.2%，非科威特籍人口增长率为 8.7%，总平均为 7.9%；1975～1980 年，科威特籍人口增长率为 4.7%，非科威特籍人口增长率为 7.3%，总平均为 4.6%；1980～1985 年，科威特籍人口增长率为 4.0%，非科威特籍人口增长率为 4.8%，总平均为 4.0%；1985～1990 年，科威特籍人口增长率为 3.4%，非科威特籍人口增长率为 4.4%，总平均为 4.0%。

外来人口的增加与石油有着密不可分的关系。石油经济的繁荣和石油美元的滚滚而来，包括高工资、高生活待遇在内的一整套社会福利政策的实施，以及颇为宽松的接纳和收容条件等，吸引了邻国和其他一些亚洲国家的移民纷纷到科威特谋生。从科威特独立后的 20 世纪 60 年代开始，外籍人在总人口中的比例就超过一半，此后，外籍人口继续增加，科籍人口很快在自己的国家里变成了少数，这种特殊的人口结构只有海湾地区的另一产油国——阿拉伯联合酋长国与其情况相似。应该肯定的是，移民的涌入对科威特来说是十分必要和有积极意义的，他们的存在解决了科威特劳动力匮乏的问题，移民成为科威特经济不可缺少的组成部分。移民中的大部分为年轻力壮的熟练劳动力，他们大都受过比较好的职业教育，拥有专业技能。据统计，非科威特籍人的文盲比例较科籍人的文盲比例要低得多。1975 年，科威特国民文盲率为 44.6%，而非科籍人的文盲率只有 28.9%。同年，科威特全国 30 万劳动力中，非科威特籍人占 69.84%，到 1998 年，这一比例提高到 80%。非科籍人分布在科威特经济的各个领域，发挥着不可或缺的作用。他们带来的劳力和技术，推动着科威特国民经济各部门运转，促进了科威特社会的发展和进步。从某种意义上讲，没有外来人口的涌入，就没有今天科威特的繁荣，遑论出现"沙漠奇迹"了。

从移民的国别看，他们大多来自阿拉伯国家，其中尤以巴勒斯坦人为最多，其次是埃及、伊拉克、约旦、黎巴嫩、叙利亚、沙特阿拉伯和也门，再者是伊朗、印度、巴基斯坦、斯里兰卡和菲律宾等国。在欧美侨民中，有为数不多的英国人和美国人，他们的社会地位较高。值得提

及的是，科威特政府大量接纳外国侨民，特别是阿拉伯国家侨民，除社会和经济发展需要外，如 20 世纪六七十年代，从埃及、约旦、伊拉克、叙利亚等国大量聘请中小学教师、医生、护士以及其他各行各业的专家、顾问、技师、职员等即出于此目的，也有支持巴勒斯坦人民正义斗争和缓解巴勒斯坦"难民"悲惨处境的民族情感因素。1948 年第一次阿以战争后，几十万巴勒斯坦人被以色列当局赶出家园，成为流浪在黎巴嫩、约旦和叙利亚等国的"难民"，处境十分凄惨。1967 年第三次阿以战争后，又有 40 多万巴勒斯坦人被驱逐，加入到难民队伍中来。科威特独立后，生活在约旦、黎巴嫩难民营里的巴勒斯坦人开始向科威特迁居，到 70 年代初期，在科威特的巴勒斯坦人已增至 30 万人之多。他们工作在包括军队和警察在内的社会和经济各个领域里，不少巴勒斯坦人由于"杰出服务"和"突出贡献"而获准加入科威特国籍。在 60 年代"鼎盛"时期，巴勒斯坦人甚至建立了政党，在科威特国民议会里也有自己的政治代表，在一定程度上甚至可以说，巴勒斯坦民族解放运动酝酿起义的地方就在科威特，"巴解"组织各派别不少领导人都曾在这里生活和工作过。

1991 年 2 月海湾危机结束后，科威特社会人口出现了一个重要变化，在非科籍人口中，来自阿拉伯国家的移民比例由 1989 年的 66%，降至 54.7%，与此同时，来自亚洲国家的移民比例则由原来的 33%，上升到 44.3%。造成这种移民结构变化的原因，固然有战后重建工作对某种专业人员特殊需要的因素，但主要还是由于伊拉克入侵，造成大量阿拉伯国家移民被迫撤离。科威特解放后，由于种种原因，又有大约 20 多万巴勒斯坦人被驱逐出境，致使阿拉伯人在侨民中的比例迅速下降。这种趋势还将保持下去，因为它符合科威特政府战后实施的外来人口国别构成平衡政策。

人口平衡政策 截至 20 世纪 90 年代，科威特吸纳了相当于本国居民数 2.7 倍的外国侨民，其带来的劳动力相当于本国劳动力的 6.3 倍，他们来自世界上 120 多个国家。毫无疑问，这种人口结构状况，对一个国家的社会发展与安全来说是存在风险的。制定长期人口规划和政策，

实现人口平衡已经刻不容缓。对此，科威特政府已开始采取措施，逐步减少无特殊技能的外籍劳工人数，以求在外籍居民和科威特人之间取得"人口平衡"，措施之一就是"控制招收外国劳动力，特别是家务雇工和女佣"。到 20 世纪末，这类女佣和雇工人数已近 30 万，她们大多来自印度、斯里兰卡、菲律宾和泰国。外籍妇女的大量涌入，给科威特造成了不少的社会和法律问题。酝酿已久的科威特政府人口平衡政策，概括起来有以下几个方面。

——在提高劳动生产率的前提下，合理使用本国和外国的人力资源。

——通过大力发展健康卫生、医疗防治、妇幼保健等福利事业，保持科威特人口的自然增长率。

——对移民机制进行评估和修改，限制外国劳动力的无序增加，根据人口政策要求和劳务市场状况，确定对外籍劳动力在数量和质量上的需求。

——通过教育和培训，大力提高本国人力资源素质，指导他们进入生产领域。建立高等教育、职业教育毕业人员与劳务市场挂钩机制，力争在不远的将来达到教育产出与社会发展需求的统一。

——实现外来人口国别构成的预期平衡，确保国家和公民的安全。

从多年来的实施情况看，科威特政府对这一问题的解决并不理想，原因之一是，科威特本地人口数量有限。此外，大部分有劳动能力的青年，或经商，或从学校毕业后去政府机关、国有企业任职。而私营企业主更愿意雇用廉价的外国劳动力。

（二）民族

科威特国民全部属于阿拉伯民族。阿拉伯民族历史上被欧洲人称为萨拉森人，主要分布在西亚和北非地区的阿拉伯国家，另有部分散居在土耳其、伊朗、阿富汗、印度尼西亚、索马里、乍得、坦桑尼亚等国，共约 1.5 亿人（2000 年）。阿拉伯民族是古闪族（现译为闪米特族 Semites）的一个主要分支，属欧罗巴人种地中海类型，北非和南部阿拉伯人混有尼格罗人种特征。古代闪米特族包括巴比伦人、亚述人、迦南人、腓尼基人、希伯来人等；现代闪米特族包括阿拉伯人、犹太人和埃

塞俄比亚居民的大部分。他们绝大多数信奉伊斯兰教，少数信奉基督教和犹太教。

（三）语言

科威特官方语言为阿拉伯语，通用语言为英语。阿拉伯语为阿拉伯人的语言，也是伊斯兰教的宗教语言，是国际通用语言之一，主要在西亚和北非地区的阿拉伯国家使用，使用人数在 1 亿人以上。阿拉伯语属于闪含语系闪语族，文字采用阿拉伯字母，拥有丰富悠久的文献。1974 年，阿拉伯语被列为联合国的第六种工作语言。阿拉伯语有文言和方言之分。科威特方言属于西亚地区方言，与埃及代表的北非地区方言差别很大。

七 国旗、国徽、国歌

国旗 呈横长方形，长与宽之比为 2∶1。靠旗杆一侧为黑色梯形，右侧自上而下由绿、白、红三色的等宽横条组成。科威特国旗颜色源于诗人萨菲丁·希利的一首诗："白色是我们的创造，黑色是我们的战绩，绿色是我们的牧场，红色是我们的历史。"另有一种说法是：黑色象征打败敌人，绿色代表绿洲，白色代表纯洁，红色象征为国家流血牺牲。

国徽 呈圆形，一只白色的隼展开双翼构成圆周，圆面上有海水、蓝天、白云和行进在海面上的帆船，它象征历史上的科威特。隼的胸前是盾形的国旗图案，圆面上部用阿拉伯文写着"科威特国"。

国歌 科威特现用国歌《祖国颂》是由诗人艾哈迈德·米斯里·阿达瓦尼作词，易卜拉欣·苏拉作曲，艾哈迈德·阿里改编，于 1978 年 2 月 25 日国庆节第一次播放。此前，《埃米尔颂》代行国歌，由尤素夫·阿迪斯 1951 年作曲，1978 年 2 月停用。《祖国颂》由诗歌的前六小节组成，国歌歌词如下：

> 科威特，我的祖国，愿你平安、光荣！
>
> 愿你国运昌盛！
>
> 你是我先辈的摇篮，留下了他们永恒的记忆，

持久的和谐，一切生机勃勃，生生不息。

阿拉伯人，神圣的！

科威特，我的祖国，愿你平安、光荣！

愿你国运昌盛！

祝福你，我的祖国，和睦的家园，

真诚卫士守卫你，甘愿献出生命，书写辉煌历史。

我们一切为了你，我的祖国，出自信念和诚实。

还有埃米尔，平等、公正护卫我们，带着热爱和真挚。

科威特，我的祖国，愿你平安、光荣！

愿你国运昌盛！

英文歌词：

Kuwait, My Country, May you be safe and glorious!

May you always enjoy good fortune!

You are the cradle of my Ancestors,

Who put down its memory.

With everlasting symmetry, Showing all eternity,

Those Arabs were Heavenly.

Kuwait, My Country, May you be safe and glorious!

May you always enjoy good fortune!

Blessed be My Country, A homeland for harmony,

Warded by true sentry, Giving their souls aptly,

Building high its history.

Kuwait, My Country,

We are all for you , My Country,

Led by faith and loyalty,

With its Amir equally,

Fencing us all fairly, With warm love and verity,

Kuwait, My Country, May you be safe and glorious!

May you always enjoy good fortune!

第二节 宗教与民俗

一 宗教

科威特宪法规定，"伊斯兰教为国教，伊斯兰教法是立法的主要依据"，"信仰绝对自由。国家保护宗教信仰自由，只要它不违背社会秩序和伦理道德"。

伊斯兰教是世界三大宗教之一，由阿拉伯半岛麦加人穆罕默德创立于7世纪初，同世纪30年代成为阿拉伯半岛的统治宗教。到8世纪初，进一步发展成为地跨欧、亚、非三洲的世界性宗教。该教基本教义为"六大信仰"，即信安拉、信天使、信经典、信使者、信前定、信后世。五大宗教义务：信仰证明、祷告、戒斋、天课、朝觐。穆斯林要念诵"万物非主，唯有真主；穆罕默德，安拉的使者"，根据太阳位置每天进行五次祷告（分别在黎明、正午、下午、日落和夜晚），一年戒斋一个月，缴纳天课，如条件允许，一生中至少去麦加朝觐一次（以上五课在中国通称"五功"）。该教主要经典《古兰经》，是其立法、道德规范、思想、信仰等主要依据。

科威特居民绝大多数信奉伊斯兰教，其中70%为逊尼派穆斯林，25%为什叶派穆斯林，后者多从伊朗和伊拉克南部迁来。另外，在外国侨民中大约还有15万罗马天主教徒，以及少数来自亚美尼亚、希腊、埃及、叙利亚等国的东正教徒。科威特市和艾哈迈迪市都建有天主教堂。

宗教影响到社会生活的各个方面，尽管科威特宣称实施政教分离，但伊斯兰教法仍被广泛采用，特别是在民事领域内，如婚丧嫁娶、遗产分配等。伊斯兰教主张宽容、平等，但同时也具有排他性。它允许其他宗教信徒皈依伊斯兰教，但不允许伊斯兰教徒皈依别的宗教，否则就以叛教论处。

伊斯兰教为"一神论"教，笃信"安拉"及其使者：亚伯拉罕、穆萨（摩西）、耶稣和穆罕默德，认为穆罕默德是天使的终结者。严禁穆斯

林对各种形式的偶像膜拜，故在伊斯兰教的礼仪活动和宗教场所里，看不到"安拉"和先知穆罕默德的形象，并严禁教徒和民众制作，因为这被认为是对神灵的莫大亵渎。在日常生活中，伊斯兰教对穆斯林的言行举止乃至衣食住行都有严格的规定：禁饮各种酒类和吸食麻醉品，贩卖者最高可判死刑；禁食猪肉和猪肉制品，禁用猪革制品；禁食非宰杀动物的肉；斋月期间禁止在公开场合抽烟、饮水和进食；青年女子不许独自外出，在公开场合，男女青年不许牵手并行，即使是夫妻，也要妇随夫行；不许勾肩搭背，严禁拥抱接吻，忌穿奇装异服。

清真寺 清真寺是宗教宣传教育和鼓动中心，是穆斯林从事宗教活动的主要场所，同时也是募集天课和向穷人施舍的地方。科威特全国约有1000余座建筑风格迥异、各具特色的清真寺，配备有最先进的设备、专职的阿訇和宣礼员。科威特最大、最宏伟的清真寺是国家大清真寺。

国家大清真寺是一件精美的杰作，一件不可多得的艺术精品。1986年8月6日，埃米尔贾比尔·艾哈迈德·萨巴赫主持了大清真寺的落成典礼。大清真寺是一个融汇了伊斯兰传统建筑风格和现代建筑工艺，同时又很好地保持了科威特和海湾阿拉伯地区特点的典范。它造型独特、选材上乘、工艺精美，使人赏心悦目，百看不厌。大清真寺耗资1300万第纳尔（约合4500万美元），占地45000平方米，建筑面积20000平方米，其中大厅面积为5300平方米，大厅上方为一漂亮的巨型圆拱顶，直径长26米，高43米，四周雕嵌有极为精致的阿拉伯文书写的真主的圣名。大清真寺有10个门，一次可容纳5000名男礼拜者和500名女礼拜者，女礼拜者从另门进入。此外，还专门设置了多个用于聚礼、节假日和其他宗教节日的大厅。大清真寺除用作礼拜和伊斯兰科学研究外，还建有一个面积达700平方米的图书馆，收藏有各种伊斯兰古籍原本、珍藏本和伊斯兰经典著作。此外，还有一个供研讨和讲座用的礼堂，安装有最新式的视听设备。大清真寺设有埃米尔厅和贵宾厅，用于接待前来参观的贵宾，向他们介绍伊斯兰建筑风格和建筑艺术。大清真寺底层为一可容纳500辆汽车的停车场，两边是电梯。大清真寺的宣礼塔位于大厅西北角，其建筑风格为安达鲁西式，高出地面74米，内有电梯，直达平台。宣礼塔雕琢细致，

绘画精美，美轮美奂。在明媚的阳光下，一牙新月高挂在塔顶尖上，微风徐徐由通风口吹入，给宣礼塔笼罩上一层神秘的色彩。大清真寺宣礼塔高度为科威特所有宣礼塔之最。

天课局　天课是伊斯兰教的五大功课之一，是穆斯林按照伊斯兰教教律缴纳的捐款（施舍），一般占个人收入的 2.5％。科威特自独立以来就实行天课制，但随着人口的增加，物质条件的改变，规范天课的缴纳、使用、储存和开发程序，更好地发挥其维系社会安定的作用，已成为摆在政府面前一项紧迫的任务。于是，政府在 1982 年颁布法令正式组建天课局。天课局在一个具有独立预算的法人机构监督下负责募集天课资金。除公司企业、社会团体和个人捐赠外，科政府每年都向天课局提供大量资金补贴。天课局的资金主要用于向贫穷学生和一些困难家庭提供帮助，向黎巴嫩共和国的黎波里（又译为特里波利）难民营以及其他地区的灾民提供援助，斋月期间在清真寺院内向居民提供开斋餐等。天课局非常关心阿拉伯和伊斯兰国家的穆斯林，帮助那里的伊斯兰组织开展慈善活动，出版《古兰经》，出资修建清真寺等。

天课局的收入除政府资助外，主要来自以下五个方面：天课、慈善活动、孤儿赞助工程、捐赠与馈赠基金、《古兰经》传播收入。到 20 世纪末，科威特天课局负责管理 100 多个国外项目，其中有修建清真寺、学校、医院、孤儿院、打井、救灾和向伊斯兰国家分发祭品等。此外，天课局还向 20 多个国家大约 9500 名孤儿和一批艾资哈尔大学学生提供赞助，向一些遭受战争和饥荒的非洲公民提供帮助，向世界各地的穆斯林提供本国语言的《古兰经》。

天课局还承担着对外宣传伊斯兰教的义务，向世界各地的穆斯林提供帮助，赞助他们出版《古兰经》，修建清真寺。该局一向注意收集各国伊斯兰组织资料，与这些组织合作进行传教活动，抵制对穆斯林的任何侵害，声援穆斯林并谴责世界各地迫害伊斯兰教徒、玷污伊斯兰教的事件和行为。科威特宗教事务部还选派了一批传教士奔赴世界各国从事传教布道活动，并决定向 40 多个外国伊斯兰组织提供帮助，积极利用每届伊斯兰国家首脑会议召开的机会，举办展览会和各种宗教文化活动。

科天课局最具代表性的对外传教活动，就是与沙特等国共同出资兴建巴黎大清真寺。

二 民俗

服饰 科威特传统民族服饰与海湾地区其他阿拉伯王国和酋长国居民的服饰基本一样，它形成的定式与当地居民所处的环境与生活方式有着密不可分的关系。直到20世纪初叶，阿拉伯半岛上的多数居民，仍然过着逐水草而居的游牧生活。这种迁徙奔波的游牧生活，要求衣着穿戴方便，防晒而又易于散热，系扎式的长袍自然就成了人们的首选。据说这种上下连通的大袍，极易于散热消汗，遮挡炽烈的阳光，非常适合在炎热的沙漠穿着。这也许是为什么世界各地的游牧民族多选择长袍服饰的主要原因。另外，春夏季节沙漠里多刮沙尘暴，沙尘暴起时，尘沙飞扬，铺天盖地，呼吸都感到困难。在这种恶劣的天气条件下，斗篷式的披风就成为非常必需的了。牧民们用双手紧紧攘住披风，裹着身体，它既可遮蔽风沙，寒冷时又可当作铺盖。同样，头部和脸部也需用布巾保护，且要牢牢地箍住，以免被风吹掉。这就是现在阿拉伯半岛一带的阿拉伯人所戴头巾和丝绳头箍的来源。当然，随着时代的前进和社会的发展，特别是沿海地区城市的兴起，以及欧洲殖民主义者和商人的到来，西方生活方式和文化的传播及影响，使得阿拉伯半岛居民的生活方式也发生了很大的变化，西装开始在这个地区逐渐盛行起来。

科威特现行的正式服饰是：男人头戴白色绸纱巾（天冷时，或戴红白间隔的毛质头巾），内衬针织镂花小白帽，头巾的两端垂于胸前，头巾上面套着用双层黑丝绳作的头圈，以固定头巾。身披斗篷式黑色外套（当地人称作"里达"或"罗布"），外套的肩部、对襟和袖线都绣有金丝镶边，对襟镶边下方坠有金色丝绳，原意作系扎用，现已成为点缀。外套除黑色外，还有咖啡、深黄、浅黄等颜色。王室成员夏天着浅黄色长袖外套，其镶边用料昂贵，多为真金制品。内穿套头长袍，前面中部有个至胸部的窄开襟，胸至颈部缝钉排扣或编织扣。夏天穿白色"的确良"长袍，冬天是深色毛质夹层长袍。脚踏皮质拖鞋，不穿袜子。至于普通百

姓，尤其是那些受过教育的阶层和年轻人，一年四季则多着西装。年纪大些的或牧民，夏天只穿白袍，冬天穿长袍，外套西装上衣。

女人的正式服装是，外穿黑色丝绸斗篷（当地人称为"阿巴"），从头到脚包裹全身，只露脸部。乡下和"贝都因"妇女外出时要戴面罩。内穿五颜六色的绸缎长袖长袍，图案鲜艳，对比强烈，或刺绣，或印染。城里的妇女多数着西装，扎白色丝绸头巾。科威特妇女嗜好配饰，特别是那些殷实之家的妇女，她们头上、颈部、手脖到处都挂满了各式各样的金银首饰和熠熠生辉的珠宝玉佩。

科威特是一个兼容并蓄、比较开明的酋长国，在着装上较为随和，没有太多的清规戒律。在科威特市的大街上，既可以看见全身被黑色大袍裹着、面罩戴到鼻梁以上只露两只眼睛的"贝都因"妇女，又可见到袒胸露背、浓妆艳抹的外籍女郎，还可以看到身穿 T 恤和牛仔裤，留着时髦发型，戴着黑色墨镜的科威特新一代女性。这就是科威特的现状，一个向着现代文明社会飞速发展的国家，同时又是一个极力维持和保存本民族固有传统、习俗和精华的国家。

饮食 科威特饮食文化是阿拉伯民族饮食文化的一个组成部分，但也具有一定的地域特色。科威特居民多是在大半个世纪前由游牧部落演变而来。受当时生活条件限制，牧民的饮食习惯一般以肉食为主，食用羊肉、骆驼肉、牛肉、马肉和椰枣、大饼等主食。喝羊奶、马奶、骆驼奶，辅之以椰枣汁、茄红之类的草本饮料。烹饪方式简单，以烧烤为主。食谱单一，食风朴实，不求豪华。且受宗教和传统习俗影响，不食猪肉，禁饮酒类，罕用海味。现在的科威特居民，尽管他们的收入已达到世界上最发达国家的水平，但在饮食习惯上，很大程度地继承和保持了先民们朴实无华的饮食传统，无论是菜肴种类和烹饪方式都变化不大。当然，世界上一切事物都在发展变化中，饮食习惯作为一种社会存在也不能例外。随着生活条件的不断改善和提高，科威特居民的饮食习惯也在慢慢发生变化，其主要的饮食特色是：主食增加了面包和米饭，但最受大众欢迎的还是用土法烙的"阿拉伯大饼"，椰枣由过去的主食降为水果和甜食。肉类增添了牛肉、鸡鸭肉，外加一定种类的鱼虾，尤其是"祖贝德"鱼和大对虾。蔬

菜喜食西红柿、黄瓜、茄子、洋葱、卷心菜、土豆等。调料爱用橄榄油、丁香、豆蔻、郁金粉、芫荽等。水果喜欢柑、橘、葡萄、香蕉、苹果、荔枝等。干果爱吃核桃仁、葡萄干、杏仁、开心果等。在日常生活中，居民的饮料除亘古不变的冰水外，主要是红茶和咖啡，各种现代的气体饮料也为人们所接受。相反，一种类似于苏丹红泡制的传统饮料则很难在家庭饭桌和宴席上见到了。

在科威特为数不多的名菜佳肴中，以羊肉为原料的菜系最负盛名，它们是：烤羊肉、烤羊肉串和烤全羊。烤羊肉，科威特人叫"夏瓦尔玛"或"格斯"，意思是把烤熟的羊肉切成碎片。其做法是，把新鲜的羊肉（牛肉、鸡肉）切成薄片，经调料处理后，一层层地串在铁制烧烤柱上，成陀螺形，高度可达60～100厘米不等，置于特制的竖式电烤炉内，红火烧烤（旧时用炭火）。羊肉陀螺慢慢旋转，各面均衡受烤。当它的外层被烤得油脂溢滴、外焦内嫩时便可食用了。这时，厨师用刀把四周烤熟的羊肉削下，使之掉进固定在下面的大铁盘内，再用铲子将肉装进切开的阿拉伯圆饼内，配上番茄酱和沙拉酱，以及葱丝、黄瓜丝之类的小菜，用手拿着便可食用了。外层削去后，里层的羊肉开始受烤，熟后再削去，一次复一次，如此循环，直到整个羊肉陀螺被饕餮的客人用光。烤羊肉尤为适合大型宴请和招待会，深受宾客喜爱和称道。

烤羊肉串，在科威特叫"凯巴卜"。它有两种做法，一种是把羊肉切成碎块，串在铁叉上置于箱式炭火炉上烧烤。另一种是把羊肉剁成末状，与盐、油、姜末、芫荽等作料调配后，用手捏在铁叉上，放在炭火炉上烧烤。吃时再配以酱、葱、芫荽、黄瓜等佐料小菜，非常可口。后一种做法在科威特较为盛行，也是宴会上常见的一道佳肴。

烤全羊可以说是阿拉伯饮食文化中最具特色、最负盛名的菜，在科威特亦然，且在无形中成了宴请的一种约定俗成的规格和标准。当然，科威特是一个非常富裕的国家，近些年来，即使在普通家宴上烤全羊也不再罕见。烤全羊的阿拉伯名字叫"古齐"，原意为烤小羊羔。从选肉、配料到制作都相当讲究。用作烧烤的羊最好是新屠宰的，肉鲜嫩。经剥皮、除脏、剁蹄、断尾处置后，先用精选的调料腌制羊体和羊头，腌好后，整只入炉，文火徐烤。同时，挑选香米，拌以松子、葡萄干、核桃仁和杏仁，洒上红花水，浇上橄榄油，用另锅蒸熟。待全羊烤制完毕，将八宝饭盛于巨型银盘中间，再将烤好的全羊放置其上，宛如羔羊卧于金丘之上。也有的将八宝饭盛在烤熟的羊肚内。用餐时也有一番讲究和程序。主人首先将羊头撕下，盛在一只大金边瓷盘中，置于贵宾面前，以示对客人的尊重——敬其为首。然后，再取一些羊口条放在主宾盘中，其他人才开始取肉用饭。在科威特，主人和宾客大都用手撕肉抓饭，狼吞虎咽者有之，谈笑风生者有之，无拘无束，家庭气息浓厚十足。烤全羊讲究外焦内嫩，关键是掌握火候，外层要烤至红中略呈微黄，但又不能发脆，不管肉有多厚，均需烤透烤熟，吃起来不膻不腻，香酥可口。总之，吃烤全羊犹如到中国北京吃烤鸭、涮羊肉一样，总会给人留下一种回味无穷的感觉。

礼仪　阿拉伯民族是礼仪之邦，热情好客，待人诚实，非常讲究礼貌，但又不拘泥于形式。有关科威特在宴请、商务和婚葬方面的礼仪介绍如下：

宴请礼仪　科威特民风敦厚朴实，对来宾和客人尤为热情，如同家人，总是热情款待。科威特人多选择饭店宴请外宾，用西餐招待。如果是要好的朋友则请到家中，用传统饭菜招待。吃饭时，置一大长餐桌，将准备的饭菜一次上齐，宾主洗过手后，开始用手抓食物，待客的传统饭菜有烤羊肉、烤红鱼、葡萄干洋葱炒米饭、咖喱牛肉炒米饭、三角包等。主人总会不时地将羊肉、烤鱼撕碎后放入客人面前的盘子里。饭后，主人会招待客人吃水果，到客厅喝红茶或土耳其咖啡。客人起身告别时，主人还要为客人举行熏香告别仪式，主人送上一盏铜制香炉，炉内的炭火燃烧着檀香木，冒出缭绕的香烟，客人接过后，将香烟往自己怀里扇几下，回递给主人。最后，主人拿出一瓶香水，往客人的手掌里滴几滴，客人将香水涂到脸上或脖子上，顿时浑身溢香，客人要再三地对主人的盛情款待表示感谢。客人离家时，主人要送客人到院门外，并要再一次握手、拥抱、亲吻，最后相互道别。

商务礼仪　商务礼仪最重要的是事先约定好会见的时间和地点，约定方式可以通过电话、信件或者是文传。最好是由熟人推荐，或者是亲自到

其办公室拜访，做初步的了解熟悉。对于业务商谈的地点，科威特人的习惯做法是不在办公室或宴请时进行，而是选在饭店、客厅，甚至海滨别墅里。出席会见、会谈时着装要整齐、正规，带上名片。科威特人财大气粗，一般礼品看不上眼，比较喜欢绸缎、工艺品，如成套瓷器、景泰蓝瓶、玉镶屏风等，送礼一般是在访问结束时进行，切不可见面即送，礼品包装需当面打开，向主人作些许介绍。不要向夫人送礼，也不要询问夫人、小孩的事。科威特现有约150～200家知名的家族式贸易商，且多同时兼营进口、批发和零售业务，喜欢与经营商直接打交道。商务活动最好选在每年11月至翌年4月天气较凉时进行，避免斋月前往。科经商者普遍时间观念不强，作为客人切不可因此而影响情绪，丢失商机。

婚礼　婚礼对于科威特家庭来说是重要的庆典，通常花费颇巨。在信奉伊斯兰教的科威特，男女终身大事至今依然取决于父母之命，媒妁之言。媒婆职业相当盛行，且颇受老百姓尊重。而与之对应的自由恋爱者却寥若晨星，偶尔能在高级知识分子和留学生中听到。不过，近些年来男女征婚启事也开始在报纸杂志上出现。

婚礼通常要举行10天，前七天在女方家，后三天在男方家，婚典仪式相当复杂。男女双方在一位宗教人士的主持下办理订婚手续，确定结婚日期。成婚当天，新娘被浓妆重彩地打扮起来，穿着鲜艳华丽的服装，佩戴着金光灿灿的珠宝首饰，由亲朋好友陪伴，等候迎亲队伍的到来。新郎家更是热闹非凡。应邀出席婚礼的亲朋好友街坊邻居在"晚礼"后，纷纷来到新郎家的"迪瓦尼亚"，向新郎表示祝贺。然后，大家簇拥着新郎，高举灯笼，步行前往新娘家迎亲。迎亲队伍一般是在"晚礼"后出发，新郎、新郎父亲、最亲密的亲朋好友走在队伍的最前面，其他来宾和看热闹的孩子们紧随其后，再后面是民乐队，他们哼着歌曲，吹着唢呐，拍打着手鼓，引得不少围观的群众也纷纷加入到队伍中来。当迎亲队伍来到新娘家时，首先受到"贝都因"妇女民歌队欢迎，她们敲起手鼓，载歌载舞，有人还不时颤动舌头，发出一种高尖响亮的"噢噢"口哨声，刹那间使迎亲仪式热闹起来。新郎来到新娘家，先被迎进客房（一般要向闹婚者交见面礼），稍许休息后，开始接受宾客们祝贺。通常的贺词

是"祝你财源茂盛，多生贵子"。新郎则答以"愿真主保佑你"，或"愿真主赐你健康长寿"。祝贺仪式结束后，男宾告辞。这时，守在门口两边的女孩，一个向宾客身上挥洒玫瑰水，另一个捧着燃烧着沉香的小炉，让客人吸吮沉香的氤氲，或用双手将香雾拨到自己身上，据说它可以给客人带来好运。之后，新郎接受女宾祝福。贺喜结束宾客告辞后，妇女们用椅子把新娘抬到新郎跟前，然后新郎新娘和迎亲队伍一起来到新郎家中。

科威特人对传统习俗情有独钟，直到现在，青年男女结婚时还多着民族服装。男戴白色头巾，扎黑丝绳头箍，内穿套头白色"的确良"长袍，外披金丝绣边黑色斗篷。女穿鲜艳的阿拉伯式丝缎长袍，外披"阿巴"（一种丝制黑色外套），把全身包裹起来。当然，如今在越来越多的开明人家，新娘多穿着西式的白色婚纱了。

今天，科威特已是世界上最富裕的国家之一，社会生活的各个方面都取得了长足发展。物质文明的提高带动了传统习俗的改变，其中婚俗的变化尤为明显。现在，人们已不再举行旧时那种迎亲仪式了，取而代之是举办盛大的婚礼招待会。结婚仪式大操大办，在富裕起来的海湾各国司空见惯，在科威特，其豪华奢侈场面更是有过之而无不及。婚礼场所一般设在本家的"迪瓦尼亚"或社区广场上，由专业公司搭建足球场规模的大型帐篷（也称迪瓦尼亚），里面灯火通明，地上铺满地毯，四周摆放靠椅、沙发、茶几、水烟、火炉、各种饮料、糖果点心，一应俱全。婚礼一般在晚上 10 时许开始，任人参加。新郎父亲或家族中一位有名望的长辈和新郎，站在大厅的入口处，迎接前来祝贺的宾客，聘请来的民间歌舞队这时也开始卖力地表演起来。

科威特人对婚礼非常重视。不论认识与否，平时有无交往，都纷纷前往祝贺。至于名门望族、达官贵人、腰缠万贯的商贾子女的婚礼，人们更是趋之若鹜，非同一般。上自埃米尔、首相、内阁大臣、驻科使节，下至黎民百姓都前去祝贺。普通来宾到后，首先与主人握手祝贺，自行入座，招待员随即送上土耳其咖啡、纯净水之类的饮料，与周边客人寒暄聊天一刻钟左右，即可告辞离去。若贵宾光临，如埃米尔、首相、大臣、外交使

节等，则由新郎父亲、新郎陪同入贵宾座，致辞问候，并进行短暂交谈。离去时主人送至门口。凡婚礼必设大型晚宴，宴席一般设在大厅或花园里，规模讲究。午夜后开始，通宵开放，任人食用。

　　新娘不在婚礼招待会上露面，而是在家中接受女宾祝贺。近年来，王室、达官贵人和有钱人家的婚礼都在豪华的饭店里举行。只请女宾出席的婚礼场面颇为壮观热烈。被邀请出席的有驻科使节夫人、女编辑、女记者、女演员，上千平方米的大厅布置一新，厅的前面设有舞台，供新娘就座，四周摆满座椅，"贝都因"女子民歌队在中央通道两侧席地而坐，手持摇鼓，不停地哼唱着阿拉伯民歌，不时有人颤动舌头，发出高亢尖急的口哨声，使会场顿时活跃起来。平时被封闭、束缚的阿拉伯女性，此时可以尽情地放纵自己。她们脱去黑袍，尽现时髦的着装、贵重的配饰、丰满的躯体和婀娜多姿的舞步。

　　接近午夜时分，晚会进入高潮。在民歌队欢快的乐曲中，新郎、新娘在双方父亲、亲朋好友的簇拥下进入大厅，经中央通道到舞台上就座，男性宾客随即退出。新娘怀抱一束粉红色玫瑰，着一身雪白拖地长婚纱，由两个儿童牵拉着，头戴冠饰，颈上、手腕上珠光宝气，熠熠生辉。宾客们纷纷上前和新郎、新娘握手祝贺，大家再次跳起舞来。婚礼一般要延续到次日凌晨。当然，丰盛的阿拉伯婚宴会款待每一位来宾。

　　葬礼　在科威特，葬礼和吊唁的习俗比较简单。穆斯林认为死亡是命中注定的，因此过度悲伤会被认为是违抗安拉的旨意。此外，也没有葬礼悼词和墓碑。

　　人死亡后，由死者亲属戴着手套为死者清洗身体，用椰枣酱作清洗剂。然后擦干尸体，用玫瑰花油、芦荟油、香木和樟脑处理，最后用白色棉布覆盖尸体，并用棉布包起来。根据伊斯兰教法，死者应在死亡之日日落前下葬。首先将死者抬到清真寺，作葬礼祷告。在死者运往清真寺途中，其他人陆续加入葬礼。祷告之后将死者运至墓地，以侧躺方式葬入墓中，面朝圣地麦加方向。然后向墓穴中填土，直至高出地面几厘米。在墓地上放置两个砖制的无字墓碑，以表示这是墓地，不要践踏。穆斯林这一简朴的殡葬习俗从古流传至今，唯一的变化是是否在墓地清

洗死者并完成葬礼仪式。

在葬礼之后的三天中，死者家属在家中接受吊唁。任何人都可前往吊唁，死者为官员或有名望者，由男性亲属在厅外迎送。厅内不挂死者遗像，整天整夜播放《古兰经》。吊唁者坐在厅内两侧长椅上静听 10 到 15 分钟《古兰经》，即可自行离去。富有者或官员家庭午夜 2 时后有开放性夜餐，吊唁者可随时享用。对死者遗孀来说，根据伊斯兰教法规定，至少要等待 4 个月零 10 天，以确认是否怀有遗腹子。这期间，死者遗孀不得与直系亲属以外的任何男性见面或交谈，也不允许化妆。只有在教法规定的限期过后，遗孀海浴后方可再嫁。

斋月习俗 斋月是伊斯兰教历九月，阿拉伯语为"拉马丹"。斋月是伊斯兰教最神圣的月份，是崇拜之月，心理调节之月，最重要的是颁降天启《古兰经》之月。斋月 27 日之夜为伊斯兰教的"卡德尔之夜"（即"命运之夜"），据说，是夜安拉始降《古兰经》，为世人指出通往正道的途径。人称卡德尔之夜"一夜胜似千月"。

据伊斯兰教法规定，进入斋月，全世界的穆斯林，凡已成年且身体健康者均应全月封斋，从日出至日落禁止饮食、吸烟和房事。斋月期间，整个伊斯兰世界都沉浸在一种庄严肃穆的节日氛围中，即使爆发战事和纷争，双方亦应偃旗休战。穆斯林在规定的时间内严格把斋，或上班，或休息。大街上，市面上静悄悄，行人很少，除不时由宣礼塔的高音喇叭里传出高亢洪亮的诵经声外，再也见不到往日那种喧闹景象。

斋月报晓者 击鼓报晓是斋月期间的重要标志之一，斋月报晓者类似于我国古代的打更者。斋月中，每天夜里鸡鸣时刻，报晓者一手托鼓，夹着灯笼，另一手持锤，走街串巷，边敲鼓边呼唤人们起来吃封斋饭。斋月结束时，报晓者牵着小毛驴挨家挨户贺节索物，一边击鼓，一边唱道："斋月年复一年，化灾、祛病、避邪。"这时，每家的主人会出来给他些米饭、椰枣或者红包。他把要到的开斋礼物放进毛驴驮袋内再到下一家去。街上的孩子们跟随在他的周围，又唱歌，又说笑。

儿歌"基尔吉安" 斋月里最有趣的活动要属"基尔吉安"。在科威特，每逢斋月 13～15 日三天夜里，孩子们穿上漂亮的衣服，脖子上挂个小布袋，

手提灯笼，在一位大孩子的带领下，来到左邻右舍大门前，他们唱起美丽动听的儿歌"基尔吉安"，祝愿斋月来临，给大家带来幸福欢乐，吉祥好运。主妇开门欢迎他们，分给他们糖果、点心，有的还给他们压岁钱。孩子们得到礼品后，又说又笑，欢欢喜喜地到另一家去。"基尔吉安"歌词大意是：

> 基尔吉安，基尔吉安，万户千家迎来拉马丹（斋月）。
> 戒斋吧，都戒斋！一年复一年。
> 儿童幸福，阖家团圆，
> 祛病除灾，母子平安。
> 基尔吉安，基尔吉安，万户千家迎来拉马丹。

告别斋月仪式 斋月结束前三天，虔诚的穆斯林通常要在清真寺内举行告别斋月仪式，邀请有名望的诵经者来寺内诵读《古兰经》，告别斋月。本区内的成年人，包括妇女（坐在专设地区）都到清真寺听经。当诵经者高声朗读告别诗时，在场的人们不时以低沉虔诚的声音回应。住在附近的人家主动送来茶、咖啡、苏丹红之类的饮料。告别仪式后人们怀着惜别的心情离去。

祝贺走访 开斋节一到，各区的男人们便开始相互走访，祝贺节日。长此以往，人们在实践中形成了一套约定俗成的规则，它使节日期间的相互拜访有序地进行。节日的第一天，西区居民向埃米尔祝贺开斋节后，走访东区的迪瓦尼亚，向这里的居民祝贺节日。第二天，东区的居民回访西区的迪瓦尼亚，向那里的居民祝贺开斋节的到来。贺节队伍每到一处都受到主人热烈欢迎和盛情款待，人们最爱吃的羊肉米饭、美食佳肴摆满一大桌，贺节队伍匆匆吃上几口，动身到另一家迪瓦尼亚去了。

欢乐的开斋节 开斋节是穆斯林最重要的节日之一，它表示斋月的功课已经圆满完成。开斋节也是穆斯林最欢乐最热闹的节日，全国放假三天。在科威特，开斋节这天男人们首先成群结队前往"达斯曼宫"和"人民宫"，向埃米尔和王储祝贺节日，驻科使节也同时前往，然后再到有名望者或本族长者家的"迪瓦尼亚"祝贺节日。至于孩子们,更是兴高采烈,蹦蹦跳跳。他们穿上节日盛装,由大人带着,或逛公园,或去海边,或看马戏,或进影院。总之,穆斯林的开斋节,无论是它的节日气氛,节日规模,还是习俗做法,都酷似中华民族的春节,到处呈现出一派欢腾喜庆的景象。

迪瓦尼亚 迪瓦尼亚是科威特最具特色的民俗建筑和最受人们欢迎的聚会场所,它有着悠久的历史和浓厚的部落生活遗风。迪瓦尼亚一词来自土耳其语"迪万",原意是国务会议、政府厅局、会议厅、接待室、法院,后延伸到四周摆有长沙发椅、靠背椅的咖啡馆,以及备有水烟、阿拉伯象棋之类的茶馆,现指客厅、会客室、沙龙。迪瓦尼亚传统习俗是科威特人由汉志(即沙特阿拉伯王国)迁徙时带来的。之后,随着生活条件和居住环境的不断改变而发展。最初,它被当作亲朋好友、左邻右舍见面和叙谈的地方,由于经济条件所限和权势家族的控制,这种会客形式当时并不盛行。通常情况下,在人口比较聚集的闾巷,经济条件较好或拥有一定社会地位的大户人家才有迪瓦尼亚。

时代在前进,迪瓦尼亚在发展,它的作用也在不断地扩大。逐步由过去的会客场所,发展成为本地区居民集会演说、解决纠纷、传递信息和交流看法的地方。现今,迪瓦尼亚更成了科威特人财富和地位的象征。每逢重大节日,像穆斯林的开斋节,埃米尔、首相和内阁大臣们都要亲自到访那些有身份、有地位人家的迪瓦尼亚。国家元首和政府高级官员亲临拜访已成惯例,由此引起一场有钱人家大建迪瓦尼亚的高潮。迪瓦尼亚的数目已由 20 世纪三四十年代的二十几个,发展到现在的 2000 多个。迪瓦尼亚制度是科威特最古老、最基本的制度之一,也是最牢固、最具生命力的制度,它由惯例和传统所规范。历史上曾多次有人试图通过立法予以限制,但都未能成功。如今,它的作用越来越受到社会各界与大众传媒的关注和重视。迪瓦尼亚既是人们从事宣传鼓动、体察民意、娱乐休闲的场所,也是议员竞选、发表政见、争取选民的最佳地点。即使在 20 世纪 90 年代初伊拉克占领期间也是这样。迪瓦尼亚成为科威特人相互鼓励、提高士气、传递信息、反抗占领的阵地。迪瓦尼亚是公开论坛,它不建立在党派、宗派基础之上，它不分贫富尊卑，也不论职务高低，不管政治倾向是温和还是极端，都一视同仁，平等对待。大家坐在一起，各抒己见，畅所欲言，自由地争论、答辩。当然，那些拥有自己的特色、对各种政治流派和倾向兼收并容，关心时局和群众切身利益的迪瓦尼亚最受人们喜爱，其地位和影响也日益提高。

迪瓦尼亚在加强科威特人民之间联系、化解矛盾、消除分歧方面发挥了巨大的作用。在科威特，极端思潮与过激行为，不论是政治的、宗教的、还是派系的都很少发生，这在很大程度上要归功于迪瓦尼亚。因为在那里，各种思想、信仰、困惑和要求，都可以争鸣和切磋，修正错误，冲淡极端，最终使中庸看法和温和路线占上风。也正因如此，科威特人少有不去迪瓦尼亚解决争端、消除隔阂的。任何人不论他的社会地位有多高，权势有多大，财富有多巨，如果他对迪瓦尼亚不屑一顾，或企图抵制它，是不会被社会所接受的。反之，任何人如想实现他的政治抱负和人生追求，施展他的组织管理才能，就必须经常走访迪瓦尼亚，虚心听取人们的意见、要求和心声，才能被公众接受，被社会接受，为自己铺砌一条通往成功的道路。

三　节　日

官方规定星期五为每周休息日。从 1994 年起，科威特实行双休日，即星期五和星期六休息，机关、学校每天工作 6 小时。科威特大学，公办、私办学校，一些大的公司如科威特石油公司，早已实行每周双休日制，即星期五和星期六休息。科威特石油总公司及其大部分子公司休息星期五和星期六，实行 8 小时工作制。

官方固定节假日：1 月 1 日（元旦）、2 月 25 日（国庆节）。宗教节假日随伊斯兰教历（亦称回历）而变动，其中有圣祖穆罕默德圣纪、登宵节、穆斯林新年、开斋节和宰牲节。开斋节一般休息 3 天，宰牲节一般休息 4 天。根据伊斯兰教历，这些节日是：登宵节 7 月 27 日，开斋节 10 月 1 日，宰牲节 12 月 10 日，穆斯林新年 1 月 1 日，圣纪 3 月 12 日。

在科威特社会中节日是联系社会成员的重要纽带，家人、邻里、朋友在节日中相互走访，密切联系。民间节日主要有：

正午节（Al-Noon） 类似于我国民间婴儿的"百岁节"，当婴儿长出第一颗牙或学会走路时举行。主人邀请亲朋好友及邻居的孩子、母亲来家，围坐院内草坪或地毯上，女主人到高处把糖果和坚果撒向来宾，然后向其他母亲收取礼金。

磨麦节 在准备斋月时庆祝这一节日。家中买下许多麦子，邀请一些专门磨麦的妇女来家，这些妇女随着乐队伴奏表演磨麦子。

潜水员归来节 采珠人长期在海上采珠后归来时的聚会。男女老少来到海滩，载歌载舞热烈欢迎采珠人归来。

由于科威特人生活方式的变化，采珠、渔业、商旅和造船行业的传统活动已经消失，庆祝活动中的许多歌曲、舞蹈和表演形式也随之消失。

第三节 特色资源

一 名胜古迹

科威特大塔 又称旅游观光塔，是科威特最主要的人文建筑和观光旅游胜地。大塔于1970年3月15日破土，1977年2月26日竣工，1979年3月1日起正式对外开放。大塔由瑞典人设计，前南斯拉夫建筑公司承建。大塔由三座塔体组成，高耸在市区东部岬角顶端的海滩上。主塔高187米，分别在82米和123米处建有大小两个球体。大球体由上下两部分组成，下半部用于贮水133万加仑，上半部设有接待100人的餐厅，以及专为接待贵宾的小餐厅，餐厅的上面是一个供游人观赏的室内小花园，一年四季鲜花盛开，世界各地名花在这里争奇斗艳。小球体内设有冷饮、咖啡厅，以及一个可容纳100人的旋转眺望台，眺望台半小时旋转一周，市区和海上风光尽收眼底。第二座塔高140米，只有一个球体，用于贮存淡水100万加仑。第三座塔为锥形体，高度113.6米，塔身从上至下装有96盏强光探照灯，专为前两座塔和周围照明用。

科威特当时建造此塔，本是出于高层建筑用水需要，但是颇具创意的

设计师令它成为既可贮水又可供游览、且具有伊斯兰建筑风格的大塔。球体的外表由淡蓝色的赛璐珞镶嵌（共用了 55000 块），从而使大塔更加肃穆、端庄。

　　大塔现已成为科威特的标志性建筑和主要旅游景点，凡是来科者无不目睹大塔风采。于是，人们便说，"不参观大塔，不能算来过科威特"。

　　绿岛　由填海而成的人工岛，位于海湾大道海滨地区，1988 年开放，面积 78500 平方米，半径长 500 米，周长 3140 米，通过一条长 234 米的长堤与大陆相通。绿岛东边有一座供游泳的人工湖，湖的两边各有一个占地 500 平方米的饭店。此外，还有一个模范服务站。环岛周围生长着种类不同、颜色各异的植被，令人赏心悦目。岛上建有一座古罗马式的露天剧场，其阶梯式的场地可容纳 700 人就座，用以举办音乐会、戏剧演出和各种庆祝活动。岛上有一座高 35 米的观光塔，塔上建有蓄水池，可贮存 30 万加仑的淡水，供海滨公园使用。岛上的观光火车可乘载游人观赏全岛风光。

　　海依兰乐园　1987 年 2 月 23 日开放，它是科威特的旅游娱乐胜地。海依兰乐园距科威特城 120 公里，离沙特边界 20 公里，园内建有 195 幢漂亮的小别墅，其中 24 幢"皇家"豪华型别墅、48 幢公寓套房及 123 幢普通别墅。内部布置优雅，全部豪华家具，可享受星级饭店服务。海依兰乐园拥有多处游泳池、体操与健身房、运动场（如足球场、篮球场、排球场、网球场、乒乓球室、台球室、自行车场、滑冰场、游艇俱乐部）、录像厅、电子游戏机房等。游客既可乘小船在海上游玩，又可乘小火车到各娱乐场所娱乐。园内有一占地 98000 平方米的码头，可停泊 10～33 米长的各种型号的游帆船 250 艘。园内有一座 60 米高的灯塔，塔上装有雷达和信号灯，在方圆 60 海里范围内保持与船只的通讯联系。乐园内还设有中心市场、医疗中心、清真寺、洗染店和饭店。

　　多哈娱乐城　位于科威特市西北 20 公里处的多哈镇，占地 100 平方米，耗资 30 万第纳尔，1984 年 3 月 14 日正式开放。该娱乐城是美国"迪斯尼"乐园在科威特的翻版，同时具有阿拉伯和国际风格。除了旅游和娱乐的作用外，娱乐城还通过复制的各国名胜古迹发挥其对学生和儿童的教育作用。娱乐城提供数十种娱乐和教育游戏，其中有埃菲尔铁塔、比萨斜塔、荷兰风车、辛伯达航海，以及非洲、东方的自然风貌和历史。所有这些场景向那些没有机会身临其境、亲眼目睹实景实物的成年人和孩子们提供了文化和科学信息，丰富了他们的知识。

室内滑冰场 科威特的文明标志之一，是海湾和中东地区第一个这种类型的大型体育设施。1978 年由一家法国建筑公司承建，1980 年 3 月 16 日开始接待公众。滑冰场占地面积 8398 平方米，建有两个滑冰厅。第一个厅是奥林匹克滑冰厅，面积 1800 平方米，可容纳观众 1600 人。第二个厅面积 800 平方米，可容纳观众 600 人。夏季温度为零上 9 摄氏度，冬季为零下 6 摄氏度。此外，滑冰场还设有台球室、咖啡馆、救护室等。

法拉卡岛 当地人称其为"费莱凯"，是科威特最美、最著名的岛屿和旅游胜地。位于科威特市东北 20 公里处海湾中。岛长 12 公里，宽 6 公里，面积 70 多平方公里。全岛除了最西部为海拔 10 米的高地外，其余是一片平展的沙地，"卡迪尔"神殿就坐落在这里。法拉卡岛上有良好的避风港，又有少量的淡水，故从公元 3 世纪起该岛就成为海湾中往来商船的必经之地，它们在这里加水装粮，躲避风暴。1961 年，考古工作者在岛上发现了公元前 3 世纪的古希腊城堡。城堡呈四方形，每边长约 61 米。近年来，在岛上相继挖掘出大量的文物，有石刻器皿、刻有图案的石块、陶器和 450 多枚迪蒙时期的印章。印章直径在 1.8 ~ 6.5 厘米之间，上面刻有人和动物的图案。据考证，法拉卡岛的历史可追溯到青铜器时代，约在 3000 年前就有人在岛上居住。科威特独立前，岛上的居民很少，1948年只有 2000 人，1961 年增至 2679 人，他们靠捕鱼为生。1975 年，居民增加到 4000 人。科威特政府非常重视对该岛的开发和建设，投巨资把它开发成一个观光旅游和避暑的胜地。岛上建有博物馆、商店、学校，建设了大批供游人居住和休闲的别墅、小木房和体育健身设施。科威特公共运输公司每天都有轮渡来往于该岛与科威特市之间。

哈姆拉·菲尔杜斯（红色乐园）塔 2013 年底竣工，位于科威特市中心，塔高 412 米，是当地又一座标志性建筑，从塔上可以饱览阿拉伯海湾的优美景色。为了将海湾的景观视野最大化，同时尽量减少办公楼层的

日光照射，建筑南部 1/4 的楼板面积被删减，并且随着塔楼高度的变化由西向东转移。

二 著名城市

(一) 科威特城

科威特国的首都，它是政府机关、外国使馆、银行、公司、博物馆和古城墙的所在地。著名的塞夫宫、达斯曼宫、和平宫、白杨宫为埃米尔和政府官员办公、居住、接受使节国书和举办国际会议的地方。海湾危机后，塞夫宫进行了大规模的重建，如今更加金碧辉煌，蔚为壮观。文化设施有国家博物馆、科学博物馆、伊斯兰艺术馆、塔立格博物馆、天文馆和最高学府科威特大学。几百座设计新颖、造型别致的清真寺点缀于市区各地，每天清晨，那高亢响亮的诵经声能唤醒每个睡梦中的人。

科威特城至今已有 330 年的历史，公元 1672 年，它还是一个隶属于哈立德家族建立的"库特"城堡的小村庄。直到 1711 年，纳季德（又称内志）地区安宰部落欧图布分支迁到那里后才开始发展起来。约在 18 世纪中叶，萨巴赫家族掌握了国家政权，在不到半个世纪的时间里，科威特城以其优越的地理位置和跳跃式地发展成为一个重要的沿海城市。科城至今仍保留着旧时的 5 个行政区，即谢尔格、达斯曼、米尔戈卜、萨利希亚和基卜莱，但城市建设已远远超出了老城范围。原有的旧城墙已在 1957 年被拆除，现只保留着土城门，以作纪念。城区内的旧房屋，除了博物馆和少数有纪念意义的迪瓦尼亚外，多数被拆除，取而代之的是现代化的高楼大厦、设施齐全的居民楼、广场、高速公路和立交桥。沿海建成的宽阔的海湾大道和海滨公园，成为人们休闲娱乐的好去处。

科威特城中重要的历史古迹之一是萨法广场。1988 年国庆 27 周年时进行了重修。1.2 万平方米的广场由特制的水泥砖和花岗岩铺就，其中有 3500 平方米被绿色的草地覆盖。广场中央的纪念碑高高耸立，它是科威特的象征。现在，科威特城正以惊人的速度发展和扩大着市区，在靠近海岸的长方形地带上出现了大批的开发区，掀开了科威特历史上有计划发展城市的新纪元。

科威特古城墙 科威特古城墙被列为国家的文物遗址之一，距今已有几百年的历史。第一座长750米的土墙始建于1760年；第二座城墙有8个城门，建于1811年；第三座城墙长6400米，建于1920年谢赫萨利姆·穆巴拉克·萨巴赫时代。在修建这些抵御入侵者的城墙时，全体科威特人民都做出了贡献。1957年2月2日，为了扩建城市，城墙被推平了，但是，其中5座城门被作为科威特的历史古迹和旅游景点被保留下来。在它们的附近是环绕城市的绿色地带。

白杨宫——科威特国际会议中心 白杨宫（Bayan Palace）建于1984年3月，历时3年，于1987年1月17日竣工。它是为筹备第五届伊斯兰首脑会议召开而建造的。白杨宫是科威特最著名的建筑之一，也是伊斯兰传统风格与自然环境和建筑工艺完美结合的精品。白杨宫位于科威特市东南16公里处，占地50万平方米，建筑面积14万平方米，其余为绿化面积。白杨宫由地上二层和地下一层构成。一层包括休息大厅、大会堂、专用新闻中心和各式各样的小会议室、休息间和医务室。二层由埃米尔套间、会议厅、办公室和休息厅组成。地下室包括图书馆、办公室、新闻中心以及礼拜室和咖啡间。

休息大厅面积达3000平方米，主要用于迎接国家元首和出席会议的各国代表团。此外，该厅也可改作展览大厅。大厅内部设计庄重而优雅，中央休息区摆有100多件舒适的沙发、茶几。大厅中心种植了观赏花木，在巨大的拱顶之下树影婆娑。中央拱顶为半圆形，装饰有金色叶子图案。三个巨大星状水晶吊灯相映生辉地悬挂在它的上面。大厅为白色大理石墙面，镶嵌有伊斯兰风格的马赛克。墙壁和门上缀有用精美的阿拉伯书法书写的《古兰经》经文。大厅与大会堂相邻处是一座大理石圆柱，上面刻有金字书写的科威特国歌。

大会堂与世界各地类似的大会堂相比，不论是在建筑面积，还是在建筑工艺和设计水平方面都有其更胜一筹的地方。在第五次伊斯兰首脑会议召开期间，大会堂能容纳46位国家元首及每位元首的5名随从，另外还有440位观察家和贵宾出席。在大会堂周围还有几十个会议室和其他多用途房间。大会堂还可改造成一个拥有1150个座位的国家大剧院，包括一

个可容纳 500 多人的舞台。大会堂面积达 1650 平方米，装备有各种先进的电子设备和系统，包括自动投票牌、6 种语言同声传译设备、闭路电视、16 毫米和 35 毫米放映机、幻灯和投影设备，以及内部通信联络系统等。

另外，白杨宫还设有可容纳 500 名客人的宴会厅、礼宾处、报道中心、新闻中心、电视制作间、图书馆、礼拜室、椰枣庭院、小卖部、中央机房、安全指挥部、停车场、通信设施，以及 6 幢共 106 套客房可容纳 1400 名客人的宾馆。

（二）艾哈迈迪市

艾哈迈迪市位于阿丹丘陵的布尔甘油田上，它是作为一座石油城而兴起的，因此有"石油之城"的美誉。该城建于 1948 年，距离首都科威特市 42 公里，但其自然风貌、气候条件与首都迥然不同。在这里，街道两侧绿树成荫，市区内到处是一座座花园、一幢幢别墅式的洋房，点缀在红花绿草之间，颇具欧式风格。

（三）杰赫拉市

科威特的古城之一，从已发掘出的大批古代遗迹看，在古代这里是十分繁荣的。据记载，杰赫拉的历史与卡齐迈联系在一起，它很可能是伊斯兰历史上卡齐迈的首都。伊斯兰帝国初兴之时，在这里曾发生过一场著名的战役——链环套战役，阿拉伯人战胜了波斯人。

杰赫拉现存的最著名的历史遗迹之一是 1904 年穆巴拉克·萨巴赫修建的"红宫"，它经历了 1920 年杰赫拉十日保卫战。是年 11 月 28 日萨利姆·穆巴拉克修建了城墙，古城面积 3.4 平方公里。如今，这里变成了历史传统教育的基地和旅游热点地区，经常举办各种展览和庆祝活动。

杰赫拉原是一片绿洲，以农业著称。现在，大规模的建设使它失去了当年的农业地位和绿洲特点。近年来，城市建设迅速发展，杰赫拉已成为一座初具规模的现代化城市。

第二章

历　　史

第一节　上古简史

　　科威特独特的地理位置，使它成为古代西亚地区陆海交通的枢纽，多种文明融汇与传播的中心。在很长的一段时间里，它曾是连接印度洋、西亚和欧洲之间的商业纽带，出海湾南下阿曼、印度次大陆和东非商路上的一个重要驿站。这种优越的地理位置，造就了科威特古代文明的多样性。从现已掌握的文献史料看，它先后经历了以"迪蒙"（Dilmun）为代表的两河流域文明、古希腊文明、波斯文明，以及进入中世纪后的伊斯兰文明。

　　考古学家在科威特地区发现的遗迹显示，它的文明可追溯到四千多年前。20世纪50年代在法拉卡岛上的考古发现表明，岛上的早期居民属于迪蒙文化（也有一些考古学家认为，法拉卡岛属于苏末尔刻文中提到的古伊拉姆文化）。"迪蒙"一词早在苏末尔时期的楔形文字中就有记载，其遗迹在今天的科威特、巴林和沙特阿拉伯东部地区都有发现，中心在现在的巴林。多数考古学家认为，迪蒙人约在公元前2000年左右由两河流域南部迁居法拉卡岛。他们的定居点建在离海岸很近的沙丘上，分东西两部分，相距200米。西边是民房，约30家，用石块垒成，前后有序地排列在院落的两侧。东边是一座正方形的神殿，类似于巴林的"柏柏尔"（Barbar）神殿，长宽各20米。考古学家推测，神殿是迪蒙人用来供奉他们的上帝恩扎克（Enzak）的。迪蒙时代的建筑大多用

雕凿的石料垒成，这些石头是从北方运来的。另外，岛上还出土了大量陶器碎片，同在巴林出土的一样，如涂有红边的"柏柏尔"薄碗和彩釉的陶罐，不少碎片上还残留着美索不达米亚神话故事中的人物形象。迪蒙时代的法拉卡岛已是商路上的一个重要驿站，其有力的证明是，在岛上出土了大量的图章。图章在那个时代是财富的象征，作为商品交换和签订合同的凭据。图章由墨玉石和皂石制作，表面镌刻有各式各样的图案，反映当时的自然环境、宗教文化和社会生活各个方面，具有相当高超的工艺水平。

迪蒙文明之后，以法拉卡岛为代表的科威特历史进入古希腊文明时代。据科威特官方文献记载，公元前600年，古希腊人在法拉卡岛的哈扎纳丘陵地带定居。20世纪50年代在法拉卡岛的考古挖掘中，还出土了与迪蒙文化同等重要的古希腊人定居点——伊卡罗斯（Ikaros）城堡。判断伊卡罗斯为古希腊人所建的依据是，1960年丹麦考古队在岛上发现了一块长1.2米、上面刻有44行古希腊文的石碑，碑文记载了塞琉西王朝安提奥丘斯三世（Antiochus，公元前223~187年）统治时期的功绩，描述了古希腊居民与岛上居民的关系。1937年，在岛上还发现过另一块希腊文石碑，碑文内容有关雅典将军苏特雷斯（Soteles）及其士兵供奉宙斯天神、波塞冬海神和阿特米丝月亮女神的事情。这些碑文现藏于科威特国家博物馆。

古希腊人是在公元前4世纪末到法拉卡岛上定居的，历时二百余年。他们的定居点建在岛的西南部赛义德沙丘东侧，为城堡式，也是当时的政治、文化中心。有考古学家认为，城堡是亚历山大大帝下令建造的。公元前325~公元前324年，亚历山大大帝曾先后三次率大军沿海湾南下远征印度，在一次水路返程途中，发现法拉卡岛上有水井和淡水，于是便派人上岛建造城堡，作为士兵的住所，并以爱琴海中希腊一岛名命名为伊卡罗斯。公元前141年，帕提亚（安息）人征服塞琉西帝国后，法拉卡岛城堡被废弃，其战略地位和商业作用也随之丧失。公元226年，波斯萨珊王朝取代安息王朝，控制了包括科威特在内的两河流域地区。科威特进入了受波斯文化影响的前伊斯兰时代，即阿拉伯史学家所称的"蒙昧时期"。

第二节　中古简史

公元 7 世纪起，科威特属于阿拉伯帝国的一部分。从此，共同的历史、共同的命运，把科威特与阿拉伯民族紧密地联系在一起，成为一个不可分割的大家庭。

中世纪的阿拉伯帝国兴起于阿拉伯半岛的中西部麦加、麦地那一带，创始人为先知穆罕默德。公元 630 年，穆罕默德率领信徒攻克麦加，清除了多神教徒敬神献祭的古庙"克尔白"石殿中的偶像，确立了伊斯兰教的统治地位。次年，阿拉伯半岛各部落大多接受伊斯兰教，整个半岛大体上归于统一。公元 632 年，穆罕默德病逝，政教大权先后由其信徒艾卜·伯克尔、欧麦尔、奥斯曼和阿里继承，尊称"哈里发"。

帝国建立伊始，就把开疆拓域和传播伊斯兰教作为自己的神圣职责。他们一手拿剑，一手持《古兰经》，千军万马在响彻云霄的"真主伟大"的呼喊声中拉开了帝国征战的序幕。他们首先把目标选在波斯萨珊王朝控制的两河流域地区。由虔诚的穆斯林组成的阿拉伯帝国大军，在为真主而战的"圣战"精神激励下，英勇顽强，士气高昂，冲锋陷阵，所向披靡。征途上，他们先后在卡齐迈（现科威特杰赫拉地区）和卡迪西亚（现伊拉克境内）与波斯驻军遭遇并大获全胜，为胜利进军巴格达铺平了道路。从这时起，包括科威特在内的西亚广大地区正式归属阿拉伯帝国版图，科威特的中古史自然地融合在阿拉伯帝国的历史之中。值得提及的是，在帝国兴起之时，公元 636 年，阿拉伯军队和波斯军队在科威特的卡齐迈地区进行了一场有名的战争——扎特萨拉西勒（意为"链环套之战"），这是两军的首次重要战役，战争的胜负对双方尤其是前者影响深远。波斯将领们采纳了用铁链把士兵相互连在一起的战术，以防他们临阵逃脱，结果导致全军覆没，使得阿拉伯大军能够顺利北上，并在随后发动的卡迪西亚战役中取得了决定性胜利。从此，波斯帝国一蹶不振，公元 651 年，萨珊王朝被新兴的阿拉伯帝国灭亡。公元 1258 年，蒙古人攻陷巴格达，阿拉伯帝国阿拔斯王朝灭亡。此后，科威特所在的阿拉伯半岛地区进入奥斯曼帝国统治时期。

第三节　近代简史

公元1756年，萨巴赫家族首领萨巴赫·本·贾比尔被推举为科威特的执行官，标志着科威特现代史的开始。至今，萨巴赫家族连续统治科威特已长达两个半世纪之久。

18世纪初叶，一场可怕的长时间干旱，迫使生活在阿拉伯半岛内志地区的阿奈扎部落的"欧图布"氏族，在萨巴赫家族的率领下，带着羊群、驼群，向半岛东岸有水的地方迁徙。与他们一起迁移的还有哈利法和贾拉希玛家族（现尼斯夫家族）。最初，他们分散居住在半岛东海岸的不同地区，后来到科威特定居。至于欧图布氏族何时何地、以何种方式迁来科威特，历史学家众说不一，难下定论。科威特的历史学家尤素福·伊萨·基纳伊认为，欧图布部落离开内志地区的阿弗拉杰后，先迁居卡塔尔，后又从卡塔尔散居东岸各地的港口地带，最后迁来科威特。据英国东印度公司的文件记载，时间大约在1716年。那时，科威特处在哈立德家族的统治之下。

17世纪末，在哈立德家族确立其对半岛东部地区的统治地位以前，这个家族部落的居民已是这片北起巴士拉、南至卡塔尔的广袤土地上的主人。然而，一个新兴的强大帝国——奥斯曼帝国早在一个世纪前就先后攻克巴格达（1534年）、巴士拉（1546年）和哈萨（1555年，现沙特阿拉伯达曼、胡富夫一带），并把这些地区划入了奥斯曼帝国的版图。但逐渐强大起来的哈立德部落，不接受奥斯曼帝国在哈萨地区的存在。1670年，他们在部落酋长巴拉克的领导下，包围了奥斯曼帝国驻哈萨的第四任总督奥马尔帕夏并迫其投降。这样，半岛东部这片辽阔的土地实际上成了哈立德家族的天下。巴拉克的统治一直延续到1682年去世之时，其弟穆罕默德随后继位。据说，在巴拉克酋长执政期间科威特城奠定了建城基础。

18世纪初，萨巴赫家族被允许迁来之时，科威特正处在哈立德家族萨敦·本·古雷尔酋长的直接统治之下。1722年，萨敦酋长去世后，统治家族因争夺继承权而发生内讧，国力开始由强盛走向衰落，各地部落纷纷割据，实行某种形式的地方自治。1752 年，苏莱曼酋长去世，家族内讧再起，中央当局的权威已不复存在。更严重的是，半岛中部的死对头瓦哈比教派势力正在兴起，直接威胁到统治者的生存。这一切，使居住在科威特的萨巴赫家族获得了一次摆脱哈立德家族统治，实现完全独立的好机会。

萨巴赫·本·贾比尔何时被推举为执政官，无确切资料可查，但据科威特政府官方网站，推举时间为 1756 年。据当地传说称，他是被科威特居民按照部落传统做法推举为"谢赫"的，负责司法和商贸事务。在他执政期间，传统的"协商"做法得到遵守，一切大事均由部落首领们协商解决。对于萨巴赫一世执政多久、何时去世众说纷纭，莫衷一是，唯知其身后留有五子。王位由他的小儿子阿卜杜拉继承，据说，阿卜杜拉具有"勇敢、聪明、公正、慷慨"这些受人尊重的品德。据英国东印度公司资料记载，阿卜杜拉的执政时间是 1762～1812 年，历时 50 年。但也有的历史学家认为是 1764～1815 年，其依据是，先于萨巴赫家族迁来科威特的哈利法家族原希望在萨巴赫一世之后能从他们的家族成员中推选出一名科威特执政者，结果未能如愿。于是，他们在 1766 年由科威特迁往卡塔尔。

阿卜杜拉执政期间，科威特城渐渐繁荣起来。1765 年，丹麦大旅行家尼布尔（C. Niebuhr）在他的游记中说，当时科威特已拥有木船 800 艘，居民约万人，从事贸易、海运、造船、采珠等职业。1775～1779 年，波斯人包围和占领巴士拉，这对科威特来说有着深远的影响，因为是一次难得的机会。首先，英国东印度公司驻海湾地区代表处由巴士拉迁来科威特，这使科威特和英国东印度公司驻海湾地区代表第一次建立了直接联系。其次，英国东印度公司把海湾到叙利亚阿勒颇的沙漠邮路终端和在巴士拉的大部分贸易都转到了科威特，使科威特成了货物中转站，由阿拉伯半岛南部和东部运来的货物，经科威特运往叙利亚。几乎与此同时，科威特也不断遭受来自阿拉伯半岛中部瓦哈比教派势力的进攻。出于安全需要，科威特当政者不得不进一步与英国东印度公司接近。19 世纪初叶，海盗掠夺活动日趋猖獗，瓦哈比教派的威胁也迫在眉睫，科威特的繁荣受到很大影响，英国出动海军以武力恢复了海湾和平，

科威特的外部威胁才得以缓解。

第三任行政长官贾比尔一世执政期间（1812～1859年），英国在科威特的影响进一步加强，1821年，英国东印度公司驻巴士拉代表处曾临时迁来科威特。1829年，科威特被迫承认奥斯曼帝国的宗主权，每年向奥斯曼帝国进贡。1866年，阿卜杜拉二世继承其父萨巴赫二世（1859～1866年执政）职位，就任第五任行政长官，他性情刚毅，热爱和平，一贯主张海湾和半岛邻邦和睦相处，以和平方式解决争端，但在必要时也毫不犹豫地向邻国提供援助。他曾出兵帮助谢赫穆罕默德·本·哈利法恢复了在巴林的统治，调解内志地区费萨尔·本·图尔基教长儿子们之间的争端，参加了1871年奥斯曼帝国巴士拉总督迈德哈特发动的远征哈萨地区的战争，举起了奥斯曼帝国的旗帜，为此，奥斯曼宫廷授予他"县长"的头衔。从这年起，科威特归属奥斯曼帝国巴士拉省管辖。1892年谢赫阿卜杜拉去世后，兄弟间就继承权一事展开了一场争夺。性情温和、爱好学问的穆罕默德夺得先声，继其兄阿卜杜拉就任第六任行政长官，其弟杰拉赫参与政务，管理国家财政，另一胞兄穆巴拉克被安排在城外，负责管理部落武装力量。1896年，穆罕默德和杰拉赫在一次宫廷政变中被害，穆巴拉克就任科威特第七任行政长官。

穆巴拉克是一位具有雄才大略、很有作为的酋长，他担心奥斯曼帝国对科威特居心叵测，遂上台后不久，于1899年1月与英国人签订了秘密保护协定，承诺非经英国政府事先同意，不得将领土割让、出售、抵押、租借给任何外国政府或其臣民；不接受任何外国政府的代表。英国则负责科威特的防御和外交。1907年，科威特又与英国签订了租让舒威赫港条约，以防止德国势力通过修建柏林—巴格达铁路延伸线向科威特和海湾地区渗透。

穆巴拉克被认为是现代科威特的奠基人，在他执政期间（1896～1915年），科威特的国体从一个界限模糊的酋长国，发展成一个自治的国家。1904年，英国正式任命了驻科威特的政治代表。1909年，英国与奥斯曼帝国讨论了有关科威特现状的建议，尽管这些建议由于第一次世界大战的爆发从未获得过批准，但在实际上保障了科威特的自治。1915年穆巴拉克去世后，由其长子贾比尔继位。

1917 年，萨利姆继其兄贾比尔就任科威特第九任埃米尔。第一次世界大战中由于萨利姆支持土耳其人，科威特因而遭到禁运。他执政期间，科威特经历了近代史上最重大的事件之一——杰赫拉保卫战。通过战争逐步统一了阿拉伯半岛大部分地区的沙特，把其下一个征服目标锁定在科威特。1920 年 10 月，沙特教长煽动部落武装力量"伊赫万"（兄弟会），在费萨尔·杜维什统率下，发动了对科威特的大规模进攻。萨利姆酋长亲率全国臣民和部落武装，在首都外围杰赫拉城与数倍于科威特武装力量的敌人进行了殊死抵抗。后来，英国出动海空军干预，迫使"伊赫万"撤军，科威特的独立存在才得以维护。

1921 年，科威特第九任埃米尔萨利姆去世后，他的侄子艾哈迈德·贾比尔继位。在他统治期间，科威特开始繁荣起来，到 1937 年，科威特的人口增至 75000 人。谢赫艾哈迈德被认为是科威特石油工业的奠基人。是他最先认识到勘探开采石油对国家发展的必要性，并在 1934 年把科威特全境内的石油开采权租让给美国的海湾石油公司和英国的英—波（斯）石油公司。深井钻探始于 1936 年，正当钻探出现令人鼓舞的结果时，第二次世界大战爆发。战后，科威特的石油工业得到了飞速发展，几年之内，在丰厚的石油收入支持下，科威特很快由一个默默无闻的小渔港，发展成为一个繁荣的国家。1950 年谢赫艾哈迈德去世，其堂弟谢赫阿卜杜拉·萨利姆继位。他上台执政后，一是抓政权建设，为独立作准备；二是抓富民政策，利用不断增加的石油收入为人民谋福利。1951 年开始实施公共工程、教育和卫生发展规划，经过几年的努力，科威特已初步发展成为一个组织良好、基础设施较为齐全的福利型国家。1954 年成立了以酋长阿卜杜拉·萨巴赫为首的最高委员会。1960 年从英国人手里接管了司法权和货币管理权。同年 9 月，与沙特阿拉伯、伊拉克、伊朗、委内瑞拉等国发起成立了"石油输出国组织"，为了争取共同的石油权益，联合起来与西方石油公司作斗争。1961 年 6 月 19 日科威特宣布独立，国家元首改称埃米尔。1961 年 7 月，科威特被接受为阿拉伯联盟成员国。

第四节　当代简史

1961 年 6 月 19 日科威特独立后不久，便受到了伊拉克卡塞姆政权的威胁，它声称对科威特拥有主权。7 月，因油田之争发生了与伊拉克和沙特阿拉伯的边界纠纷，英国利用这一纠纷，以"保卫科威特的安全与独立"为借口，派兵进入科威特。英国的行动遭到多数科威特人的反对，并受到阿拉伯国家的谴责。7 月 20 日，阿拉伯联盟举行会议，要求英国军队撤出科威特，并决定组建阿盟武装部队取代英国军队。9 月，由沙特、约旦、埃及、苏丹和摩洛哥组成的阿拉伯联合部队进驻科威特，英军不得不撤离。阿拉伯联合部队于 1963 年 2 月底撤回。同年 5 月 14 日，科威特被接纳为联合国第 111 个成员国。

1961 年 12 月，科威特进行了有史以来的首次大选，推选出 20 名制宪议会议员，他们和埃米尔任命的大臣一起，共同制定了科威特的第一部宪法。根据宪法规定，科威特议会为一院制，由 50 名议员组成。第一届国民议会于 1963 年 1 月选举产生，新内阁也随即组成。埃米尔的胞弟、王储萨巴赫·萨利姆·萨巴赫被任命为第一届内阁首相。

1963 年 10 月，政变上台的伊拉克复兴党政权，宣布承认科威特的完全独立，消除了两国之间由前届政府制造的紧张关系。为此，科威特政府给予伊拉克 3000 万第纳尔（约合 1 亿美元）赠款。

1965 年 1 月，围绕成立以王储兼首相谢赫萨巴赫为首的强力内阁之事发生了一场宪法危机，其实质反映了统治家族同民选的国民议会之间的冲突。1965 年 7 月，科威特决定不批准由伊拉克、约旦、叙利亚和阿联（现埃及）参加的阿拉伯共同市场协定。同年 11 月 24 日，科威特独立后的首任埃米尔谢赫阿卜杜拉·萨利姆去世，王储萨巴赫·萨利姆继位，侄子谢赫贾比尔·艾哈迈德·萨巴赫就任首相，次年 5 月被指定为王储。

1966～1967 年阿以冲突期间，科威特积极声援阿拉伯前线国家，反对美国支持以色列对外奉行侵略扩张政策。在 1967 年的阿以战争中，科威特支持阿拉伯国家，参与了针对美国、英国的石油禁运，为阿拉伯前线国家捐赠了 2500 万第纳尔。在 1967 年 9 月召开的喀土穆阿盟首脑会议上，科威特、沙特、利比亚一起，决定向阿联和约旦提供财政援助，帮助他们恢复遭战争破坏的经济。科威特承担了每年 5500 万第纳尔的份额。此外，1967 年阿以战争后，科威特还向其他遭受战争损失的国家和巴勒斯坦游击队提供了慷慨的财政援助，并接纳了大约 35 万巴勒斯坦难民。1970 年 9 月，约旦政府同巴勒斯坦游击队之间爆发武装冲突后，科中止了对约旦的财政援助。

1968 年，科威特政府宣布，1961 年与英国签订的军事援助协定将于 1971 年结束。与此同时，科威特政府还极力说服巴林、卡塔尔与其他特鲁西尔酋长国共同组建联邦，但最终未能说服这两个酋长国加入 1971 年 12 月成立的阿拉伯联合酋长国。同年 1 月，科与沙特、利比亚一道倡议成立"阿拉伯石油输出国组织"，共同为石油公司参股和实现石油产业国有化而斗争。

20 世纪 60 年代，科威特政府出台的扩大公共开支、支付高额土地征用费等措施，导致了收入再分配的过度和不公正。与此同时，人们开始对官员中出现的贪污腐败现象、低下的公共服务，以及政府对国民议会和舆论的操纵表示不满。为消除人民大众的不满情绪，满足舆论的要求，科威特统治家族允诺 1971 年的国民议会选举在自由投票的基础上进行，但妇女、军警和非科籍人被排除在投票之外。此届议会选举竞争激烈，182 名候选人竞选 50 个席位。尽管科威特不允许政党存在，但几名阿拉伯民族主义运动分子依然当选。以艾哈迈德·哈蒂卜博士为首的激进派集团被认为是政府的主要反对派。1971 年议会选举后，王储贾比尔被任命为首相并负责组建新内阁，王室成员担任内阁大臣的人数由 5 人减为 3 人，并且首次从当选议员中任命了两名大臣。

在海湾地区国家中，科威特往往是地区冲突和争端的最大受害者。1973 年 3 月，伊拉克派兵占领了科威特萨米塔地区的边境哨所。此后，在阿拉伯国家的斡旋下，伊拉克撤出了它的部队，但却留下了对科威特布比延岛领土要求的隐患。科伊边境事件发生后，科政府拨巨款扩充武装部队，并开始组建自己的海军。1975 年经议会批准科开始实行义务兵役制。

1973 年 10 月，第四次阿以战争期间，科威特派兵驻防苏伊士运河前线并参加了战斗，向前线国家提供了总额达 1 亿第纳尔的财政援助。战争期间，科威特倡议召开阿拉伯石油输出国组织紧急会议，决定采取统一行动，以石油为武器向西方国家尤其是美国施加压力，迫使以色列撤出占领的阿拉伯领土。10 个成员国决定逐月减少不低于 5% 的原油产量。科威特还同其他海湾石油输出国一起单方面宣布，从 1973 年 11 月 1 日起增加原油标价 70%，实施对美国、荷兰的石油禁运。这一系列措施的实施，导致了世界原油供应量与 9 月份相比下降了 25%。科威特在这些行动中起了带头作用，大幅下调自己的石油产量，由 9 月份的 1340 万吨，降至 10 月份的 1200 万吨，再到 11 月份的 980 万吨。直到 1974 年，月产量才恢复到 1000 万吨以上。1974 年 1 月，埃以达成部队脱离接触协议后，阿美关系得到改善。科威特等 7 个阿拉伯石油输出国同意从 3 月起解除对美国的石油禁运。7 月，解除了对荷兰的禁运。

1975 年 3 月，科威特政府决定对在科经营的外国石油公司实行国有化，并组建国家最高石油委员会，统一管理石油事务。1977 年，科政府并购了美国的"Aminoil"公司，改建为科威特的瓦夫拉石油公司，主要从事海外石油勘探开发。

1976 年 8 月，议会与统治家族的分歧日趋激化，埃米尔以"阻挠立法实施"为由下令中止议会活动 4 年，并决定成立一个重新修订宪法的委员会。同年 10 月，科威特出席了在利雅得召开的阿拉伯六方最高级会议，并就结束黎巴嫩内战达成协议。

1977 年 12 月 31 日，埃米尔萨巴赫·萨利姆去世，王储兼首相贾比尔·艾哈迈德继位，其堂弟谢赫萨阿德·阿卜杜拉·萨利姆接替王储兼首相职务。

1978 年 11 月，在巴格达召开的阿拉伯首脑会议上，科威特坚决主张整个阿拉伯民族一致谴责埃以和平协定，支持对埃及实行制裁。科带头召回了它驻埃及大使，并中止了除发展项目外对埃及的一切援助。1979 年，科威特成功地调解了南北也门之间的武装冲突，最终使双方签订了停火协定。

　　1980 年，海湾地区形势日趋复杂，科威特国内形势也受到影响，公众强烈希望尽快恢复议会生活和组建民主政府。为顺应不断增长的公众压力，一个由 50 人组成的宪法修改委员会于 1980 年初宣告成立。根据委员会的建议，埃米尔宣布 1981 年 1 月底前举行新一届议会选举。尽管两伊战争造成科威特国内政治的不稳定，但竞选还是热火朝天地进行。448 名候选人参加议员竞选，选举权依旧限制在约 9 万名科威特头等公民的范围内。由于选区的增加和选举方式的改变，新一届议会趋于保守，其中部族头目 23 人当选，专家治国论者 13 人当选，原政府反对派、激进的阿拉伯民族主义者全部落选，什叶派代表减至 4 人，逊尼派宗教极端分子 5 人当选。

　　1980 年 9 月，伊拉克、伊朗之间爆发战争。基于民族、教派、政治、经济等因素，科威特采取了支持伊拉克的立场，希望借助伊拉克遏制伊朗输出 "伊斯兰革命"。为此，除在政治上表示谨慎支持外，科还在经济上向伊拉克提供了巨额的赠款和贷款，军事上允许伊拉克使用科港口和机场，转运各种进口物资和军火。科威特和沙特还代伊拉克出口原油，使其得以维持战争开支。到 1983 年底，两国共向伊拉克提供赠款和贷款达 300 多亿美元，其中科威特约占一半。

　　1981 年 5 月，科威特、沙特阿拉伯、巴林、卡塔尔、阿联酋和阿曼 6 国，成立 "海湾合作委员会"（GCC），其宗旨是鼓励成员国之间实行经济和社会一体化，加强成员国之间的团结与安全。1984 年春，两伊展开 "油轮战" 后，海湾六国决定中止调解活动，并在同年 11 月召开的首脑会议上决定，组建快速部署部队和联合最高指挥部，以保卫成员国的安全和石油出口的畅通。

　　1983 年底和 1984 年初，科威特连续发生了 6 起炸弹爆炸事件（造成 5 死，61 伤），主要目标是法国和美国驻科威特使馆，但发电站和机场也遭到破坏。一个名叫 "伊斯兰圣战者" 的组织声称对这些爆炸事件负责。科威特政府怀疑该什叶派极端组织是在伊朗的授意下行事，以报复科威特在两伊战争中支持伊拉克。于是，600 多名无辜的伊朗工人在事件发生后被驱逐出境。

1985 年 5 月，一名伊拉克籍的"伊斯兰号召党"成员，驾驶装有炸弹的汽车冲进埃米尔车队，企图暗杀埃米尔贾比尔。这一暗杀行动导致科采取了空前严厉的安全措施，立即下令暂停发放入境签证和居住许可证。科国民议会通过了对恐怖分子可判处死刑的立法。1986 年 6 月，科威特原油出口和提炼重地艾哈迈迪连续发生 4 起爆炸事件，一个叫做"阿拉伯革命者小组"的组织声称对这些爆炸事件负责，其目的看来是迫使科威特减少石油产量。在随后的两年内，大约 27000 名侨民被驱逐出境，其中多数为伊朗人。1987 年 6 月，6 名科威特什叶派穆斯林以"破坏石油设施、阴谋推翻政府"的罪名被判处死刑。

1986 年 8 月，科威特内阁在经历了与国民议会长达 15 个月的分歧和冲突后向埃米尔提出辞呈，埃米尔接受政府的辞职并同时宣布解散议会，中止宪法中一些条款的实施。王储萨阿德被任命为看守内阁首相，并授予了更大的权力。这是科威特国民议会第二次被解散。

1987 年 11 月，根据阿盟决议，科威特恢复了同埃及的外交关系。

1988 年 8 月，两伊战争停火，海湾地区形势开始趋向稳定，科威特经济得到复苏。停火后不久，科威特王储兼首相萨阿德·阿卜杜拉宣称，"科与伊朗的关系正走向稳定和正常化"。科与伊拉克的关系也进一步改善，尽管双方在布比延岛问题上的争端依然存在。在国内，科威特政府对伊朗在什叶派穆斯林中的影响不断扩大甚感忧虑，采取了严厉镇压措施。1989 年 6 月，法庭以"阴谋推翻王室统治"罪名，判处 22 人徒刑。另外，科政府大力推行"科威特化"人口平衡政策，控制移民数量，调整移民结构，使科籍人口成为本国人口的多数。

1989 年 12 月，一些前议员发起恢复议会运动。1990 年 1 月，埃米尔呼吁进行政治对话，首相也发表讲话对恢复民选议会表示欢迎。6 月 10 日，由 50 名议员组成的新一届国民议会通过选举产生（另外，埃米尔还任命了 25 名议员）。本届议会为临时机构，任期四年。随后发生的伊拉克 8 月入侵事件，使本届议会实际上夭折在摇篮内。议会选举后，以王储萨阿德为首的新内阁很快组成，但紧接着就进行了大范围改组，任命了多名无从政经验的技术型人物入阁，试图缓解民众要求实行新政的呼声。

第五节 伊拉克入侵科威特

1990 年 7 月 17 日，伊拉克总统萨达姆不指名地谴责一些海湾国家不遵守 OPEC（石油输出国组织）规定的石油产销配额，大量向国际市场倾销石油，造成油价下降，使伊拉克经济利益受到损害。次日，伊拉克外交部长塔里克·阿齐兹抨击科威特，称其从有争议地区的油井偷采了价值 24 亿美元的伊拉克石油，科威特的所作所为是对伊拉克发动的侵略和战争，要求科威特不但要取消伊拉克因战争贷款而对其产生的债务，而且还要赔偿在战争期间，由于石油超产给伊拉克造成的经济损失。伊拉克在发出上述警告的同时，开始在伊科边境地区大量部署部队。在埃及、沙特、约旦等国领导人的调停下，7 月 31 日，伊拉克革命指挥委员会副主席易卜拉欣与科威特王储兼首相萨阿德在沙特阿拉伯的吉达谈判，试图解决两国之间在领土争端和财政赔偿方面的纠纷。会谈中，伊拉克要求：免除伊欠科的所有债务，另外再支付 24 亿美元，以补偿伊拉克鲁迈拉油田的损失；把布比延和沃尔巴两岛租借给伊拉克使用 99 年；制定一项总额达 150 亿美元马歇尔式的援助计划。科准备满足伊方一半的财政要求，但不接受任何领土割让，于是谈判最终破裂。

1990 年 8 月 2 日凌晨 2 时，伊拉克出动 10 万大军突然大举入侵科威特，12 小时后攻占首都科威特城，31 个小时后占领了科威特全境。埃米尔和其他政府官员匆忙逃离科威特，不久，在沙特阿拉伯塔伊夫成立了流亡政府。这次入侵揭开了长达 7 个月的海湾危机和海湾战争的序幕。联合国安理会对入侵事件立即作出反应，通过了一系列谴责伊拉克入侵科威特、要求伊拉克立即无条件地从科威特撤出其部队、通过谈判解决争端的决议。美国、欧洲等国家和地区宣布立即对伊拉克和科威特实施贸易禁运，冻结了科威特在国外的财产，防止被伊拉克政府提取。

8 月 7 日，应沙特政府的要求，美国总统布什下令在沙部署美国军队和军用飞机，保卫沙科边界，防止伊拉克进攻。英国和其他一些欧洲国家、部分阿盟成员国也同意派部队去沙特。8 月 8 日，伊拉克政府宣布正式合并科威特，命令关闭所有在科的外国使馆。8 月 28 日，正式宣布科威特为伊拉克的第十九个省，北部沿边界一带划归巴士拉省。

据报道，科威特被占领后，伊拉克士兵在市内进行了大规模地抢掠，到处搜捕抵抗战士和隐藏在各地的外国侨民，他们烧毁民宅，拷打和处决那些被怀疑是抵抗占领军的分子。许多公共设施遭破坏，大量物资、设备、文物被运往伊拉克。为了改变科威特的人口结构，伊军占领期间，大批伊拉克人、巴勒斯坦人来科定居，同时强迫科威特人采纳伊拉克国籍。到 10 月底，科威特人口由入侵前的约 200 万，减少到 70 万，其中科威特人仅为 30 万，巴勒斯坦人 20 万，其余为其他阿拉伯和亚洲国家侨民。

1990 年 10 月，1000 多名科威特各界著名人士（其中包括原反对派议员）在吉达召开大会，科王储兼首相萨阿德在大会上发表讲话，允诺科威特解放后成立顾问委员会，就政治、社会、财政等方面向政府提供建议，恢复宪法和国民议会，进行自由选举。

1990 年 11 月，联合国安理会通过决议，授权驻扎在沙特和海湾地区的多国部队"使用一切必要手段"解放科威特，限伊拉克在 1991 年 1 月 15 日之前履行安理会通过的 10 个有关决议，其中包括无条件从科威特撤军。其间，联合国秘书长、美国、苏联、欧盟以及一些阿拉伯国家都进行了各种形式的最后努力，力图避免发生军事对抗，但都以失败告终。1991 年 1 月 17 日，以美国为首的多国部队发动了对伊拉克的大规模空袭，代号为"沙漠风暴"的解放科威特战斗拉开序幕。多国部队对伊拉克进行了长达 38 天的狂轰滥炸，基本上摧毁伊拉克的军事进攻能力，为战争的胜利创造了有利的条件。2 月 24 日，以美国为首的多国部队发动了代号为"沙漠军刀"的地面进攻，几乎在没有遇到伊军真正抵抗的情况下解放科威特。地面战争爆发三天后，伊拉克政府宣布接受安理会有关科威特的所有决议。2 月 28 日，美国政府宣布中止军事行动。3 月 24 日，安理会通过了永久停火条件：释放所有盟国战俘以及被当作人质扣押的科威特人，废除所有兼并科威特的法律和法令。伊拉克宣布接受这些条件。4 月，安理会通过了关于在伊科边界地区建立非军事区决议，并派遣军事观察员进驻。

1991 年 1 月中旬，流亡在沙特阿拉伯的科威特各界人士在吉达再次举行大会，出席这次会议的有包括首相在内的流亡政府成员和反对派代表。伊斯兰和阿拉伯民族主义者集团联合组成的"全国宪政阵线"要求立即恢复议会生活和新闻自由。同年 2 月，科威特流亡政府宣布，国家重建和人口安置是解放后政府优先考虑的课题，从而排除了尽早举行大选的可能。2 月底，科威特解放后，埃米尔立即发布在全国范围内实行为期 3 个月的戒严令，成立实施戒严令委员会，负责国内外的安全事务。委员会的主要任务是：调查在伊拉克占领期间与占领当局合作者，阻止本国人成立报复小组和避免发生新的暴力事件，确认和识别被伊拉克当局迁移来科安置的人员等。3 月 4 日，王储兼首相萨阿德及流亡政府的其他成员先期返回科威特，10 天后埃米尔回国。3 月下旬科威特政府宣布，议会选举将在 6～12 月之内进行，即在所有逃亡在外的科威特人回国、选民重新登记工作完成之后。与此同时，政府还宣布将减少外国工人和侨民在科数量。3 月 20 日，由于政府在尽快恢复水电和食品供应方面的工作不力，招致人民不满而引咎辞职。4 月 20 日，以王储萨阿德为首的新内阁组成。尽管几名技术型官员担任了政府中的一些重要职务，但外交、国防、内政、新闻等要害部门仍为萨巴赫家族成员控制。

1991 年 5 月，900 多人被指控在伊拉克占领期间犯有各种罪名而受到拘留审讯。6 月，200 多在押犯人中的 29 人，以与占领当局狼狈为奸、叛国通敌的罪名被判处死刑。这一判决遭到了国际人权组织的谴责。6 月 20 日，科政府宣布停止实施戒严令，取消所有的死刑判决，把所有被指控为通敌者送交军事法庭审判。

1991 年 6 月，埃米尔宣布，议会选举将于 1992 年 10 月进行，并要求国民会议（1990 年 10 月组成的临时议会）为选举做必要的准备。而此时，科威特的人口由战前的约 200 万人减少到不足 60 万人，而原居住在科威特的巴勒斯坦人由 40 万人降至 15 万人，9 月，更减至约 8 万人。

1991 年 9 月，科威特同美国签订了为期 10 年的防御条约。条约规定，美国在科威特储备军事装备，美国军队可以使用科威特港口，双方举行联合军事演习等。作为对美国的感谢和报答，科威特政府把大多数

"重建"项目给了美国公司。为感谢有关国家在解放科威特事业中的贡献，埃米尔于9月先后出访了沙特、阿曼、阿联酋、卡塔尔、埃及和叙利亚，与这些国家的领导人讨论了防务与经济合作问题。10月，又先后出访了美国、英国和法国，向这些国家表示感谢，并就加强双边军事与防务合作进行了商谈。1992年2月11日，科威特与英国签订了防御协定，8月，与法国签订了类似的协定。同年4月16日，联合国伊科边界划定委员会认定，两国边界线应从当时（1992年4月16日）的位置向伊拉克一方移进570米。结果把伊拉克乌姆卡斯尔港的一部分、鲁迈拉油田的几口油井划给了科威特。

1992年8月，在伊拉克拒绝对其武器设施进行核查后，美国在科威特部署了导弹，7500名美军参加了在科举行的联合军事演习。月底，安理会通过了保障科伊新陆地边界决议。陆地划界工作在年底结束，新边界自1993年1月15日起生效。其间，伊拉克军队曾数次越过新划定的边界进入科境内，搜集海湾战争后遗留在边境地区的武器装备，炸毁了一些已属于科境内的设施。2月，联合国安理会决定组建一支由750人组成的多国军事观察员部队，负责巡视科伊边界地区。3月，联合国科伊边界委员会宣布完成两国海上边界的划分，以阿卜杜拉湾水路中间线为基准线。同年5月，科威特政府宣布，将沿整个科伊陆地边界全线挖一条壕沟，配以地雷和沙墙，以防渗透。1993年11月，在联合国的监督下，伊拉克开始从边界科方一侧撤离本国居民和他们的财产。同月，一支775人、主要由孟加拉士兵组成的多国军事观察员部队进驻北部边界。中国也派有军事观察员参加。

1994年9月，伊拉克向科伊边界大量调动部队，以示对安理会同意延长对其制裁的不满。几天之内，伊拉克集结了7万军队，700辆坦克。科也将其全部2万军队派驻北方，以防不测。美、英等国也向科威特和海湾地区增派了军队、飞机和军舰。10月10日，当第一批美国增援部队抵达科威特后，伊拉克宣布从边界地区向北撤军。10月13日，经俄罗斯外交部长斡旋，伊拉克政府声称将响应安理会的要求，承认联合国划定的它与科威特的边界，承认科威特的主权。俄罗斯则允诺敦促安理会放松对伊

的制裁。10 月 15 日，安理会要求伊拉克无条件地承认科威特，撤回近期内调往南部的军队。1995 年 1 月 10 日，伊拉克政府声明，承认科威特的主权、领土完整和政治独立，承认联合国划定的两国边界。科威特政府欢迎伊的声明，但呼吁国际社会继续维持对伊拉克的制裁，直到它履行安理会的所有有关决议，释放所有被扣押的科威特和其他国家的公民。

1993 年中，科威特政府声称，它愿意同那些在海湾危机期间同情和支持过伊拉克的阿拉伯国家恢复关系，但约旦和巴勒斯坦除外。同年 11 月，海湾合作委员会国防部长会议决定加强和扩大"半岛盾牌部队"。同月，科与俄罗斯签订了防御合作协定。12 月，两国在海湾举行了首次海上联合演习。1994 年底，科与俄罗斯签订了购买武器合同，价值达 7.5 亿美元。同期，美、英撤出 10 月危机期间部署在海湾地区的军队，但留下了重型装备和军用飞机。

1994 年，科威特战俘和失踪人员全国委员会声称，625 名科公民仍然在伊拉克被羁押或失踪。失踪人员的命运牵动着科千家万户的心，它构成了未来两国关系正常化的主要障碍。从 1996 年起，科伊两国官员在国际红十字会组织的主持下，定期在边界地区讨论这个问题，取得了一些进展。1998 年 7 月，两国代表团在日内瓦就此事进行了"秘密"商谈。

1997 年 10 月，科威特表示，如果伊拉克继续阻挠联合国特委会的武器核查工作，它会支持联合国安理会对伊拉克给予惩罚的决定，并指出伊拉克当局应对地区形势的不断恶化和伊拉克人民所遭受的灾难负责。但科同时表示，不允许把它的领土作为美国发动对伊进攻的基地。到 1998 年 2 月底，美国在科部署了 6000 名地面部队。

1996 年初，科威特与约旦的关系有了松动，两国统治家族进行了通信联系。1997 年初，科特赦了 10 名约旦在押犯人。7 月，科约两国恢复通航。1998 年 4 月，一批被指控勾结伊拉克占领当局的约旦犯人获释后被驱逐出境。次年 8 月，约旦计划大臣哈拉夫访科，转达了约旦王储的和解口信。1999 年 3 月，约旦驻科大使馆复馆，此后，约旦国王阿卜杜拉访科。2001 年 3 月，在出席了于阿曼召开的阿盟首脑会议后阿卜杜拉再访科威特，受命调解伊拉克与科威特的关系。

1998年上半年，科威特的外交政策发生了明显的变化，第一副首相兼外交大臣萨巴赫宣布，科不再反对伊拉克出席阿拉伯联盟首脑会议。5月，科红新月会向伊拉克提供了人道主义援助。同年，巴勒斯坦"哈马斯"精神领袖谢赫艾哈迈德·亚辛应邀访问了科威特，这使美国颇感迷惑不解。在此之前，科威特埃米尔还出席了1997年11月在德黑兰召开的伊斯兰国家首脑会议，伊朗几名部长随后访问了科威特，科威特与伊朗的关系有了明显改善。

第六节　新世纪中的科威特

一　科伊边界问题最终解决

2003年3月20日，美、英发动伊拉克战争，萨达姆政权被推翻，这对科威特来说，无疑是天赐良机。政治上，彻底解除了伊拉克对科威特边界的威胁；经济上，为科威特公司、企业服务美军战时需求、参与伊拉克战后重建提供了难得机遇。战前，科是美军集结地和后勤大本营，极为有利的战略位置和充足的物资储备令其成了为在伊美军活动提供服务、满足伊战后急需的不二之地。科大批贸易、建筑、运输公司，尤其是那些为美军提供物资和服务的公司都赚得了巨额利润。2005年2月科威特国有仓储公司宣布，该公司先后获得美军33亿美元和140亿美元的供货合同。这一利好消息曾导致科国内出现短暂的繁荣盛况和股市大幅上扬。

科伊关系随着伊拉克新政府的成立和美军的撤出不断得到改善，2004年中，两国宣布恢复外交关系，一个负责对伊关系和财务索赔、由科政府主要部门组成的委员会宣告成立（截至2012年7月26日，联合国赔偿委员会已累计向科政府及有关国际组织移交赔款377亿美元，还有约147亿美元赔款有待落实）。2007年4月，伊拉克总理马利基访科，就加强双边关系进行会谈，双方同意尽快互派大使。同年11月，伊总统塔拉巴尼访科，宣布"伊同意加强与科的政治、经济、文化关系"。2008

年 10 月，科任命总参谋长阿里·穆明中将为驻伊大使，伊拉克则在
2010 年 4 月，任命穆罕默德·侯赛因·欧鲁姆为驻科大使。2011 年 1
月，科首相纳赛尔访问伊拉克，这是科首相 1989 年以来首次访伊。双方
同意成立由总理为首的联合委员会，研究解决两国间包括战争赔款、边
界纠纷等悬而未决的问题（2011 年 4 月起，科在布比延岛修建大穆巴拉
克港，投资 11 亿美元。伊方担心其阻塞通往乌姆·卡斯尔港航道，影响
与其仅相隔 10 公里的大法奥港扩建工程）。联委会分别于同年 3 月和
2012 年 5 月举行了两次会议。2012 年 4 月，科威特埃米尔萨巴赫正式访
问伊拉克，两国就陆地和海上边界达成协议，最终解决了影响两国关系
的边界问题。

二 美军长期驻科，诱发不安因素

1991 年 2 月，美国率多国部队发动海湾战争解放科威特，自此开启
了美军常驻科威特时代。当年 9 月，科美签订了为期 10 年的防御协定，
内容包括美在科储备军备和使用港口，科美举办联合军事演习等。2001
年协定续签 10 年。除每年提供 3500 万美元驻军费用外，科还须花费大笔
资金为驻科美军提供各种设施。到 2000 年，驻科美军的维持费用增加到
年均 4.74 亿美元。此外，科还为美国 2003 年 3 月发动的伊拉克战争提供
了巨额的财政支持。美军的存在以及每年占国内生产总值 12% 的军费开
支，成为科安全战略的基石。多年来，科威特一直是美军进出伊拉克和阿
富汗的主要转运地，多数军队或路过，或参战，或是回国。现在，科已成
为美军"中央司令部"战区应急部队的平台和重要军事基地。截至 2012
年，美在科驻军 15000 人。

20 世纪 90 年代以来，海湾地区居民普遍反对美国和其他西方国家在
本地区驻军，他们采用包括暴力在内的各种方式反对美国在本地区的军事
目标。2000 年 11 月，6 名科籍人因策划袭击驻扎在本国的美军而被捕。
2002 年，科国内发生的一系列攻击美、英驻军事件，打乱了他们对伊战
争的部署。同年 10 月，在法拉卡岛训练的美军遭到攻击，一名美军被打
死，另一名受伤。2003 年 3 月，美国发动入侵伊拉克战争，伊斯兰极端

势力趁机在科社会各阶层中扩大影响，多数宗教和民族主义分子反对美国的中东政策，不同意政府与美国日益紧密的关系。2004 年，不少科威特人因被怀疑反对美国入侵伊拉克而遭逮捕，一些科威特人甚至参加了伊拉克的反美战争。2005、2006 两年，科警察连续进行搜捕，破获了一些与"基地"组织有联系的组织，甚至发现了制造炸弹的工厂。2009 年 8 月，科治安部队发现了一个与"基地"组织有联系的 8 人小组，他们当时正密谋策划攻击科市以南阿里夫坚美军基地。美国在科威特和海湾其他地区驻军，对当政者来说虽然提供了一种心理上的安全感，但其负面影响更大，除给国家带来了沉重的财政负担外，更严重的是为"基地"组织等极端宗教势力扩大发展和影响提供了动力和平台。

三　政治改革在曲折中前行

2001 年 1 月，由于统治家族成员之间，特别是萨利姆和贾比尔两个执政家族间在权力分配上的严重分歧导致内阁辞职。副首相兼外交大臣萨巴赫成为科实际上的掌权者。同年 9 月，埃米尔中风住院，王储兼首相萨阿德患有眼疾和癌症，健康状况江河日下。鉴于三位主要统治成员年事已高，且有的患病在身，经家族成员激烈讨论，决定重新分配角色和领导责任。在健康状况不断恶化的情况下，萨阿德也只得接受现实，同意把王储和首相职务分开。2003 年 7 月议会选举后，萨阿德王储宣布放弃首相职务，萨巴赫被任命为首相。2005 年末，埃米尔和王储的健康状况日趋恶化，统治家族内部分歧公开化，萨巴赫家族理事会召开会议，研究了继承程序，要求通过顾问小组直接行使统治家族的领导责任。随即一份支持首相萨巴赫的声明，以病危中的埃米尔贾比尔名义公布于众。由于声明的真实性难以认定，导致紧张氛围一度骤增。2006 年 1 月 15 日，埃米尔贾比尔逝世，王储萨阿德·阿卜杜拉继位，最初他并不愿放弃王位，但首相萨巴赫 1 月 24 日提议召开国民议会，以健康原因敦促萨阿德退位，并推举萨巴赫就任科第十五任埃米尔。萨巴赫登基后，立即提名其五弟纳瓦夫为王储，任命其侄子纳赛尔为首相，组建新一届内阁。

21 世纪以来，科政府推行的一项政治改革是给予妇女选举权。科独立 40 多年来，妇女一直不能同男人一样享有选举权、被选举权以及担任国家高级公职（大臣）的权利。直到 1999 年 5 月，已故埃米尔贾比尔·艾哈迈德颁布法令，准予妇女享有选举权，拥有竞选办公室，但这一动议因遭到议会中保守和自由两派议员的共同反对而夭折。对此不公正的政治待遇，科女权积极分子一直在抗争，她们甚至诉诸宪法法院，却仍以失败告终。与此同时，卡塔尔、巴林、阿曼等国情相似的海湾邻国，在妇女参政方面早已迈出了实质性步伐，而一向被看做政治上开明的先行者科威特，却因种种牵制和束缚而裹足不前。2005 年 5 月，科议会终于投票赞成给予妇女选举权和竞选议员的权利。随后，埃米尔贾比尔任命了该国近代史上的首位女大臣——计划与行政事务大臣马苏玛博士。科妇女参加了 2006、2008 年两届议会选举，但无一人获得成功。

尽管科威特妇女获得了一些政治权利，但许多歧视妇女的法律依然存在，包括身份、国籍、就业、惩罚、不动产登记和住房等方面。例如，妇女不能同男人一样，她们没有资格获得政府住房，不能代表外国配偶办理居住证，不能从事司法职业。2007 年 6 月，议会甚至通过法律，禁止妇女上夜班（晚 8 时～早 7 时，医务人员除外）和从事所谓"有违道德价值"观念及只为男人提供服务的商业活动。此法明显违背宪法和国际人权宣言，引发社会各界广泛争论，后迫于舆论压力，于 2010 年 2 月修订。2009 年 5 月举行的议会选举中，4 名妇女成功赢得议员席位，她们是：马苏玛·穆巴拉克、阿西勒·阿瓦迪、沙尔娃·贾沙尔、鲁拉·达什蒂，都是留美归国的女博士、科威特大学教授。这次选举标志着人权和改革的胜利以及公众情感的转变。同年 10 月，科宪法法院裁决，科威特妇女不一定包扎头巾才能出席议会和参加投票，从而推翻了 2005 年保守的伊斯兰主义者议员炮制的法案。然而，2012 年的议会选举，无一名女候选人胜出。

四　"阿拉伯之春"风暴波及科威特

2010 年末，发自突尼斯的"阿拉伯之春"变革风暴，以星火燎原之势迅猛席卷整个阿拉伯世界，科威特也未能幸免。2011 年 11 月 16 日

晚，约 50000 名示威者走上街头，强行冲击议会大厦，砸碎门窗，冲入议会内部。领导这次示威行动的是以穆萨利姆·巴拉克为首的几名议员。他们称，"强闯议会，是为了抗议警察用武力阻止他们要求首相下台"。此前，他们在议会门前的广场上进行和平示威，要求首相辞职，抗议政府与议会作对。这一示威活动遭到警察和安全部队的制止，其间动用了警棍和电棒。警察阻拦和殴打游行民众的行为引起强烈反弹，并成为 16 日夜冲击议会的"导火线"。这是科威特 2010 年 12 月"变革之风"刮起后，第一次发生示威者与警察之间的暴力冲突。2011 年 2 月以来，科威特已发生多起反政府和平集会，但没有发生冲突，警察也没有过分干预。政府往往在事态发展严重时向民众施以实惠，化解矛盾，平息事态。

2011 年，是科威特独立 50 周年，也是萨巴赫上台执政 5 周年，但就科国内形势而言，却也是一个不平静之年，政治局势持续紧张：一是政府与议会之间矛盾严重，已经成为制约经济发展和国家建设的重要负面因素；二是民众对政府强烈不满，认为政府效能低下，治国无方，应该"引咎辞职"；三是议会本身也有问题，一些议员贪污受贿现象严重，引起百姓愤慨。科国内局势难以在短期内平静下来，固有外部因素影响，但主要是国内矛盾积蓄已久，比人们想象的还要复杂和棘手。科最高裁决者埃米尔的惯常做法是，要么解散议会，要么重组内阁，以此消弭分歧，化解矛盾。2012 年以来，随着新一届内阁成立和第 14 届国民议会重选，国内矛盾缓解，政局趋于稳定。从总体上看，萨巴赫家族统治地位牢固，安全形势良好。

第七节 历代埃米尔简介

第一任执行官谢赫萨巴赫·本·贾比尔（1756~1762 年执政）

根据史料记载，谢赫萨巴赫·本·贾比尔（Sheikh Sabah Ben Jaber）为科威特的首任执行官。据科威特著名历史学家尤素福·伊萨·基纳伊所著《科威特简史》一书称，随着科威特城居民的不断增加和商贸业的繁荣，人们越来越觉得需要推选出一位有能力有威望的老者，负责管理他们的事务，解决相互间出现的矛盾和纠纷。人们不约而同地把目光集中在萨巴赫一世身上。在他作出愿意听取意见和服从真理的保证后，人们一致推举他为科威特的执行官（通称"谢赫"），取代了由于家族内讧控制力日趋衰落的哈立德王朝。在他统治期间，传统的"协商"作法得以维持，重大事务由部落首领协商解决。萨巴赫一世 1762 年去世，职务由其子谢赫阿卜杜拉一世继承。

第二任执行官谢赫阿卜杜拉·萨巴赫（1762～1812 年执政）

谢赫阿卜杜拉·萨巴赫（Sheikh Abdullah Sabah）为科威特的繁荣和发展打下了初步基础。在他执政期间，科威特的商业和贸易有了较大发展，使科威特成为西亚至印度商路上的一个重要驿站。它的商船到达印度、阿曼、也门、东非等地。他在位期间发生过许多重大事件，其中最重要的事件是"里嘎"（在法拉卡岛附近）海战，科威特战胜了入侵的"凯阿卜"部落（位于伊朗胡齐斯坦省沿海一带）船队，捍卫了科威特的生存。他多次率领市民和部落武装，击退了来自阿拉伯半岛中部瓦哈比教派势力的进攻（1793～1797 年），建造了科威特城第一道城墙。在阿卜杜拉时代，丹麦大旅行家卡斯滕·尼布尔于 1765 年访问过科威特，他在游记中称科威特一带为"古莱茵"，他估计当时的居民有 10000 人，停泊在海湾沿岸的渔船有 800 多艘，从事打鱼、采珠和货物运输。谢赫阿卜杜拉统治科威特长达 50 余年，于 1813 年去世，其子贾比尔一世继位。

第三任执行官谢赫贾比尔·阿卜杜拉·萨巴赫（1812～1859 年执政）

谢赫贾比尔·阿卜杜拉·萨巴赫（Sheikh Jaber Abdullah al-Sabah）1813 年继位，以慷慨大方著称。执政期间，他的办公处总是向求助者敞开大门，向他们提供食品，故被誉为"贾比尔大饼"。在位期间，科威特对外贸易得到发展。著名旅行家威廉·贝尔格里夫来过科威特，他在游记中称赞这里的居民道德高尚，港口管理有序，人民勇敢好客。他说，谢赫对进口商品只征收 2% 的关税，以鼓励贸易和发展商业。贾比尔执政期间，英国在科的影响日趋扩大，但他拒绝悬挂英国国旗。他支持穆罕默德·阿里国王向阿拉伯半岛哈萨地区派出的、以胡尔什德帕夏统率的埃及

远征军，并向他们提供给养。贾比尔一世在位 46 年，于 1859 年去世，职务由其子萨巴赫二世继承。

第四任执行官谢赫萨巴赫·贾比尔·阿卜杜拉（1859～1866 年执政）

谢赫萨巴赫·贾比尔·阿卜杜拉（Sheikh Sabah Jaber al-Abdullah）1859 年继位。历史学家公认，在他统治期间，科威特到处呈现出一派繁荣景象。与此同时，奥斯曼帝国也开始认识到，科威特比巴士拉港具有越来越明显的优势，故极力想把科置于它的控制之下。为不给奥斯曼帝国提供借口，萨巴赫二世要求英国人不要在科威特停泊商船。英国驻海湾总督路易斯上校在他的报告中是这样描述科威特的："城市繁忙，人口 2 万。居民善于航海，是海湾最杰出的舵手、海员。商人充满信心，情操高尚。市区干净整洁，集市兴隆。人民安居乐业，和睦相处。"

第五任执行官谢赫阿卜杜拉·萨巴赫·贾比尔（1866～1892 年执政）

谢赫阿卜杜拉·萨巴赫·贾比尔（Sheikh Abdullah Sabah al-Jaber）1866 年继其父就任科威特第五任执行官。谢赫阿卜杜拉性格温和，谦虚善良，深得百姓喜爱。他热爱和平，一贯主张海湾和阿拉伯半岛酋长国之间和睦相处，协商解决彼此之间的分歧。他从不吝惜向邻邦统治者提供援助。他帮助谢赫穆罕默德·本·哈利法在巴林重新执政，尽力调解内志地区费萨尔·本·图尔基教长儿子之间的争端。他率船队参与了 1871 年奥斯曼帝国巴士拉总督发动的远征"哈萨"战争，并因战功获得了奥斯曼宫廷授予的"县长"封号和在法奥地区大片土地的奖赏。阿卜杜拉在位 26 年，于 1892 年去世。

第六任执行官谢赫穆罕默德·萨巴赫·贾比尔（1892～1896 年执政）

谢赫阿卜杜拉去世后，其兄弟间就继承权一事展开了一场争夺。谢赫穆罕默德·萨巴赫·贾比尔（Sheikh Mohammed Sabah al-Jaber）拔得头筹先于其兄穆巴拉克（掌管部落武装力量）就任科威特第六任执行官。本人以廉洁、公正和谦虚著称，爱好文学与法律，其弟贾拉赫参与政务管理。穆罕默德一世在位 4 年，1896 年在一次宫廷政变中与其弟一起被害。

第七任埃米尔谢赫穆巴拉克·萨巴赫·贾比尔（1896～1915 年执政）

谢赫穆巴拉克·萨巴赫·贾比尔（Sheikh Mubarak Sabah al-Jaber）

1896 年发动宫廷政变上台执政。此时，科威特已进入现代史的第三个世纪。穆巴拉克执政期间，科威特国力日强，疆土扩大，治安良好，商业繁荣，财富和商船增加，贸易和采珠业迅猛发展，蒸蒸日上。科威特名扬遐迩，得到周边国家的重视。穆巴拉克被冠以"科威特之鹰"称号，他一生充满传奇色彩，经历无数重大事变和突发事件。他宣布，科威特是一个独立国家，不屈服于任何势力，也不效忠奥斯曼帝国。他将科威特国体改为酋长国，国家元首改称埃米尔，继承权只限于自己的后裔。他下令开设第一所公立学校——穆巴拉克学校，开创了科威特国民教育新阶段。穆巴拉克是一位有胆识、懂策略的老练政治家。在他任期内，科威特多次遭到外来威胁，他巧妙应对，一一化解。俄国曾想把科作为它的基地，建设西起的黎波里经巴格达到科威特的铁路。德国也极力想把柏林—巴格达铁路延伸到科威特，以加强它与大英帝国在波斯湾地区的竞争地位。另外，穆巴拉克还要时刻警惕着英国在海湾地区的野心。他一生中所作出的最具影响的事件，莫过于 1899 年 1 月与英国签订的秘密保护协定，根据协定规定，科威特的防御和外交事务由英国负责。1914 年，英国宣布，科威特是在它保护之下的独立国家，萨巴赫家族是科威特的合法统治者。

第八任埃米尔谢赫贾比尔·穆巴拉克·萨巴赫（1915～1917 年执政）

谢赫贾比尔·穆巴拉克·萨巴赫（Sheikh Jaber Mubarak al-Sabah）1915 年继承其父埃米尔职务。贾比尔慷慨大度，深得人民爱戴。他体谅人民疾苦，减免赋税 1/3，鼓励发展商业外贸。他是现任埃米尔的祖父。

第九任埃米尔谢赫萨利姆·穆巴拉克·萨巴赫（1917～1921 年执政）

谢赫萨利姆·穆巴拉克·萨巴赫（Sheikh Salim Mubarak al-Sabah）1917 年继其兄就任埃米尔职务。在他执政的 4 年中，科威特曾多次遭受外来入侵（1920～1921 年），他率领国民和部落武装在霍姆斯和杰赫拉战役中，先后击退了拉希德部落和沙特部落武装"伊赫万"的进攻，捍卫了科威特的独立，他指挥科威特市民建设了第二道城墙。谢赫萨利姆爱好文学、诗歌，精通伊斯兰教法。他是科威特第十一、十二任埃米尔的父亲，于 1921 年去世。

第十任埃米尔谢赫艾哈迈德·贾比尔·萨巴赫（1921～1950 年执政）

谢赫艾哈迈德·贾比尔·萨巴赫（Sheikh Ahmed Jaber al-Sabah）1921 年继其叔父就任埃米尔职务。在他执政期间，科威特在政治、经济、社会各方面都取得了很大发展。他首次创建的正规政府机构，独立后扩建为部、委。他决定向阿拉伯和欧美国家派遣留学生，从巴勒斯坦、埃及、叙利亚、伊拉克聘请教师。在他统治时期，科开办了有史以来第一座正规医院——埃米尔医院。在对外事务中，谢赫艾哈迈德是处理国家关系、解决彼此分歧的高手。在他任职期间，科与沙特阿拉伯成功地解决了边界问题，从而保证了两国友好相处直到今天。谢赫艾哈迈德是一位具有远见卓识、思想开明的统治者，他为科威特石油工业奠定了基础。他毫不犹豫地支持在科寻找石油的主张。1934 年，他同意给予美国和英国公司联合组建的"科威特石油公司"75 年的土地租让权，允许它们在科北部和南部地区勘探和开采石油。1946 年，他亲自主持第一船原油出口的盛大庆祝活动。石油的发现使科面貌发生了翻天覆地的变化，从此，科威特走上了一条繁荣、富裕的康庄大道。

第十一任埃米尔谢赫阿卜杜拉·萨利姆·萨巴赫（1950～1965 年执政）

谢赫阿卜杜拉·萨利姆·萨巴赫（Sheikh Abdullah Salim al-Sabah）1950 年继其堂兄就任埃米尔。在他任职期间发生的最具历史意义的事件是，1961 年 6 月 19 日科威特宣布独立。英国驻科代表致函谢赫阿卜杜拉，宣布废除 1899 年协定，承认科威特的主权，并表示愿意继续两国之间在相互信任、互相尊重基础之上的合作关系。同年 7 月，科加入阿拉伯联盟组织。谢赫阿卜杜拉执政期间，科开始积极参与阿拉伯民族事务，支持和声援阿拉伯国家的民族解放运动和巴勒斯坦人民的正义斗争。它向第一次阿以战争后逃离家园的巴勒斯坦难民敞开大门，先后接纳了 30 多万人。向反对法国殖民主义的阿尔及利亚革命战士提供援助，直到他们赢得胜利。1956 年 10 月，科坚决支持埃及反对英、法、以色列三国侵略，并在战后重建工作中向埃及提供资金。1965 年召开的第一届阿拉伯首脑会议上，科威特在加强阿拉伯国家团结、消除彼此分歧中发挥了积极的作用。谢赫阿卜杜拉是科独立后的首任埃米尔，于

1965年11月24日去世。在他执政期间，就埃米尔继承权一事，在贾比尔和萨利姆两支穆巴拉克后裔嫡系中达成协议，规定今后埃米尔职务只限于两家成员轮流继承，并决定把每年的2月25日他的登基日作为国庆日。

第十二任埃米尔谢赫萨巴赫·萨利姆·萨巴赫（1965～1977年执政）

谢赫萨巴赫·萨利姆·萨巴赫（Sheikh Sabah Salim al-Sabah）1965年继其胞兄就任埃米尔。他为人慈祥，乐善好施。在他执政期间，科社会生活的各方面都取得了巨大进步，国民经济实现了跳跃式发展，国家财政收入猛增，人民生活水平迅速提高。20世纪70年代，科威特人均收入曾多年位居世界第一。他批准建立科威特大学，开办了一批设备先进的医院。科威特的建设成就使世人赞叹和钦佩，因此被誉为"沙漠里的奇迹"、"海湾明珠"。谢赫萨巴赫热心于维护阿拉伯国家团结，支持巴勒斯坦人民和第三世界各国人民的正义斗争。

第十三任埃米尔谢赫贾比尔·艾哈迈德·萨巴赫（1977～2006年执政）

谢赫贾比尔·艾哈迈德·萨巴赫（Sheikh Jaber Ahmed al-Sabah）1928年生于科威特，是已故第十任埃米尔谢赫艾哈迈德·贾比尔的第三子。他先后就读于穆巴拉基亚和艾哈迈迪亚学校，1949年被任命为艾哈迈迪区公安局长，1959年任财政署署长，1962年被任命为科独立后的首任财政大臣，1965年第十二任埃米尔萨巴赫·萨利姆继位后，被任命为首相，1966年5月31日被任命为王储，1977年12月31日继其堂叔萨巴赫就任科威特第十三任埃米尔。他在任期间亲自倡导成立"科威特科学进步基金会"，大力发展社会经济和改善民生，使国家发展水平达到了一个新的高度。但同时他也遭遇了很大的不幸，1990年8月，伊拉克萨达姆政权侵占科威特，他和他的大臣们被迫流亡沙特阿拉伯长达7个半月之久。2003年7月，任命其四弟萨巴赫为首相，改变了科独立以来一贯由王储兼任首相的惯例。埃米尔贾比尔于2006年1月15日去世。

第十四任埃米尔谢赫萨阿德·阿卜杜拉·萨利姆·萨巴赫（2006年1月15～24日执政）

谢赫萨阿德·阿卜杜拉·萨利姆·萨巴赫（Sheikh Sa'ad Abdullah

Salim al-Sabah）是该国历史上在位时间最短的埃米尔，2006年1月15日即位，24日被迫退位。他是科威特独立后首任埃米尔阿卜杜拉的长子，1930年出生，2008年5月13日去世。1962~1978年任科威特内政大臣，1964年起兼任国防大臣，1978年1月31日，贾比尔出任埃米尔后任命他为王储，1978年2月~2003年7月任科威特首相，海湾战争后任军队总司令。1991年3月科威特解放后，他首先回国重建政府。2006年1月15日埃米尔贾比尔去世，科政府遵照宪法，宣布王储萨阿德为埃米尔，但首相萨巴赫21日决定召开议会特别会议，启动宪政程序，以萨阿德年老多病无法胜任治国重任为由，逼其逊位。24日上午，萨阿德宣布退位诏书。29日，科威特议会通过萨巴赫任埃米尔案，萨巴赫随后宣誓即位，为科威特第十五任埃米尔。

第十五任埃米尔谢赫萨巴赫·艾哈迈德·贾比尔·萨巴赫（2006~）

现任埃米尔谢赫萨巴赫·艾哈迈德·贾比尔·萨巴赫（Sheikh Sabah Ahmed Jaber al-Sabah），1929年生，是科威特第十任埃米尔艾哈迈德·贾比尔的第四子，与第十三任埃米尔贾比尔为同父异母兄弟。年轻时经商，曾游历亚洲及西欧、北美等许多国家。1954年任社会事务、劳工及印刷出版署署长。1962年1月在科威特独立后第一届内阁中任新闻和指导大臣。1963年起任外交大臣，1965~1967年兼任财政、运输大臣。1971~1975年兼任新闻大臣。1978年2月起任副首相兼外交大臣。1992年10月~2003年7月担任第一副首相兼外交大臣。2003年7月13日被任命为首相。2006年1月15日，第十三任埃米尔贾比尔去世，王储萨阿德就任埃米尔，但科内阁启动宪政程序，逼萨阿德退位。1月29日，科议会一致通过首相萨巴赫出任埃米尔案，萨巴赫随即宣誓登基，为"萨巴赫四世"。

第三章

政　治

第一节　国体与政体

科威特是一个世袭酋长国，埃米尔是国家元首兼武装部队最高统帅，其职务由穆巴拉克·萨巴赫的后裔世袭。科威特的政体为二元制的君主立宪制，它建立在权力分治而又相互合作的基础之上。立法权归埃米尔和国民议会行使，埃米尔有权解散议会和推迟议会会期。行政权由埃米尔、内阁和各部大臣行使。司法权由各级法院在宪法规定的范围内以埃米尔的名义行使。

宪法　科威特宪法是国家的根本大法，它建立在民主原则基础之上，并结合了总统制和欧美资本主义国家议会制的积极方面。它的三大支柱是：国家主权、公民自由、法律面前人人平等。科威特宪法是通过立法产生的成文契约，它是由人民选举产生的20名委员和11名内阁大臣组成的制宪会议制定的。为尊重民意，大臣们在讨论通过宪法草案时未参加投票。宪法起草工作历时6个月。1962年11月11日，科威特已故埃米尔谢赫阿卜杜拉·萨利姆·萨巴赫对宪法草案未作任何修改而予以签字批准。1963年1月29日，宪法由科威特第一届国民议会第一次会议通过后生效。

科威特宪法是科独立以来制定的唯一一部宪法，共5章183条，由5部分组成：国体和政体、科威特社会基本构成、权利和义务、政权、一般条款和临时条款。宪法主要规定有：

科威特是一个完全独立的阿拉伯主权国家，主权在民，不可转让；领

土的任何部分不许放弃。宪法禁止进攻性战争。埃米尔的继承权限制在穆巴拉克·萨巴赫后裔之中。伊斯兰教为国教，其教义为立法的主要依据。

埃米尔通过内阁行使行政权，任命首相，并根据首相的建议，任命或解除大臣职务。大臣可以不是议员，但所有大臣在议会任期内具有法定的议员资格。埃米尔负责制定法律，并在《官方公报》上发布后使之生效。所有法律均需送交议会审议，并经议会批准后发布。

埃米尔与国民议会共同行使立法权。国民议会由 50 名议员组成，每届任期四年。议员由出生在科威特、年满 21 周岁的男性公民选举产生。军人和警察不参加选举。候选人需年满 30 周岁、具有公民权和读写能力。国民议会每年会期不得少于 8 个月，新一届议会选举需在上届议会任期结束后 2 个月之内举行。

埃米尔有权要求议会重新审议已经通过的议案。如议会在下次会议上再次以 2/3 的多数通过，或在此后的会议上以简单多数通过，该议案则自动生效。发布紧急状态法需征得议会同意。

议会可对大臣提出"不信任"案，在此情况下大臣必须辞职。不得对首相提出"不信任"案，但议会可呈报埃米尔由其裁决，或解除首相职务，或解散议会。

国家机关公务员只限于科威特公民。

科威特人在法律、尊严、权利和义务面前一律平等。人身自由不可侵犯。非经法律允许，对任何人不得拘留、逮捕和流放。

人人享有言论自由。在法律范围内，每个人都有权通过演讲、写作、或其他方式表达自己的观点。新闻自由得到保障，非经法律允许，不得对新闻媒体采取压制措施。

国家保护依据现行习俗而从事的各种宗教活动与仪式，只要这种活动和仪式不违反公共秩序和伦理道德。

允许依法成立工会组织。国家保护私有财产。在法律允许的范围内，所有者可自由处置其财产。不得剥夺任何人的财产，除非法律特许并给予公正的赔偿。

非经法律允许，不得私入民宅。科威特公民享有迁徙和选择居住地的自由。人人有受教育和自由选择工作的权利。在法律允许的范围内，公民享有集会、结社和游行的自由。

国家维护社会安定，承担自然灾害和公共灾难造成的损失。对遭受战争破坏或履行军事职责的受害者给予补偿。

诞生于 20 世纪 60 年代的科威特宪法，是海湾地区君主制国家首部实施的宪法，也是第一部由统治者提出实行宪政要求而制定的宪法。数十年时局变迁和危机频繁的考验，证明了这部宪法具有旺盛的生命力和很大的适应性，为该地区许多君主制国家所仿效和借鉴。科威特宪法是一部很有特色的宪法，它所包含的许多原则和规定具有相当的先进性和前瞻性，许多有关人权领域的条款和规定尤为如此。如宪法规定：在法律面前不分种族、出身、语言和宗教，人人平等。人身自由不可侵犯。只有法律才能定罪和惩罚，惩罚只针对个人。人人有受教育的权利，劳动的权利，自由择业和选择居住地的权利，不得迫使任何人从事强制性劳动。保障社会正义、平等和机会均等。国家有义务向老、弱、病、残和失去工作能力的公民提供社会保障、补助和医疗服务等。

科威特宪法是制宪议会在深入研究和大量借鉴英法等先进资本主义国家宪法的基础上，密切结合本国实际，并在考虑到游牧民族向来重视协商与民意的历史传统后制定的。吸纳欧美资本主义国家宪法中相对先进和优秀的内容方面，除前面已提到的有关人权领域条款外，科威特宪法最重要的部分莫过于有关议会的规定，共计 44 条，占了整部宪法 183 条的 1/5。它详细地规定了议会的选举、运作、机构设置和职能，以及议员的权利、义务等。翻阅一下科威特宪法就不难发现，很多规定和做法基本上都是套用西方国家的相关内容，如"三读制""否决之否决制"（即议会通过的法案被元首否决后，如果议会再次以 2/3 以上的议员通过该法案，则元首应予批准，否则自动生效）。议员享有豁免权和充分的言论自由，以保证他们在不受任何干涉的情况下行使立法权。但在关键的地方，它又根据科国的实际和统治家族的愿望，加上了一些君主制的东西，如立法权由埃米尔和国民议会行使，埃米尔有权解散议会和长时间中止议会活动等。

科威特宪法的另一显著特点是，与本国实际和现实需要密切结合，且

有许多独到和创新的地方。如宪法的第一条规定：科威特国是一个主权独立的阿拉伯国家，主权不可转让，领土不可放弃。科威特人民是阿拉伯民族的一部分。把"主权不可转让，领土不可放弃"这样的条文写进宪法，这在世界上其他国家的宪法中恐怕很难找到。这就是科威特制宪者们根据现实需要而作出的大胆创新。当时科威特面临的严峻现实是：北方邻邦伊拉克自 20 世纪 20 年代建国后，历届政府都宣称对科威特拥有全部主权。1961 年 6 月科威特宣布独立后，以阿卜杜勒·克里姆·卡塞姆为首的伊拉克军人政府，拒不承认科威特独立，并扬言不惜以武力收复科威特。在国家面临外部威胁这一大背景下，制宪者们写上这一规定，一方面可昭示统治者誓死捍卫国家主权和领土完整，不放弃一寸土地的决心；另一方面也可动员全国人民万众一心保卫国家。

又如宪法第 4 条规定：科威特是一个由穆巴拉克·萨巴赫后裔世袭的酋长国。埃米尔自继位之日起，一年之内任命王储。王储由埃米尔提名并颁布敕令，经国民议会特别会议大多数与会议员同意。如不能按上述程序任命，埃米尔需从穆巴拉克的后裔中至少提名 3 人，由国民议会宣誓效忠其中的 1 人为王储。宪法的这条规定很有特色，它的优越性表现在：一是明确限定穆巴拉克·萨巴赫的后裔享有继承权，排除了萨巴赫部族其他成员的继承权。这样做尽管不符合阿拉伯半岛部落沿用的协商共推的习惯做法，但可避免家族成员间你争我夺，引发内讧，甚至出现兵戎相见的局面。二是择优选择王储。条款未明确规定继位的次序是父传子或是兄传弟，而是由埃米尔召集穆巴拉克后裔家族核心成员会议，择优选择王储。现任埃米尔贾比尔（排行第三）就是从第十任埃米尔艾哈迈德的 8 个儿子中以此方式推选的。三是国民议会在王储的选择中拥有一定的权利。但在实际操作中国民议会的权利并不大，王储提名主要由埃米尔主持的王室核心成员会议决定，国民议会只是例行一下形式而已。但在非常情况下，国民议会享有推举王储的权利。

再如宪法第 80 条规定，国民议会由 50 名议员组成，内阁大臣被视为国民议会非经选举产生的当然议员。宪法第 56 条规定，内阁大臣可从国民议会议员中或非议员中任命（在实际操作中很少有议员被任命为大

臣），内阁大臣数目不得超过议员总数的 1/3。还有宪法第 68 条规定，埃米尔发布防御战令，严禁进攻性战争。以上这些条款都具有鲜明的立法特点，紧密地结合了科威特的国家实际。就拿国民议会由 50 名议员组成来说，科威特国小人少，1962 年第一届国民议会成立时，全国人口只有 30 余万人（含非科威特籍人），实际登记选民不足 17000 人，每名议员的平均选票只有 340 张，足见其当选比例是相当高的。而实际情况也确是如此，有的议员当选的得票数目不足百票。但它的好处在于，既为愿意参政的平民百姓提供了政治活动舞台，也为以后人口增长留足了余地。宪法第 56 条规定，则可以避免政府左右议会决策，影响议会公正地反映民意。因为内阁大臣是当然议员，享有议员的一切权利。限制大臣数目不超过议员总数的 1/3，即使再加上议会中亲政府议员，也难超过议员总数的一半。至于宪法第 68 条规定严禁进攻性战争，制宪者们的意图一目了然，这里不再赘述。

国家元首　埃米尔是国家元首，其称号是：科威特国埃米尔殿下。宪法规定，"埃米尔通过各部行使其权力。他的人身受到保护，不可侵犯"。根据宪法第 58 条规定，内阁首相和各部大臣对国家总政策集体向埃米尔负责，每位大臣对其主管部的事务负责，"埃米尔是武装部队最高统帅"，"不经议会通过和埃米尔批准，不得颁布任何法律"。

1962 年 11 月，科威特宪法正式颁布以来，就任科威特埃米尔的有：阿卜杜拉·萨利姆·萨巴赫、萨巴赫·萨利姆·萨巴赫、贾比尔·艾哈迈德·萨巴赫、萨阿德·阿卜杜拉·萨利姆·萨巴赫、萨巴赫·艾哈迈德·贾比尔·萨巴赫。

王储　宪法第 4 条规定任命王储的方法："埃米尔继任后一年之内指定王储。根据埃米尔推荐，议会特别会议多数赞成的情况下，由埃米尔发布命令任命。"如事先未按上述议程指定王储，埃米尔需在穆巴拉克·萨巴赫后裔中推荐至少 3 名王储人选，由议会确定其一。王储必须智力健全，父母均为穆斯林。如第十二任埃米尔萨巴赫指定贾比尔·艾哈迈德为王储，贾比尔继任埃米尔后指定萨阿德·阿卜杜拉为王储。

纳瓦夫·艾哈迈德·贾比尔·萨巴赫，生于 1937 年，是埃米尔萨巴

赫的同父异母兄弟。1962 年任哈瓦里省长，1978 年任内政大臣，1988 年任国防大臣，1999 年任社会事务兼劳工大臣，1994 年任国民卫队副司令（大臣级）。2003 年起任第一副首相兼内政大臣，2006 年 2 月被立为王储。

第二节　国家行政机构

内阁　科威特内阁是国家的最高行政机关，由首相主持的内阁大臣会议是国家最高权力机关的执行机构。大臣会议由首相、副首相和各部大臣等人组成，负责实施国家元首埃米尔颁布的法律、法令，落实他的指示和意愿；并依据宪法和埃米尔授权，具体负责管理国家对内对外的一切事务，维护国家独立、主权和领土完整，保护国家的自然资源，发展国民经济，提高国民生活水平和实现国家繁荣昌盛。内阁大臣由首相提名，埃米尔任命，无须经国民议会批准，大臣直接对首相负责。科威特自 20 世纪 60 年代至 2005 年，先后共 4 位首相组成 21 届内阁，他们分别是：第十二任埃米尔萨巴赫·萨利姆、第十三任埃米尔贾比尔·艾哈迈德、第十四任埃米尔萨阿德·阿卜杜拉和现任埃米尔萨巴赫·艾哈迈德。第 19 届内阁于 1999 年 7 月 13 日组成，2001 年 1 月 29 日宣布辞职。同年 2 月 14 日王储萨阿德重新组阁，为独立后的第 20 届内阁。2003 年 7 月 13 日，埃米尔贾比尔发布命令，任命第一副首相谢赫萨巴赫·艾哈迈德·贾比尔为首相，并由 15 人组成第 21 届内阁。

2006 年 1 月 29 日，时任首相的萨巴赫·艾哈迈德继任第十五任埃米尔，2 月，即任命其侄子、宫廷事务大臣纳赛尔·穆罕默德·艾哈迈德·萨巴赫为首相组建新一届内阁。由于受国际金融危机和"阿拉伯之春"影响，纳赛尔执政以来，政府和议会围绕改革等重大国计民生问题的冲突时有发生，有时甚至影响到国事正常进行，迫使埃米尔不得不行使宪法权利，解散议会，以保证政令执行。到 2011 年 12 月 6 日止，萨巴赫执政以来多次解散议会，先后 6 次任命其侄子纳赛尔为首相。2011 年 11 月 30 日，任命贾比尔·穆巴拉克·哈马德·萨巴赫为首相，组建第 29 届内阁。

内阁成员如下：

首相　贾比尔·穆巴拉克·哈马德·萨巴赫（Sheih Jaber Mubarak al-Hamad al-Sabah）

副首相兼国防、内政大臣　艾哈迈德·哈姆德·贾比尔·萨巴赫（Sheih Ahmed Hamoud al-Jaber al-Sabah）

副首相兼外交、内阁事务大臣　萨巴赫·哈立德·哈马德·萨巴赫（Sabah Khaled al-Hamad al-Sabah）

财政、卫生大臣　穆斯塔法·贾西姆·舍马利（Mustafa Jasem al-Shemali）

公共工程、城乡事务大臣　法迪尔·萨法尔（Dr. Fadhil Safar）

石油、议会事务大臣　穆罕默德·穆哈辛·巴西利（Mohanmmed Muhasen al-Basiri）

司法、教育、高教大臣　艾哈迈德·阿卜杜勒·穆哈辛·迈利菲（Ahmed Abdul Muhsen al-Melifi）

工商、计划、发展大臣　阿玛尼·哈立德·布尔斯里（Drs. Amani Khaled Bursli）

电力、水利、交通大臣　萨利姆·穆色伊卜·阿斯尼亚（Salem Mutheeb al-Athniya）

社会、劳工、住户与宗教事务大臣　穆罕默德·阿巴斯·努姆斯（Mohanmmed Abbas al-Nums）

新闻大臣　哈马德·贾比尔·阿里·萨巴赫（Hamad Jaber al-Ali al-Sabah）

宫廷事务大臣　纳赛尔·穆罕默德·艾哈迈德·萨巴赫（Sheih Nasser Mohanmmed al-Ahmed al-Sabah）

中央银行行长　穆罕默德·哈舍里（Dr. Mohanmmed al-Hashel）

2013年8月4日，科威特内阁进行了部分改组，财政大臣舍马利被免职，取而代之的是前中央银行行长萨利姆·阿卜杜勒·阿齐兹·萨巴赫。

科威特属于君主立宪政体，二元制政权组织形式，即君主任命对他负

责的内阁，直接掌握行政权，立法权归议会行使，君主有否决权。但科威特宪法规定，立法权由埃米尔和国民议会行使，且前者还拥有解散议会的权力，因此，国民议会对政府的制约作用非常有限，以埃米尔为首的统治家族实际上掌握着国家全部的最高权力。从独立后历届内阁组成看，国家的强力和要害部门，如外交、国防、内政、新闻等部，以及元首和首相办公厅主任、国民卫队司令、中央银行行长、重要省份省长、国家奥林匹克委员会主席，乃至于主管军品采购、原油销售等这些掌握财权的特殊单位，都为王室成员所独占。例如，外交大臣职务从 1963 年起，到 2003 年7 月止，一直由埃米尔四弟、谢赫萨巴赫担任，前后长达 40 年之久。国防和内政大臣先由第十一任埃米尔长子、王储谢赫萨阿德担任，之后则由第十二任埃米尔之子、王储的堂弟谢赫萨利姆担任。内政大臣则由埃米尔五弟谢赫纳瓦夫担任。而负责保卫首都和宫廷安全的国民卫队司令一职，则更是紧紧地掌握在有威望的王室核心成员手中。再如，几个掌握最终决策权、决定权的国家最高委员会，即"最高国防委员会""最高石油事务委员会""最高住房事务委员会"和"文官委员会"（相当于人事部），自国家独立以来都由王储兼首相担任。这更加明确无误地表明，军队指挥权、石油资源处置权、重大住房工程承包和分配权、高级军政官员的任命权等，这些国家的最高权力无一例外地都为王室成员所控制。至于独立初期多为王室成员担任大臣职务的财政部、工商部、石油部等，到 20 世纪 80 年代后，或因职能被剥离，或因重要性减少而逐渐退出王室成员的控制范围。

行政系统 科威特分内阁各部、省、区三级行政机构设置。内阁现设有 18 个部和一些直属局（委员会）。内阁的 18 个部是：外交部、国防部、内政部、新闻部、财政部、石油部、商务部、计划部、教育部、高教部、宗教事务部、住房与公共工程部、司法部、劳动与社会事务部、卫生部、水电部、交通部、行政发展部。近年来，部的设置与名称，随着社会和经济发展的需要时有增减与改变。

内阁直属局（委员会）有：中央银行、海关总署、中央统计局、农业与渔业资源总局、青年与体育总局、民政局、审计署、民航局、港务局、社会保障局、环保局、文官委员会、投资局、住房总局、工业总局、舒艾巴工业区管理局、科威特石油总公司、科威特阿拉伯经济发展基金会。直属事业单位有：科威特大学、科威特通讯社、科威特科学研究院、国家文学艺术文化委员会、科威特科学进步委员会。

科威特设有 6 个行政省：首都省、艾哈迈迪省、哈瓦里省、杰赫拉省、法尔瓦尼亚省和大穆巴拉克省。省级行政单位隶属于内政部管辖，省长向内政大臣报告工作。省级行政单位设有公安、警务、教育、医疗卫生、供给、水电、邮政等少数办事机构，重大事务多由中央各部直接办理。

区是科威特最基层的行政单位，全国现划分为 25 个区，区长（称穆赫塔尔）由内政部任免，其主要职责是负责组织本区的议员选举，人口普查，以及区内治安、供应、教育、卫生等社会公用事业的组织管理工作，向中央政府反映社情民意，发挥沟通社区民众与政府之间的纽带桥梁作用。

第三节　立法与司法

一　立法

通过协商解决分歧与争端是阿拉伯半岛部落政治生活中的传统做法，有着悠久的历史。它对游牧部落"出身"的科威特人民来说并不陌生。从科威特议会生活历程中可以看出，民主协商传统深深地扎根于百姓心中。当整个阿拉伯民族开始呼唤民主的时候，1921 年 4 月，时任埃米尔艾哈迈德·贾比尔·萨巴赫就成立了当时在海湾和半岛地区唯一的协商会议。它由 12 名经济界、知识界的知名人士组成，哈马德·萨格尔当选为协商会议主席。尽管这届协商会议存在的时间不长，但影响深远，它为以后民选议会提供了宝贵经验。紧接着又举行了 1934 年科威特市政委员会选举、1936 年教育委员会选举和 1938 年科威特立法会选举。这一切说明科威特民众有强烈的参政意识和协商传统。

　　制宪会议　1961 年 6 月 19 日，科威特宣布中止 1899 年与英国签订的保护协定成为独立的主权国家后，首任埃米尔阿卜杜拉·萨利姆·萨巴赫立即表示，要尽快建立健全国家的各级宪政机构。8 月 26 日，独立后两个月，阿卜杜拉颁布敕令，成立制宪会议筹备委员会，负责制定制宪会议选举法。根据 9 月 6 日发布的制宪会议选举法规定，全国划分为 10 个选区，登记选民 11288 人。每个选区由选民通过秘密投票方式选举 2 名委员，组成制宪会议，任期一年，主要任务是起草科威特宪法草案。

　　制宪会议首次会议于 1961 年 12 月 30 日举行，埃米尔阿卜杜拉出席了开幕式并发表了讲话，强调了民主的真正含义，称其为"建设现代国家的支柱之一"。会议推举阿卜杜勒·拉蒂夫·加尼姆为主席。1962年 3 月 3 日，会议成立了由 5 人组成的宪法起草委员会，具体负责宪法起草工作。宪法草案经过 23 次会议讨论修改，并经制宪会议全体委员一致通过后，于 1962 年 11 月 8 日呈报埃米尔审批。11 月 11 日，埃米尔只字未作修改便签字批准。1963 年 1 月 15 日，制宪会议完成任务后闭幕。

　　第一届国民议会　1963 年 1 月 23 日，科威特历史上首次议会选举拉开序幕。根据 1962 年 11 月 12 日颁布的选举法规定，全国划分为 10 个选区，每个选区由选民通过无记名投票方式选出 5 名议员。选民应为年满21 岁的科威特男性公民，没有刑事犯罪记录。现役军人和警察不参加投票。议员在不放弃议员身份的情况下，不得在政府任职，或担任公司经理。第一届国民议会登记选民 16889 人。1 月 29 日，科威特国民议会第一次会议开幕，埃米尔阿卜杜拉出席会议并讲话。会议一致选举阿卜杜勒·阿齐兹·萨格尔为第一届国民议会议长，沙特·阿卜杜勒·拉扎克为副议长。1964 年底发生了 10 名议员因对政府改组不满以缺席表示抗议的事件，后又增选了 10 名议员替补，故科威特第一届国民议会为 60 名议员。议员事件导致议长萨格尔于次年 1 月 5 日辞职。3 月 2 日，副议长沙特当选议长，艾哈迈德·宰德·萨尔汉当选副议长。第一届国民议会在四年任期内共召开了 140 次会议，通过 172 个议案，1967 年 1 月 3 日闭幕。

尽管科威特议会在初始阶段出现一些问题，发生了一些波折，但它终究还是顽强地生存下来，承受了各种考验并逐渐走向成熟，使科威特成为海湾地区国家民主开放的先驱和效仿的榜样。

第二届国民议会　1967 年 1 月 25 日选举产生。登记选民 27296 人。艾哈迈德·宰德·萨尔汉当选议长，哈立德·萨利赫·古奈姆当选副议长。在本届议会任期内，爆发了第二次阿以战争，议会为此举行了特别会议，一致同意向阿拉伯前线国家提供财政援助。

第三届国民议会　1971 年 1 月 23 日选举产生。登记选民 40646 人。这届议会选举竞争激烈，候选人增加，选民踊跃投票。这是由于经过前两届国民议会的实践，议会在民众心目中的威望不断提高，它既是国家的立法机构，又是一个颇具影响力的论坛，同时也是沟通当局与国民的重要渠道。在 2 月 3 日举行的首次会议上，哈立德·萨利赫·古奈姆当选为议长，尤素福·哈立德·米赫立德当选副议长。本届议会任期内，科威特石油出口与国外投资收入猛增，国家财政出现巨额盈余，议会的立法与议案多围绕提高人民的生活水平，改善公务员的待遇等事项进行。议会批准成立国家宪法法院。副议长尤素福曾率团访问中国。

第四届国民议会　1975 年 1 月 27 日选举产生。登记选民 49366 人。2月 11 日，在新一届国民议会的首次会议上，埃米尔萨巴赫在讲话中强调，"当前阿拉伯民族正经历着关键的时刻，面临着严峻的国际环境，每个人应认清自己承担的责任，增强我们的信心和决心，更好地为国家和民族服务"。哈立德·萨利赫·古奈姆再次被推选为本届议会议长，艾哈迈德·阿卜杜勒·阿齐兹·萨敦为副议长。本届国民议会中反对派议员席位增加，特别是萨敦当选副议长，更使反对派在议会中的影响大增。他们与政府在一系列重大问题上存在分歧，且随着时间的推移，双方的分歧不但未能缓解，反而日趋激化。他们采取各种手法阻挠法案通过，使议会和政府在一些枝节问题上浪费了大量的时间，给公众和舆论界留下了不好的印象。这些消极的发展，再加上当时阿拉伯世界面临的复杂局势，促使埃米尔不得不采取行动，宣布解散议会，中止宪法中一些条款的实施。这些条款包括：宪法第 56 条第 3 款，关于内阁大臣名额不得超过议员总数 1/3

的规定；第 107 条关于解散国民议会的规定；第 174 条关于修改宪法的规定；第 181 条关于中止宪法条款和触犯议员豁免权的规定。1976 年 8 月 29 日，埃米尔萨巴赫向全国人民发表讲话，解释了当前国家面临的形势，以及议会在现阶段存在的"消极因素"，宣布成立专家委员会，对宪法进行修订，并在四年之内将重新修订的宪法草案提交全民公决，或提交下一届国民议会批准。

过渡期 第四届国民议会第二次会议于 1976 年 7 月 26 日闭幕。8 月 29 日埃米尔萨巴赫发布解散议会的命令，由内阁在过渡期内行使立法权。从解散议会到 1980 年 8 月 24 日议会恢复为止，内阁共颁布了 386 项法律和法令。为承担监督内阁和起草法律的任务，科威特政府专门成立了一个新部——立法与行政事务部。在过渡期结束之前，1980 年 2 月 10 日，埃米尔贾比尔下令成立 35 人组成的"宪法修改委员会"。2 月 19 日～6 月 22 日，委员会历时 4 个月，共审议了政府提出的修改建议 13 个，委员会提出的建议 1 个。其中，委员会建议把议员名额由现在的 50 名增加到 60 名，把宪法的第 2 条修改为"伊斯兰教为国教，其教义为立法的主要依据"，增加了"主要"一词，但增加议员人数的建议未被政府采纳。

1980 年 8 月 24 日，埃米尔贾比尔宣布，1981 年 2 月底前举行第五届国民议会选举。次日，王储兼首相萨阿德发表讲话称："我们希望（议会）这一段停止能对我们的议会生活产生积极的影响，使我们摆脱一切消极因素和那些耗费了无数精力的枝节问题。"12 月 16 日，埃米尔就选举问题再次发布命令，宣布重新划分议员选区，把全国由原来的 10 个选区，划分为 25 个选区，每个选区选出 2 名议员。官方对这一举措的解释是，避免给选民，尤其是那些不识字的选民造成混乱。这次议会选举对选民进行了重新登记，并限制在永久居住地，以避免重复或多处登记。经重新普查登记后，有投票资格的男性选民 41698 人，比上次选举少了 7000 多人。

第五届国民议会 第五届国民议会于 1981 年 2 月 23 日国庆前两天举行。尽管两伊战争造成局势不稳定，但竞选还是十分激烈，共 448 名候选

人角逐 50 个议席。这次选举由于选区小，使得有组织的政治派别控制大区选举的基础丧失，而为亲政府的部落头目进入议会敞开了大门。选举结果果然如此。在新当选的 50 名议员中，部落头目高达 23 人，占了议员总数的 46%。从受教育的程度上看，文盲 5 人，小学 2 人，初中 14 人，高中 12 人，大学 10 人，研究生 7 人。初中文化程度以下者达 21 人，占议员总数的 42%。议会反对派、激进的阿拉伯民族主义者全部落选，议会整体上趋于保守。第一次会议于 1981 年 3 月 9 日举行，埃米尔贾比尔出席开幕式并讲话强调，"我们履行了诺言，对人民参政的必要性深信不疑"，"我们的指导原则现在是，将来也应该是维护科威特的独立、安定和国家的团结。它高于一切分歧，它是衡量任何言行的一把尺子"。会议以无记名投票方式选举前公共工程大臣穆罕默德·尤素福·阿达萨尼为议长，艾哈迈德·阿卜杜勒·阿齐兹·萨敦为副议长。

第六届国民议会 1985 年 2 月 20 日选举产生，艾哈迈德·阿卜杜勒·阿齐兹·萨敦当选为议长。本届议会诞生在两伊战争期间，地区形势动荡，国内矛盾激化，曾先后发生过暗杀埃米尔未遂事件和多次重大爆炸事件，在此情况下，1986 年 7 月 3 日埃米尔宣布解散该届议会。

第七届国民议会 第七届国民议会选举是科威特从伊拉克占领下解放后的首次选举，1992 年 10 月进行。由于这次选举的特殊背景，加之民众要求变革现状的呼声日趋高涨，各政治派别代表纷纷参加这届议会竞选。但选举权仍然限于 81400 名男性公民中，妇女被排斥在选举之外。反对派候选人、特别是伊斯兰集团代表获得了议会 50 个议席中的 31 个，他们当中不少是 1986 年被解散的议会议员。艾哈迈德·阿卜杜勒·阿齐兹·萨敦再次当选议长，萨利赫·法达勒当选副议长。本届议会组成伊始，就着手处理伊拉克入侵科威特事件暴露出来的各种问题。首先成立了一个专门委员会，负责质询和调查 1990 年伊拉克入侵事件及政府的应对情况。接着，在次年 1 月，通过了一项反贪污受贿立法，规定对所有国有企业和投资机构的财务账目进行审计。3 月，议会投票决定废除秘密保护法，此法被认为是促使腐败合法化的保护伞。7 月，议会财经委员会在它报告中，批评政府国外投资管理不善，对工作人员疏于监督与考察。1994 年 1 月，

议会废除了一项凡涉及内阁大臣的案件需在特别法庭审理的法律规定。同月，前财政大臣、王室成员阿里·哈利法·萨巴赫和另外4名被告以贪污巨额公款罪名受审。虽然对阿里·哈利法的审讯由于政府的干预而不了了之，但其影响还是深远的。

本届议会任期内，议会与政府间发生的最大一次危机莫过于对宪法第71条的解释。宪法第71条规定，在议会休会或被解散期间，埃米尔有权通过发布命令进行统治，议会复会后有义务批准这些法律和法令。但议会认为，这一规定不适合1976～1981年、1986～1992年这两段未按宪法程序而下令解散议会的时间。后经紧急协商，政府方面作出让步，议会有权对埃米尔颁布的法令进行复审，或批准，或拒绝，或修改。1995年2月，宪法法院推翻了国民议会1986年对政府一项立法的否决，这项立法规定政府有权关闭报馆。3月，政府下令《新闻报》中止出版一周，并请求宪法法院对新闻审查的原规定作出解释。如果宪法法院的解释支持政府的立场，不仅议会的权威受到严重损害，且埃米尔也可据此解散议会。对此，议会毫不妥协，他们通过中止审理埃米尔颁布的200多项法律、法令予以抗议。迫使政府撤回它的请求，事态方才平息。1995年4月，议会负责调查1990年入侵事件的专门委员会在它提交的调查报告中，披露了政府和军队大量的失职行为，例如，完全无视人们一再发出的入侵迫在眉睫的警告，没有采取任何应对的预防措施等。报告还严厉地批评了王室成员和内阁大臣，在入侵事件发生后仓皇逃往国外，使国家失去了政治领导和军事上有组织的抵抗。尽管议员们对政府有这么多的批评和不满，但议会里力量天秤还是倾向于政府一边，反对派伊斯兰集团没能赢得足够票数支持，以保证他们的议案获得通过。

第八届国民议会 1996年10月7日选举产生。由于上届议会对国籍法进行了修订，把获得科威特国籍者的投票年龄由原来的30岁降至20岁，使选民人数达到107169人。参选的各政治派别均赢得了一定的席位，其中伊斯兰倾向派及其支持者占24席，独立人士6席，自由派3席，政府支持者获17席。艾哈迈德·阿卜杜拉·阿齐兹·萨敦连任议会议长。本届议会从产生到1999年4月被解散两年半的任期内，与政府的关系一

直比较紧张，彼此间先后出现过 3 起重大对峙事件，促使埃米尔第三次下令解散议会。1997 年 6 月 6 日，发生了一起针对议会反对派、前"国有资产保护委员会"主席阿卜杜拉·尼巴里的政治谋杀案，5 名嫌疑人被捕，其中 1 人供出是受财政大臣纳赛尔·罗丹指使而为，而罗丹是被尼巴里点名指控为"卷入贪污丑闻中"的官员。11 月，尼巴里的办公室遭炸弹袭击，无人员伤亡。人们普遍认为，炸弹事件的背后与政府的腐败案件有关。政府与议会的关系随即出现紧张。进入 1998 年，政府与议会之间的关系进一步紧张。议会对王室成员、新闻大臣沙特·纳赛尔·萨巴赫提出不信任案，指责他允许在 1997 年的科威特书展上展出反伊斯兰教的出版物。然而，正当议会确定在 3 月 15 日就信任案一事进行投票前两天，内阁突然宣布辞职，在随后由王储组成的新内阁中，沙特·纳赛尔·萨巴赫改任石油大臣，罗丹改任内阁事务国务大臣。政府通过调整内阁大臣职务的办法，使议会反对派质询大臣计划落空。1999 年 4 月，议会同政府间的争执进一步发展，双方在围绕如何处理司法与宗教事务部印刷和发行的《古兰经》中出现错误一事僵持不下，最后，只得以解散议会这一非常手段来使危机告终。

第九届国民议会 1999 年 7 月 3 日选举产生。这次议会选举中，政府的支持者仅获 50 议席中的 12 席，比上届少 6 席。伊斯兰主义者占 20 席，自由派占 14 席，独立人士得 4 席。贾西姆·哈拉菲（Jassem al-Kharafi）当选议长，米夏里·安吉里为副议长。在议会中止活动的两个月内，政府通过颁布埃米尔令的方式，发布了一系列的法令和条例，而这些法令和条例现在都需得到新一届国民议会批准。其中最重要的法令是，妇女从 2003 年开始享有选举权，并将第一次有资格担任大臣职务。另外颁布的 60 条法令包括：加速私有化进程，向外国投资者开放石油"上游"项目，减少财政补贴和社会开支，规范劳务市场等。政府认为，这些立法对成功实现科威特经济多样化、加强私营企业和改革劳务市场至关重要。

第十届国民议会 2003 年 7 月 5 日选举产生。在选出的 50 名议席中，政府的支持者获 14 席，比上届增加 2 席；伊斯兰主义者获 21 席，比上届增加 1 席；独立人士获 12 席，比上届增加 8 席；自由派只获 3 席，

比上届减少 11 席。贾西姆·哈拉菲连任议长。

第十一届国民议会 2006 年 6 月 29 日选举产生。这次选举仍在上届划定的 25 个选区进行。此前，新埃米尔萨巴赫执政后曾提议修订选举法，选区由 25 个减为 5 个，以避免贿选等违规行为，但遭议员们的反对而中止。这次选举首次允许妇女参加，27 名女候选人（共 249 名候选人）参加竞选。由多名前议员组成的"改革联盟"（含伊斯兰主义者、自由派、左派和独立人士）获得了这次选举的胜利，赢得了 34 个议席。3 周后，新一届议会批准了选区改革方案。

第十二届国民议会 2008 年 5 月 17 日选举产生。参加这次选举的男性选民 161185 人，女性选民 200499 人，后者占选民总数的 55.4%。28 名女候选人参加竞选。伊斯兰主义者在这次选举中的表现好于上届，获 21 个议席，人民行动集团（以前议长萨敦为首）获 4 席，什叶派获 5 席，自由派获 7 席，独立人士获 13 席。这次选举和 2006 年选举一样，无一女候选人胜出。

第十三届国民议会 2009 年 5 月 16 日选举产生，这是 3 年内第 3 次议会选举。196 名候选人中，女性 26 人，前议员 36 人，竞争 50 个议会席位。参加投票者占登记选民的 58%，略低于上一届。选举结果是自由派获得大胜，4 名女性当选议员，她们是：前内阁大臣马苏玛·穆巴拉克、阿西勒·阿瓦迪（她击败了前议长萨敦）、沙尔娃·杰沙尔、鲁拉·达什蒂，这是科威特历史上的第一次。贾西姆·哈拉菲任议长。

第十四届国民议会 2012 年 2 月 2 日选举产生，前议长萨敦当选议长。本届议会选举受"阿拉伯之春"风波影响，反对派取得了绝对性胜利。逊尼派伊斯兰主义者和部落代表结成联盟，前者赢得 14 个议席，后者（多为伊斯兰主义者）赢得 21 席。自由派在这次选举中表现失常，只得 8 席，亲政府的什叶派穆斯林由上届 9 席降为 7 席，23 名参选的女候选人无一人胜出。本届议会和政府的冲突从一开始即呈现表面化，反对派议员要求获得一半内阁大臣职务，而政府只同意让出 4 名。此后，在议会的压力下，财政大臣、社会与劳动大臣先后辞职。6 月中旬，两者间的紧张关系进一步升级，在内政大臣、王室重要成员哈穆德被质询前两天，政府决定引用宪法第 106 条规定，中止议会活动一个月。尽管科统治者曾先后 7 次解散议会，但中止议会活动在科历史上还是第一次。中止令颁布两天后，科威特宪法法院采取了一项史无前例的行动，宣布 2012 年 2 月的议会选举无效，命令恢复 2009 年议会。复会令由于遭到上届议会多数议员的抵制而落空。第十四届议会于 2012 年 12 月进行重选，阿里·拉希德当选议长（Ali al-Rashed）。

二　司　法

宪法规定，司法权由各级法院在宪法规定范围内以埃米尔的名义行使。司法机构行政上隶属于司法部，最高法院院长由埃米尔任免。科威特司法体系分专门法院与普通法院。

专门法院是：

宪法法院　宪法法院由 5 名大法官组成，其职权是负责对宪法条款解释，对立法机构所批准的法律、法令、条例合法性纠纷案件进行审理，对当选议员及其选举的合法性进行审议，有权向国民议会提出异议。

普通法院是：

高级法院　由 5 名法官组成。它的职权是审议上诉法院和国家安全法庭判决的合法性。现任大法官为穆罕默德·尤素福·里法伊（Mohammed Yousuf al-Rifai）。

上诉法院　由 3 名法官组成，职权是审理初级法院判决的合法性。现任院长为拉希德·哈马德（Rashed al-Hammad）。

初级法院　初级法院按案件的性质不同分以下科室：民事与商务纠纷（1 名法官）；民事纠纷（1 名法官）；租赁、契约（3 名法官）；刑事犯罪（3 名法官）；劳务（1 名法官）；行政纠纷（3 名法官）；上诉（3 名法官）；对行为不端提出质疑（3 名法官）。现任院长为穆罕默德·沙胡比（Mohammed al-Sakhoby）。

交通法庭　由 1 名法官主持，负责判决各种交通事故。

即决法庭（Summary Courts）　各省设有"即决法庭"，负责审理以下案件：民事和商务纠纷，紧急案件，租赁，不端行为。每一案件由 1

名法官负责判决。

总检察长为穆罕默德·阿卜杜勒·海伊·班奈（Mohammed AbdulHaih al-Bannai）。

第四节　政党与社团

一　政党

科威特禁止政党存在，但政治性组织和派别自独立以来就一直以合法或半合法的状态存在。特别是海湾战争结束后，科威特当局迫于国际形势变化和国内民众要求变革的强烈愿望，政治上放松了对党派和反对派的限制，解除了对新闻的检查。于是，在科威特先后出现了7个政治性组织和派别，它们的代表人物参加了1992年10月以后的历届议会选举。议会里各政治派别的纵横捭阖、勾心斗角，成为科威特政治生活中的一个显著特点，对政局的影响也越来越大。

科威特主要政治组织和派别有：

阿拉伯民族主义者运动　科威特早期的政治组织，由"巴勒斯坦人民阵线"总书记乔治·哈巴什博士于20世纪50年代创建，60年代随巴勒斯坦移民传入科威特。其代表人物是艾哈迈德·穆·哈蒂卜博士，他曾多次当选科威特国民议会议员。该组织对内主张实行民主，反对封建特权，维护民族利益，发展民族经济，给其他阿拉伯侨民适当权利。对外主张阿拉伯统一，反对帝国主义侵略，支持巴勒斯坦解放事业，主张与东西方同时发展关系。该组织在1971年的议会选举中曾获得10个席位，在1981年的议会选举中全部落选。此后，该组织停止活动并逐渐消失。

人民行动集团（Popular Action Bloc）　由什叶派穆斯林组成，主张实行民主改革，在政界影响较大。领导人为前议长艾哈迈德·萨敦。

科威特民主论坛（Kuwait Democratic Forum）　1991年3月成立，成员多为自由主义者、世俗的知识分子，自称是民族主义组织，强调人民

78

权利，主张给予妇女选举权。

伊斯兰宪政运动（Islamic Constitutional Movement） 　1991 年 3 月成立，为逊尼派穆斯林组织，穆斯林兄弟会的政治分支，掌握许多金融和商业公司，财力雄厚，主张以温和手段促使科威特成为遵循伊斯兰教法的国家。总干事是纳赛尔·萨尼（Nasser al-Sane）。

伊斯兰全国联盟（National Islamic Coalition） 　什叶派穆斯林组织，主张实施伊斯兰教法，采取温和的方式推行原教旨主义运动。负责人为侯赛因·马图克（Hussain al-Matouq）。

伊斯兰萨拉菲联盟（Islamic Salafi Alliance） 　逊尼派穆斯林组织，代理总干事是阿里·奥马尔。

全国民主同盟（National Democratic Rally） 　1997 年 5 月成立，总书记为科威特前驻海湾合作委员会秘书长艾哈迈德·比夏拉博士。现有成员 2000 余名，多为知识分子和自由派人士。现任总书记为哈立德·哈立德。

二　社会团体

据科威特统计局 2013 年发布的统计数据显示，截至 2011 年底，科共有各种社会组织 169 个，其中工会、协会、群众团体 81 个，公益慈善组织 10 个，社会福利机构 78 个。这些团体、工会和协会在促进社会进步、发展民主、保护妇女儿童和残疾人权益以及组织青少年开展积极有益的活动方面发挥了很大作用。国家在物质和道义上予以支持，向它们提供充分的财政帮助。据官方数据显示，1991/1992 财政年度，政府提供的补助达 5200 万第纳尔，到 2011/2012 财政年度，资金补贴已超过 1 亿第纳尔（约合 3.5 亿多美元）。

具有一定规模和社会影响的行业工会和群众团体有：

（一）科威特石油工会

成立于 1964 年，它是科威特最大的产业工人工会，会员约万余人（含外籍职工）。石油工会自身财力雄厚，在石化工人中有较高的威信，有一定的组织和动员能力。20 世纪七八十年代，曾就维护自身权益、声

援和支持阿拉伯世界和国际上的正义事业，发表过宣言、声明，举行过示威游行。进入 21 世纪以来，随着国内和国际形势的发展变化，工人运动陷入低潮，多数工会中止活动。

（二）科威特足球、手球、赛马、游艇俱乐部

足球、手球、赛马和游艇是科威特民众非常喜爱的运动项目，俱乐部会员众多，也是政府赞助的重点。体育俱乐部隶属于科威特奥林匹克委员会领导，但有很大的自主权，除参加国际比赛外，其他一切事务由俱乐部决定。科各类体育俱乐部在民众中有较大的影响力和号召力。

（三）科威特新闻工作者协会

它是少数几个仍然活跃在科政治舞台上的行业协会，成立于 20 世纪 80 年代初，成员包括报纸、杂志、广播电视等部门的新闻工作者。1986 年，科正式实施新闻审查。1995 年，科宪法法院裁决政府有权中止报纸出版，对此，新闻协会曾予以谴责。2006 年，科议会迫于社会舆论通过法案规定，非经法院判决，政府无权中止报纸出版。21 世纪以来，科新闻工作者协会曾多次声援那些因批评政府而遭逮捕审讯的新闻记者，抗议官方滥用新闻审查，要求保障新闻工作者的合法权利。

（四）科威特妇女社会文化协会（The Social Cultural Association For Kuwait Women）

成立于 1963 年 2 月，其宗旨是动员和组织广大妇女，为实现她们作为一位母亲、一位社会成员的双重使命而奋斗；解决妇女面临的问题，推动社会向着更美好未来前进。为实现这一宗旨，协会成立以来组织妇女进行了大量的社会文化活动，举办过无数次涉及妇女利益的研讨会、报告会，讨论妇女政治权利、妇女在发展中的地位等议题。协会创办了模范托儿所、图书馆、手工车间、游泳池，经常举办各种募捐、义卖活动，募集的款项都用于资助人道主义项目，如修建孤儿院，建设"耶路撒冷阿拉伯儿童家园"、黎巴嫩"哈南儿童村"等。在国际活动和交流方面，协会派团参加了 1968 年在保加利亚举办的世界青年联欢节，出席了 1975 年在科威特举行的第一届海湾地区妇女代表大会，10 月在墨西哥举行的世界妇女大会，以及在柏林举行的世界民主妇联成立 30 周年庆

祝活动。1979 年作为科政府代表团组成部分，出席了不结盟和发展中国家在伊拉克巴格达举行的"妇女在发展中的作用"大会。协会的部分成员出席了 1994 年在北京召开的第四届世界妇女大会。妇女社会文化协会是科最具影响力的妇女组织。自成立以来，一直为争取妇女平等政治权利而奋斗。从 1971 年第三届议会选举开始，每次大选期间协会都组织妇女去议会请愿、上书，或静坐示威，要求给予妇女选举权。协会还就妇女在国家政府机关中的任职情况向首相提交过备忘录，要求纠正妇女在担任领导岗位上的不公平现象。20 世纪 90 年代后，协会为官方成立的妇女组织所取代。

（五）家庭复兴协会（The Family Rejuvenation Association）

成立于 1962 年底，其宗旨是充分利用成员的闲散时间，传播文化、科学、卫生知识，帮助科妇女获得应有的权利，解决家庭中出现的问题，宣传妇女在各个领域里的作用。协会创办了阿卜杜拉·萨利姆幼儿园和图书馆，作为成员日常活动园地。1967 年第三次阿以战争期间，协会培训了 2000 多名志愿者从事救护工作，并多次举办义卖和募捐活动，所得收入全部用于支援前线。协会成员积极开展农村妇女扫盲工作，在杰赫拉地区建立了一座小型农村图书馆。协会积极开展国际交流与交往活动，先后出席了在开罗召开的第六届阿拉伯妇女代表大会，1968 年在索菲亚举行的世界青年联欢节。组织过科威特妇女日、第一届科威特妇女代表大会、第一届阿拉伯妇女代表大会（1973 年）等大型活动。举办过"科威特妇女就业情况""关于公民权利草案""阿拉伯地区儿童文化""科威特 2000 年展望"等一系列研讨会、报告会。该协会拥有学术界许多知名人士，进入 21 世纪后，协会活动不多，影响日趋减小。

（六）科威特妇女联合会（Kuwait Union For Women Association）

成立于 1994 年，主席为首相夫人法蒂拉，成员多为科政府高级官员和上层人士夫人。协会大多从事义卖、募捐、救济寡妇、残疾儿童等福利性活动。每年举办国际儿童联欢节、运动会等联谊活动，欢迎在科的各国儿童参加。之后，协会工作重点转向海湾战争中 625 名科被俘和失踪人员下落问题上。1994年,协会领导成员、首相小女儿贾玛伊勒率科妇女代表团出席了在北京召开的第四届世界妇女大会。会议期间,代表团举办了有关科威特战俘和失踪人员情况报告会和图片展览。21世纪以来,协会基本上中止了活动。

此外,科威特的社会团体还有:科威特工程师协会(1962年)、科威特石化工会(1965年)、科威特工会联合会(1968年)、科威特学生联合会(1968年)、科威特造型艺术协会(1968年)、科威特文学艺术委员会(1974年)、科威特红新月会和科威特律师协会等。

第四章

经　济

第一节　概述

　　科威特原本是一个贫瘠干旱的小国，国土多为荒原沙漠，气候恶劣，淡水匮乏，农业资源有限。在石油未发现以前，居民多以捕鱼、采珠、经商和游牧为生。但是，在这寸草难生的大漠下面却埋藏着十分丰富的石油。石油的发现和开采，改变了国家的命运和发展道路，使科威特这个昔日默默无闻的小渔镇，在较短的时间内迅速发展成一个高收入福利型国家，并很快成为世界上重要的石油生产国和输出国之一，创造了令人赞叹的"沙漠里的奇迹"。进入 20 世纪 90 年代，经受了战争浩劫的科威特，依靠雄厚的石油美元和金融资产，迅速地医治了战争创伤，完成了艰巨的战后重建任务，在几年时间内，不仅恢复了石油出口国的地位，而且稳步地朝着金融立国的目标前进。

　　在科威特，石油天然气工业是国民经济的重要支柱，其产值占国内生产总值的54%以上，占出口收入的92%（2010 年）。长期以来，科威特经济发展战略一直建立在石油生产和出口基础之上，石油收入是国家财政的主要来源，石油及石油制品是主要出口商品。正是依靠石油出口获得的滚滚财源，科威特才得以在近 1/4 的世纪里迅速地、令人惊叹地走向繁荣，科威特的国际地位也随之提升，并且很快成为世界上举足轻重的石油生产国和出口国，人均国民收入也跻身于世界富国之列。同样，凭借着雄厚的石油美元和国外投资，科威特能够历经战争浩劫而不亡，犹如火中飞

出来的凤凰，再次腾空展翅飞向美好的远方。石油对科威特社会发展的贡献是多方面的。国民经济的发展、国民生活水平的提高、福利国家的建设都与它息息相关。可以说，没有石油资源和石油收入，就没有科威特的今天，丰富的石油储藏为科威特的社会经济发展，提供了坚实的基础和可靠的保障。截至2011年底，已探明石油储藏量为1015亿桶，占全球总储量的9%，居世界第5位。拥有如此丰富的石油储藏，开采成本又如此低廉，再加上资金充足，技术先进，这使得科威特石油工业如虎添翼迅猛发展。石油工业的发展，又带动了石化工业以及海水淡化、电力、水泥、化肥等一批非石油工业从无到有、从小到大逐步发展起来。

石油对科威特的重要意义，莫过于原油出口给它带来的巨大收益。自1946年科威特出口第一船石油以来，石油美元像流水般不断流入。进入70年代后，随着国际市场油价猛涨，石油生产和出口规模不断扩大，石油收入急剧增加。1946年，科威特石油收入仅为20万第纳尔，而到1980年，则猛增至59.42亿第纳尔（约合221亿美元），增长了近3万倍。石油收入的剧增，石油业对国民生产总值的贡献日益增大。例如，1962/1963财年，科威特国内生产总值为4.6亿第纳尔，1979/1980财年，高达90.63亿第纳尔，17年间增长了19倍。石油收入构成科威特国民收入的主体。1966/1967财年，石油收入占国内生产总值的61.5%，1975/1976财年提高到70%。进入80年代，由于海外投资收益迅速增长，加上油价下跌等原因，石油收入在国民收入中所占比重有所下降，1986年仅占国内生产总值的30%，但仍超过其他经济部门。此后，随着产量的增长，油价的上涨，石油收入在国内生产总值中所占比重逐步增加，到2001年，所占比重已达57.8%，继续保持其作为国民经济支柱的地位。

源源不断的石油美元，使科威特积累了巨额财富，为提高人民生活水平、建设一流的福利国家提供了可靠保障。据统计，1975年科威特的人均收入为12500美元，居世界首位。1980年国内生产总值为331.5亿美元，人均24160美元。1981年国内生产总值为306亿美元，人均20900美元，仅次于卡塔尔和阿联酋，列世界第3位。1985年国内生产总值为294.72亿美元，人均16600美元，列世界第4位。1999年国内生产总值

为307.02亿美元。2000年国内生产总值为358亿美元，2001年为328亿美元，2002年为345亿美元。到2011年，国内生产总值已扩大到1609.2亿美元，人均45592美元；2012年，国内生产总值为1702.4亿美元，人均47143美元。科威特政府把发展社会福利事业奉为基本国策，每年都拿出石油收入的一部分，用于基础设施建设、文化教育、医疗卫生及其他社会福利事业，建立了一套完整的社会保障体系，使科威特国民享受着令人羡慕的福利待遇和较高的生活水平。

当然，石油经济也有其本身的弱点和脆弱性。石油作为商品受价值规律所左右，供求关系所影响，国际石油市场上的任何风吹草动都会引起连锁反应。高油价带动经济繁荣，油价下跌导致经济滑坡。另外，石油又是一种特殊商品，其价格还受到国内外政治、军事、安全等因素影响，因而，它又是脆弱的。20世纪80年代，世界石油价格的总水平呈下降趋势，每桶原油由1980年的40美元，跌至1986年7月的8~9美元，石油价格的暴跌，使科威特当年的收入锐减。1986年石油收入只有63.78亿美元，不仅低于1985年的98.17亿美元，更远不及1980年的176.78亿美元。作为国家财政收入、外贸收入主要来源的石油收入，几年间如此大起大落，自然会给国民经济带来剧烈震荡。80年代，与石油收入息息相关的国内生产总值几乎年年出现负增长。除1983年外，1980~1986年科国内生产总值实际增长率皆为负数，财政收入也连年出现赤字（不包括国外投资收入），给居民生活带来了一定的消极影响。1986年人均国民生产总值降至13890美元，落到世界第8位。

科威特深知单一经济结构的脆弱性。为改变过分依赖出口石油的局面，实现国民收入多样化，政府作出了不懈努力，取得了明显成就，科威特已由一个纯粹的石油输出国逐步发展成为经济多样化国家，大大减弱了油价下跌对国民经济的震荡力。早在第一个五年计划期间（1967/1968~1971/1972财年），科威特政府就提出了建立确保经济持续增长的多样化经济结构主张。后来的发展历程证明，这一方针是非常正确和有远见的。从1961年独立到70年代中期，科威特实行的是以石油出口为主的单一战略，工业化步伐刚刚开始。第一次石油大提价和石油资源国有化后，科转

而实施工业化与金融化并重的双轨发展战略。它一方面大力发展石油和天然气工业，以及水泥、海水淡化、电力等非石油工业，努力推动本国的工业化；另一方面利用石油盈余资金，积极发展对外投资，力图将科威特建成国际金融和贸易中心。

科威特是海湾地区较早具有工业化意识的国家之一。政府认识到，要实现国民经济多样化，发展工业是必由之路。20 世纪 70 年代以前，外国石油公司控制了石油的开采和销售，绝大部分石油收入流往国外，科威特得到的收益有限，谈不上资金积累，工业发展十分缓慢。70 年代，石油资源国有化和石油价格的大幅提高，从根本上扭转了工业化进展缓慢的局面。仅 1967/1968 ~ 1971/1972 财年和 1976/1977 ~ 1980/1981 财年两个五年发展计划的投资总额就高达 175 亿美元。在政府的大力推动下，科威特的工业化步伐明显加快，以石油工业为主的现代工业取得了长足发展。海湾战争前，科威特已初步建成了具有相当规模的、包括石油勘探、开采、运输、提炼、销售和石油化工在内的石油工业体系，改变了只生产和出口原油的单一经济结构，跨入了高附加值的石油制品输出国行列。20 世纪80 年代初，开始实施的石油经营国际化战略也取得了显著成效。科威特在国外收购了许多炼油厂和加油站，建立并扩展了国外石油勘探开采业务，积极开拓石油下游产业，增加新的收入来源。

科威特在发展具有本国特色民族工业方面也取得了可喜成就。海湾战争后，政府对非石油工业部门给予特别的重视，颁布了一系列鼓励措施，放宽了对外国投资工业的限制，鼓励和扶持在境外建立工业项目，这一切无疑给非石油工业提供了发展机遇。据科中央银行统计，战后制造业产值稳步增长，1997 年达 12.3 亿第纳尔（约合 40.5 亿美元），占国内生产总值的 13.3%，高于 1980 年 10% 的水平。尽管工业化使科的经济面貌发生了显著变化，工业产值在国内生产总值中所占比重有所提高，许多不曾有过的工业部门得以建立和发展，但不可否认的是，直到今天科威特的许多工业产品仍然依靠进口，实现工业化有其难以克服的制约因素：第一，除石油和天然气外，其他自然资源极为缺乏，发展工业面临原材料严重不足的困难；第二，劳动力在质和量两方面都受到限制，工业发展所必需的人力资源条件还不成熟；第三，国内市场狭小，工业发展缺乏推动力。这些制约因素决定了实现经济多样化还需要寻找别的出路，发展金融业和海外投资，走"金融立国"之路成为首选。

"金融立国"作为科长期坚持实施的发展战略，还是 20 世纪 70 年代以后的事，它与当时有利的国内、国际形势有着密不可分的关系。首先，石油收入剧增为金融业的发展提供了基本条件。1973～1974 年石油提价，科威特石油收入迅速增加，国际收支出现盈余。其间，科积累的资金净额达 37 亿美元。第二次提价后，石油收入进一步猛增，1979/1980 财年积累的资金净额高达 314 亿美元。为使这笔巨额的盈余资金不至于闲置，科加强了对金融业的开发，重点发展对外投资。加之当时非常有利的国际金融环境，为科金融业崛起和对外投资业提供了大好机遇。20 世纪 70 年代是科海外投资急剧扩展时期，并为以后的发展打下了坚实的基础。到了 80 年代，即使在国际金融市场竞争日趋激烈的形势下，科金融投资业仍然取得了惊人的成就。1986 年国外投资收入高达 80.74 亿美元，首次超过石油收入。到海湾战争前，科在海外的投资和存款总额高达 1000 亿美元以上，仅次于文莱，居世界第 2 位。实践证明，科对外投资战略是富有远见和行之有效的，它保障了国民经济在油价暴跌的情况下，仍然能以较高的速度发展，其重要意义和深远影响，在海湾战争期间表现得尤为明显。

1990～1991 年海湾战争使科国民经济遭受严重损失。伊拉克军队的入侵和破坏，使科整个石油工业陷入瘫痪，950 多口油井中的 800 口遭到破坏，约 600 口油井在伊军撤退前被燃烧。据粗略估计，海湾战争给科造成的直接损失达 750 亿美元之多。战争结束后，重建石油工业是科威特优先考虑的课题。经过努力，当年底原油日产量即达 50 万桶，1992 年日产量超过 100 万桶，到 1993 年底，科石油产量已超过战前水平，日产量为 150 万桶。1996 年达 240～250 万桶/日。2000 年降为176.5 万桶/日。2002 年又升至 220 万桶/日。原油加工方面也得到了恢复和发展。到 1994 年底，科的炼油能力已达到战前水平。1995 年炼油能力为 80 万桶/日，1998 年增加到 90 万桶/日，2000 年达到 100 万桶/

日。

科威特政府承担了 220 亿美元海湾战争费用，战后重建又用去了 200 亿美元，这些资金大部分来自科的海外投资和"后代储备金"。巨额的战争开销，导致科国外资产缩水了一半，只有 450 亿美元。为应付急需，还从国际上贷款 55 亿美元。然而，到 1994 年，科经济已完全恢复到战前水平，进入正常发展时期并开始偿还债务。它不仅一次性偿还了 55 亿美元外债，还额外支付了美、英两国为应对伊拉克威胁而采取的军事行动费用 5 亿美元。科经济能够在如此短的时间内走上正轨，除石油收入增加外，主要应归功于非石油产业的发展，特别是国外投资收入的增加。因此，在经济恢复工作基本完成后，科政府重新启动对外投资，恢复向"后代储备金"拨款。到 1997 年底，"后代储备金"累计总额达 397.3 亿美元，加上"国家储备基金"，总共 589.3 亿美元，这些储备金大多用于国外投资。1998 年，国外投资收益达 62 亿美元，比 1997 年有较大增长。

1994 年科政府宣布，到 2000 年完全消灭预算赤字。为此，政府采取的措施包括：增加关税、开征工商业营业税、改革福利制度，逐步减少对公共服务的补贴、结束保护主义、扩大私有化范围（如电信、水电等）。此外，政府还考虑在石油领域内利用外资问题，有关这方面的立法已送交国民议会审议。1998、1999 年连续两年石油价格低迷，科政府在 1999 年 8 月宣布，提高汽油和家用煤气价格 50%。这是 1975 年以来首次提高这类商品的价格。2000 年油价攀升，收入增长，科政府放缓了实施上述改革措施的步伐。

21 世纪以来，科威特国内生产总值随国际油价上涨而持续增长。2000 年达 113.57 亿第纳尔，2001 年略有下降，为 104.46 亿，2002 年为 106.91 亿，2003 年为 124.41 亿。据国际货币基金组织评估，由于高油价、高产量，以及 2003 年 3 月后与伊拉克贸易关系的恢复，科 2003、2004 年两年宏观经济表现极好，国民经济年增长率高达 17.3%。2006 年尽管受地区股价暴跌影响，经济增长率仍达 6.3%，2007 年增长 4.6%。2007 年，财政结余高达 52.029 亿第纳尔。然而，高增长率、高收入也加剧了通货膨胀压力，消费品价格指数由 2006 年的 3%，提高到 2007 年的

5.5%。2008 年国内生产总值增长 6.4%，通货膨胀率受国际食品价格上涨影响，高达 11%。为抵消不断上涨的物价，政府宣布将采取包括增加食品补贴在内的一系列措施。然而，此时政府的注意力已不再是控制通货膨胀，而是如何应对日趋严重的国际金融危机和剧烈下降的石油价格。为缓解国际金融危机冲击，2009 年，科政府适时提出了一个 52 亿美元的经济刺激计划，即"金融稳定法"，从而使科威特较平稳地度过了这段经济波动期，成为海湾地区少数几个受金融危机影响不大的国家之一。2010 年 3 月，议会批准了政府提出的、总投资达 1290 亿美元的 2010~2014 年五年发展计划。该计划确定了科威特在经济、能源、投资、金融、医疗、住房等领域的战略发展目标，安排了一系列基础设施建设项目。已公布的工程项目有：造价 770 亿美元的苏比亚商业中心，建设环科威特湾的海堤公路，新建布比延岛集装箱码头，修筑 518 公里联结海湾国家的铁路和 171 公里的地铁网，建立资本融资市场，扩大私有企业在国家基础设施建设和经济活动中的作用等。2010 年 5 月，颇有争议的私有化法案，也在议会中三读通过，这为国有非石油资产私有化铺平了道路。

据科威特中央统计局公布的数据显示，2009 年国民生产总值实际降低了 7.8%（见表 4-1）。2010 年，由于出口和私人消费增加，增长率得以强劲恢复。2011 年 1 月，为庆祝科威特独立 50 周年，埃米尔下令，给予每一个科威特公民 1000 第纳尔（约合 3500 美元）并为 13 个月（2011 年 2 月~2012 年 3 月）凭卡供应的食品埋单，并为军队大幅涨薪。据国际货币基金组织估计，2011 年科威特国内生产总值增长 8.3%，石油产量增长 15%，来往账目和财政结余高达 41%，占国内生产总值的 30%。非石油经济增长温和，估计为 4.5%。通货膨胀率由 2010 年的 4%，增至 2011 年的 4.8%。尽管科威特连续 13 年实现了财政和外汇结余的空前增长，但从中期看，随着公职人员工资和退休金的不断膨胀，对公共财政还是造成了一定压力。与人均国民收入处于同一水平的海湾其他石油小国相比，科的基础设施、卫生和教育质量都存在明显差距。为此，科政府决定，一方面延伸国外市场，加大对海湾国家投资力度，把大量资金投入到阿联酋、卡塔尔等海湾国家的房地产及金融市场；另一方面在国内拨巨款大搞基础设施建设，力争在较短的时间内，把科威特打造成为地区金融和贸易中心。

2013 年 10 月 7 日，科威特新任财政大臣萨利姆·阿卜杜勒·阿齐兹·萨巴赫说，目前，科经济遇到的挑战是公共预算结构失衡，劳动力市场变化和私营部门在经济活动中的作用有限。

表 4 – 1　2008～2012 年科威特国内生产总值

年　份	2008	2009	2010	2011	2012
GDP(亿美元)	1473.91	1059.93	1199.02	1609.28	1702.44
GDP(亿第纳尔)	396.20	304.96	343.69	444.09	476.85
GDP 增长率(%)	4.2	– 7.8	11.4	8.3	5.0
人均 GDP(美元)	41946	38941	42198	45592	47143

资料来源：*Country Report Kuwait 2012.*

表 4 – 2　2008～2010 年科威特国内生产总值构成表

单位：百万第纳尔

年　份	2008	2009	2010
农、渔、林业	634	614	593
矿业、采石	23553.5	15059.9	18358.0
制造业	1753.4	1562.0	1899.5
水、电、燃气	362.9	432.1	485.6
建筑业	656.3	583.0	603.4
商业	1143.6	1154.1	1473.1
餐饮、旅游	262.6	259.4	271.9
运输、交通、仓储	2623.3	2741.3	3126.4
金融、保险、商务	6023.6	5058.7	5298.2
各项社会、个人服务费	4742.1	5091.8	5571.8
进口税	217.1	196.8	215.1
银行服务收费	– 1782.0	– 1722.7	– 1728.6
国内生产总值	39619.8	30477.8	35633.7

资料来源：*Middle East and North Africa 2012/2013.*

第二节　农牧业

一　农　业

科威特位于沙漠地带，气候炎热干旱，淡水资源匮乏，农业生产不发达，粮食产量很少，农畜产品主要依靠进口。科可耕地面积约 14182 公顷，薄膜覆盖与无土栽培面积约 156 公顷。农牧渔业产值占国内生产总值的 0.5%，以生产蔬菜为主，农业从业人口 1.4 万，主要雇用外籍人。

农业从来不是科威特人民赖以生存和从事的主业。20 世纪 70 年代以前，在杰赫拉和一些滨海乡镇有些私人小农场，但是，随着城市的快速扩张，大多数的小农场不见了，取而代之的是建筑风格各式各样的居民区，如现在的杰赫拉、曼格夫、富奈提斯和法哈黑勒区。1953 年，开始在公共工程部内设立一个农业处，1968 年扩大为农业司，主要负责对各种动植物进行科学试验，以选择最适合科威特自然环境的新品种。政府采取各种惠农和支农措施，激发农民从事农业的积极性。举办农业知识培训班，对农民进行培训，向他们提供先进的农业生产技术和经验，使农民创造性地从事农副业生产。例如，农民从只种胡萝卜、欧芹等蔬菜发展到在温室大棚内种植草莓和稀有鲜花。一些大的农业公司开始向沙漠开垦，它们使成片的沙漠变成绿洲。在苏莱比亚、瓦夫拉、阿卜代里等地到处是规模宏大的农场。

为适应农业发展，20 世纪 80 年代初，政府制定了发展农业五年计划，提出了到 1986 年把蔬菜种植面积扩大到 3500 公顷，产量由 1981 年的 42000 吨（占需求量的 24%）提高到 98000 吨的目标。无土栽培试验成功后给科政府实现这个宏伟目标奠定了信心。1984 年农业司从公共工程部分离出来，扩建为独立核算的"国家农业和渔业资源总局"，负责制定和执行农业政策，推广先进技术和优良品种，为农业和农民服务。科农渔业总局实施的增产计划包括横纵两个方面：一是扩大种植面积，在瓦夫拉和阿卜代里两个主要农产区扩大农作物种植面积。二是通过使用优良品

种、防治病虫害和各种自然灾害，提高单位面积产量。考虑到科威特恶劣的气候条件、有限的耕地面积、地下水盐分增高、农业技术人员匮乏等诸多不利因素，农渔业资源总局重点发展和推广室内无土栽培和温室大棚种植技术，扩大城市污水处理能力，增加灌溉面积，以实现蔬菜产量的自给自足。

科政府对农业的支持不仅包括提供技术干部，低价供应蔬菜良种、化肥、塑料薄膜、搭建温室大棚所需钢材以及杀虫器械，而且每年还给予农场一定的资金补贴。在农业贷款方面也给予诸多优惠。例如：贷款额为 2 万第纳尔，不收利息，15 年归还；贷款额超过 2 万第纳尔，年息 2%，10 年偿还。为农业用水打井，政府负担费用的 50%。租种和开发新的农业用地，政府象征性地收取年租金，每 1000 平方米合 1.5 美元，租期 25 年，可以续租。此外，农渔业总局开办了一座 36 公顷的实验农场，向农民推广农业先进技术和优良品种，以象征性的价格向农民提供优质黄瓜、西红柿等蔬菜种苗。上述种种优惠政策，使蔬菜和农作物产量大幅度增长，农业种植面积也随之扩大，农场数目不断增加。

农业的复兴也使农业合作社、农业协会、农业专业公司和农业投资公司如雨后春笋般地发展起来。出版发行的刊物有：《农民杂志》《农业工程师》《丰收》等专业杂志。根据科统计局数据，2010 年，农作物总产量 201385 吨，价值 1700 万第纳尔。主要农作物有：西红柿 56000 吨，黄瓜 51300 吨，土豆 26500 吨，茄子 21500 吨，卷心菜 13500 吨，花椰菜 15600 吨，干洋葱 12500 吨，辣椒 8900 吨，南瓜 5000 吨，椰枣 16700 吨。

科农田水利建设在政府财政、物质、技术全面扶持下取得了明显成就，建立了一套切实可行的农田水利灌溉系统，使本国农作物产量（主要是蔬菜类），不管遇到多么恶劣的气候条件都能保证相对稳产。目前，科农田灌溉有漫灌、溢灌、喷灌和滴灌四种方式，管道滴灌或喷灌方式最适合科威特沙质土壤，既可以防止水土流失，又可充分利用稀缺的水资源。灌溉用水来自两个方面：一是政府资助农户打自流井或高压机井，如在瓦夫拉和阿卜代里农产区即是这样；二是城市生活污水处理后，用于农田灌溉和绿化。从 1983 年起，政府向使用自流井灌溉、搭建塑料大棚的

农民和使用木板船的渔民提供资金补贴。

为实现埃米尔提出的绿化与美化科威特的目标和愿望，1986 年 10 月，科威特成立了以农业与渔业资源总局局长为主席的部级绿化美化委员会，负责制定绿化全国的实施计划，在全国范围内掀起一场植树造林、美化环境活动。为此，政府在 1988/1989 财年和 1989/1990 财年两个财政年度中拨款 19079247 第纳尔（约合 6000 万美元），用于实施这一计划。同时，政府还大力鼓励居民实施庭院园艺化方案，种树，种草，种花，美化家园、街道和小区。

科威特生长着 400 多种植物，最常见的有椰枣树、柑橘树类、沙柳和胡杨树。春季，阳光明媚，万紫千红的野花给广袤无垠的沙漠披上鲜艳新装，特别是巴廷谷地（Wadi al-Batin）到处都是盛开的野菊花、黄花，一眼望不到边际，令人流连忘返。在北部地区和祖尔丘陵中，生长着许许多多阿尔法吉（phanterium epapposum）与奥萨吉（lycium arbicum）植物，前者味涩咸，后者多刺叶小，开山莓状红花。这两种植物都是骆驼爱吃的饲料，又称骆驼草。另外，在一些地方还生长着一种多年生植物——拉姆拉姆（heliotropium ramosissimum，属天芥菜类），开白花，叶子晒干磨碎后可以当茶饮用，贝都因人把它作为治疗毒蛇咬伤的泥罨剂。科威特最美丽的花是达侬花（cistanche lutea）或叫塔尔菲斯花，这种花在科威特到处可见，花冠较大。在沙漠的绿洲里生长着许多常见植物，这些植物十分耐旱，生命力极强，有点水就能生长，如猫眼花（anogllis femina），花为蓝红和金黄色。

高温缺水使得生长在沙漠地区的植物盘根错节，地下根系远远大于地上部分，使根部到达地下永久水源，不依靠降雨而能够生长。1 ~ 3 月是人们观赏和研究科威特植物的最佳季节，那时，人们可以看到沙漠里植物翠绿繁茂，野花万紫千红，一派生机盎然的景象。

二 畜牧业

政府大力鼓励和发展畜牧业，私营家禽养殖业和乳制品业得到迅速发展，截至 2010 年，全国有养鸡场 52 家，养牛场 35 家，羊栏 2532 处，骆

驼圈 155 处。各种牲畜存栏数为：牛 35705 头、马 1000 匹、骆驼 10327 头、绵羊 460213 头、山羊 178703 头、家禽 3055 万只。同年，各种家畜产品产量为：禽蛋 22500 吨、禽肉 45600 吨、羊肉 30000 吨、牛肉 2600 吨、牛奶 51800 吨、羊奶 5500 吨。科威特还投资海外牲畜业，以保障国内鲜肉制品供给，每年从澳大利亚、新西兰、中国、土耳其和周边邻国进口相当数量的活羊。

科威特渔业资源丰富，盛产大虾、石斑鱼、黄花鱼等。捕鱼业相当发达，尤以捕捞各种虾类为主。1972 年 4 家捕鱼公司合并为科威特渔业公司。1987 年，科威特政府制定了 20 年的渔业发展规划，努力增加捕捞量以满足国内需求。国家农渔资源总局 1988/1989 财年拨款 860 万第纳尔，用于加强各种渔业基础设施，促进渔业发展，捕捞量出现逐年增加势头，1995 年产量 8616 吨，1996 年为 8163 吨。近年来，海产品捕捞量呈下降趋势，2007 年为 4721 吨，2008 年为 4339 吨。2009～2011 年海产品量（含进口量）为：2009 年 10442 吨，2010 年 15327 吨，2011 年 11755 吨。

科威特国土面积狭小，动物资源有限，常见的野生动物有野兔、狼、羚羊、野雁和鹰隼等。但随着石油的发现和工业化推进，以及人类的过度捕猎，这些野生动物都已绝迹。尽管这些野生动物不幸绝迹了，但却换来了动物资源另一种方式的复兴。科威特有若干农业和畜牧业开发公司，他们在政府巨额投资的支持下，用专机从荷兰和丹麦运回数百头弗罗伊萨良牛种，从黎巴嫩、欧洲、印度进口数百万只雏鸡，从土耳其、约旦、欧洲和澳大利亚引进良种绵羊、山羊，从而使当地的家畜资源得到迅速发展。

第三节　工业

一　石油、天然气

科威特拥有非常丰富的石油、天然气资源，2011 年已探明石油储量为 1015 亿桶，居世界第 5 位；天然气储量为 1.78 万亿立方米，居世界第 19 位。另外，还有一定数量的石灰石储藏。据科通社 2013 年 12 月 21 日报道，科蕴藏有约 70 亿～100 亿桶油当量的页岩油资源。

科威特位于阿拉伯半岛的东北端，地势平坦，以戈壁沙漠为主。地质构成上，科威特位于阿拉伯地台东缘油气区，石油地质条件极为优越，油气资源主要分布在中白垩纪至上侏罗纪三角洲相砂岩和鲕状灰岩中，以中白垩布尔甘组砂岩为主要产层，单层厚达 200 米，埋深 1100～1600 米，构成了原始可采储量达 105 亿吨的布尔干大油田。

石油是科威特的经济命脉，是国民经济赖以发展的主要资金来源。石油对科威特的重要意义无论怎么强调都不过分，因为没有石油，就不可能有今天科威特的繁荣和富裕。然而，如此丰富的石油储藏，在科威特独立前，开采权完全掌握在美、英、日等外国垄断公司手里，绝大部分石油收入流向国外，而不能用来造福于科威特人民。

科威特与英—波石油公司和美国的海湾石油公司之间就租让权开展了长达数年的谈判，直到 1933 年，英美之间达成妥协，英—波石油公司和海湾石油公司结成伙伴关系，以双方各占 50% 的股份组建了科威特石油公司。1934 年 12 月，科威特石油公司与埃米尔艾哈迈德签署了一项为期 75 年、覆盖科威特全境的石油租让协定。1951 年协定又延长了 17 年。美国独立石油公司经营开采中立区科方一半领土上的石油，1948 年取得租让权 60 年。日本占 80% 股份的阿拉伯石油公司经营开采中立区海岸约 9.66 公里外海上油田，1958 年获得租让期 44 年半。1962 年，科威特从外国石油公司手中收回了 9262 平方公里的租让地，交由国家石油公司勘探开采。

1938 年，科威特石油公司与英—波石油公司、海湾石油公司共同作业，在科威特市以南 40 公里的布尔干地区发现了一个大油田，第二次世界大战爆发使油田的开发推延到 1945 年。战后，石油开采作业迅速恢复，并于 1946 年开始商业性出口。1948 年，科威特原油产量达 600 万吨。伊朗阿巴丹事件发生后加速了科威特石油的开采，到 1956 年原油产量达到 5400 万吨，使科威特成为当时中东最大的石油生产国。接着，更多的油田被陆续发现，其中最著名的要属科威特北部的劳扎塔因油田。1972 年，科威特原油年产量为 1.48 亿吨，达到了年产量的最高峰，这一纪录直到 2012 年尚未突破。为了保障原油顺利出口，科威特在离布尔干油田不远

的艾哈迈迪港建设了一个巨大的原油码头，其伸入海里达 15 公里长的海上系泊浮筒，能接纳世界上最大的油轮。科威特是阿拉伯石油输出国中第一个实现油气资源国有化的国家。1974 年成立了"最高石油委员会"，负责制定和审查石油政策。1975 年 3 月，科威特出资 3200 万英镑，以赎买方式收购了海湾和英国石油公司的资产，完成了对石油生产的全面控制。1986 年科威特石油部与工业部分离，全权负责石油资源的勘探、开发和合同谈判，以确保国家收入的不断增长，石油大臣兼任科威特石油公司董事长。

科威特是石油输出国组织中第一个出于可持续发展战略而主动限产的国家。它把石油产量从 20 世纪 70 年代初日产 300 万桶，降到 80 年代一些年份日产不足 100 万桶的水平。当然，它能够这样做还与其国外投资收入增加有关。科威特在石油输出国组织中一向被认为是"温和"派，但从 1976 年 12 月以后，每当沙特等国主张小幅提高原油价格，以实现石油输出国组织内部的某种平衡时，科威特总是第一批宣布把油价提得更高的国家之一。

科威特也是率先实现收入多样化的石油生产国之一。从 20 世纪 80 年代起，它的石油收入和投资收入开始不相上下。实施对外投资和发展非石油加工业使收入来源多样化的政策，使科威特增强了承受各种风险的能力，使它能够从容应对变幻莫测的世界石油市场。科威特还成功地实现了充分利用石油资源的目标，石油伴生气得到了全面利用，而在过去都白白烧掉了。科威特几乎把百分之百的石油伴生气都用于发电和海水淡化，保证了科威特人民长期享用低廉的水电价格。

1980 年，科威特对石油工业进行了重组，成立了科威特石油公司（Kuwait Petroleum Corporation，KPC），负责管理石油工业，监督、协调国有石油公司。董事长由石油大臣兼任，副董事长兼总经理是纳迪尔·苏尔丹（Nader Sultan）。下属子公司有：科威特航空燃油公司（KAFC）、科威特海外石油勘探公司（KUFPEC）、科威特国家石油公司（KNPC）、科威特石油公司（KOC）、科威特国际石油公司（KPI）。科威特石油公司还负责协调四家国有石油公司：科威特石油公司（Kuwait Oil Co.，

KOC)、科威特国家石油公司（Kuwait National Petroleum Co.，KNPC）、石油化工公司（Petrochemical Industries Co.，PIC）和科威特油轮公司（Kuwait Oil Tanker Co.，KOTC）。改组后统一管理石油销售，加强了科威特的市场竞争能力。到 20 世纪 90 年代初，KPC 已成为世界上第 12 大石油公司。该公司在科威特和海外（荷兰、丹麦、意大利）拥有多家炼油厂。伊拉克占领期间，公司库存原油的出售对支持逃亡在外的科威特政府和民众起了至关重要的作用。科威特石油公司年度利润分别是：1989/1990 年度 2.365 亿第纳尔，1990/1991 年度 1.775 亿第纳尔，1993/1994 年度 4.1 亿第纳尔，1994/1995 年度由于原油涨价，利润增加到 7.29 亿第纳尔。

20 世纪 90 年代后期国际油价不断攀升，科威特石油配额逐年增加，1999 年 198 万桶/日，2000 年 203 万桶/日。2002、2003 年，受美国发动伊拉克战争影响，石油产量波动，2003 年为 197 万桶/日，2004 年反弹至 221 万桶/日，2005 年 264 万桶/日，2006 年 269 万桶/日，2007 年 263 万桶/日，2008 年 278 万桶/日。进入 2009 年，全球爆发金融危机，经济低迷，油价骤降，科威特的石油产量也随之降至 248 万桶/日，2010 年回升至 251 万桶/日，2011 年增产幅度高达 14%，为 286 万桶/日，大大超出其 220 万桶/日的正式配额。为了弥补利比亚动乱造成的市场短缺，其产量曾一度高达 300 万桶/日。2010 年 11 月，科威特石油公司宣布，将开支 900 亿美元投向石油领域，使石油产量到 2015 年达到 350 万桶/日，到 2020 年达到 400 万桶/日。同年，科伊（拉克）两国就边界地区油田共同开发问题开始洽谈。

值得一提的是，科威特政府在 1997 年曾通过一份"政府石油发展规划"，其中一条重要建议是，允许外国向石油领域投资，以扩大石油产能。此议案如能实施，在外国石油公司参与帮助下，石油产能无疑会明显提高。然而，科宪法规定，禁止外国对国家自然资源的拥有权。故这一具有重要意义的议案也只能搁置在无休止的争执之中。为摆脱这一僵局，2010 年 2 月，埃米尔下令成立"最高石油理事会"，作为工业领域最高决策机构。

科威特拥有 3 个大型炼油厂，即 1946 年建成的艾哈迈迪港炼油厂，1958 年竣工的阿卜杜拉港炼油厂和 1969 年竣工的舒艾巴炼油厂。20 世纪 80 年代，出于经济结构调整和完善石油工业体系的需要，政府利用积累起来的石油美元，投巨资先后对 3 个炼油厂进行了扩建或升级。1986 年艾哈迈迪港炼油厂扩建工程结束，历时 6 年，耗资 24 亿美元，日产高质油 27 万桶，成为世界上最大的现代化炼油厂之一。1989 年，阿卜杜拉港炼油厂更新改造工程竣工，耗资 21 亿美元，炼油能力提高到 20 万桶/日，使科威特的总炼油能力达 67 万桶/日，产品多为供出口的高质油。改建和提升工程的完成，不仅大大提高了科威特的炼油能力，更为重要的是给科石油工业带来了一次战略性变革。从此以后，科威特逐步减少原油出口数量，转向原油深加工、提高出口附加值的目标迈进。1990 年 8 月伊拉克占领期间，科威特的炼油设施遭受严重破坏，科威特石油公司不得不修改原定的扩建和升级计划，把恢复和扩大石油产能作为国家建设和发展战略的重点。1991 年 6 月艾哈迈迪港炼油厂恢复生产。到 1992 年 5 月，科国内炼油能力恢复到 30 万桶/日，仅为入侵前生产能力的一半。到 1995 年初，艾哈迈迪港、阿卜杜拉港和舒艾巴 3 个炼油厂的生产能力分别达到：40 万桶/日，24.5 万桶/日和 15.5 万桶/日。1997 年 2 月，科国内炼油能力已达 89.5 万桶/日，年炼油量约 4500 万吨。2006 年 11 月，舒艾巴炼油厂发生爆炸，导致部分设施关闭，促使政府加快实施已拟定的新炼油厂建设计划，即兴建投资 150 亿美元的祖尔炼油厂。2011 年 6 月，最高石油理事会正式批准建设祖尔炼油厂，初步设计原油加工能力为 615 万桶/日（年产 3000 万吨）。2012 年，科威特石油公司正式启动招标程序。

20 世纪 80 年代初，科威特开始实施石油经营国际化战略，取得了显著成效。开拓海外石油业务搞跨国经营，是科实施收入来源多样化的重要举措，也是具有长远眼光的战略决策。科威特引以为荣的是，它是石油输出国组织成员国中第一个通过成立海外石油勘探公司和并购外国公司，实现跨国经营石油钻探和开采的国家。1981 年，科威特石油公司成立科威特国外石油勘探公司（Kuwait Foreign Petroleum Exploration Co.，KFPEC）。

同年，它购买了摩洛哥 2.2 万平方公里土地中 22.5% 的开采权，并购了美国的桑塔菲国际公司（Santa Fe International Corp），从而具备了开发石油下游产业的能力和条件。通过 KFPEC 和桑塔菲，科威特石油公司大力拓展国外业务，在世界各地赢得了 25 个工程项目，分别在亚洲、非洲和大洋洲的也门、巴基斯坦、印度尼西亚、中国、越南、马来西亚、刚果、埃及、突尼斯、澳大利亚，以及北海和美国。在埃及、突尼斯、刚果、也门、澳大利亚、中国、巴基斯坦等国，石油、天然气勘探开采业务也获得了成功。

与此同时，科威特扩大了对自产石化产品的分配、推销和零售业务。20 世纪 80 年代开始，科威特石油公司（KPC）在欧洲（英国、意大利、瑞典、丹麦、荷兰、比利时、卢森堡等）购买了一批原属于海湾、埃尔夫和金鹰石油公司的加油站和炼油厂，统一由 1983 年底成立的科威特国际石油公司负责管理。1986 年，科国际石油公司把它在欧洲销售的石油产品改用"Q8"新商标。截至 1987 年 3 月，该公司在欧洲共拥有 4800 个加油站。1988 年，KPC 在意大利的子公司"科威特意大利石油公司"通过购买意大利炼油厂润滑油分厂，进一步扩展了公司的业务领域。KPC 的海外下游业务扩展计划即使在伊拉克占领期间也未中断。1991 年 KPC 签订了向匈牙利提供 17 个"Q8"加油站协定，这是 KPC 向东欧和远东扩大其经营范围的一个组成部分。到 1995 年中，KPC 通过其在西欧的 6400 个 Q8 加油站实现日均销售 40 万桶，年销售量达 2000 万吨。科继续推行以合资方式在外国建设炼油厂政策，特别是在印度、巴基斯坦、泰国等国。1995 年中，KPC 与印度石油公司签订了以合资方式在印度奥里萨邦建设一座炼油厂的合同，造价 26 亿美元。1997 年 1 月，完成了对该项目的可行性研究，炼油厂的原油加工能力为 18.4 万桶/日，年加工能力 920 万吨。1998 年，与中国石油天然气公司达成协议，共同改建青岛炼油厂，将该厂的炼油能力由 12 万桶/日，提升到 28 万桶/日。这是科在我国石化领域的首次投资。进入 21 世纪，科威特更加重视在高速发展的亚洲市场获取下游资产和经营合资企业。2008 年，KPC 与中石化达成在广东合资建设炼油厂协议，2011 年 3 月，中方正式批准实施这一

特大型炼油石化合资项目，总投资达 90 亿美元。

科威特石油工业领域劳动力总人数 1.3 万人（2011 年），其中科威特籍 9750 人，占总人数的 75%。近年来，科威特石油产量及收入情况如表 4-3 所示。

表 4-3 2009~2011 年科威特石油产量及收入

年　份	2009	2010	2011
产量（亿吨）	1.209	1.226	1.404
收入（亿第纳尔）	165.84	199.47	123.07

截至 2011 年底，科威特天然气储藏量 1.78 万亿立方米，约占世界总储藏量的 1%。同年，生产天然气 130 亿立方米。科威特天然气开采和利用相对较晚，主要是独立的天然气储藏很少发现，直到 1976 年，科威特石油公司才开始经营天然气项目，即利用石油伴生气生产液化气及其派生物丙烷和丁烷。1979 年一座石油伴生气液化厂建成，并配有燃气收集系统，经过加工后供应给用户，或注射回油井增加压力。工程造价 10 亿美元，按日产原油 150 万桶、年产液化气 220 万吨（丙烷 60%，丁烷 40%）的规模设计。20 世纪 80 年代初，科威特液化天然气开始出口，年均出口量在 100 万吨到 200 万吨之间。1998 年，科威特天然气产量为 93 亿立方米。2000 年，科威特石油部先后与卡塔尔和伊朗签订了铺设输气管道协议，以满足国内对天然气日益增长的需求。2006 年 3 月，科石油公司宣布，在北部地区发现两处天然气储藏，储藏量等同于 130 亿桶轻质原油。尽管如此，天然气仍然满足不了国内日益增长的需求，科仍在计划铺设输气管道，从伊拉克、伊朗进口天然气，或从卡塔尔及壳牌集团进口液化天然气。2008 年 11 月，设在阿拉伯联合酋长国的原油分馏国际公司获得 5.44 亿美元合同，为科威特铺设一条输气管道，把天然气从科北部地区输送到艾哈迈迪港炼油厂进行分馏。2010 年 6 月，韩国的大宇国际工业公司获得在艾港铺设第四条煤气生产线合同，金额达 9 亿美元。同年 4 月，科威特石油公司与壳牌集团、瑞士维特尔（Vitol）集团签订了液化

天然气进口合同，以满足 2010～2013 年高峰期的天然气需求。2011 年 6 月，科威特石油公司获得两个长达 20 年"天然气开发和生产服务合同"，开采伊拉克西巴和曼苏利亚两个区块的气田。这是自 1990 年伊拉克入侵事件后，科威特公司第一次进入伊拉克能源领域。2011 年，科威特石油公司与沙特阿美石油公司组建的合资公司——哈弗吉（Al-Khafji）联合经营公司开始开发杜拉海上气田，尽管气田所在海域所有权与伊朗长期存在分歧。2009～2011 这三年，科威特的天然气产量分别是：111.9 亿立方米、117.3 亿立方米和 129.5 亿立方米。

二 石化工业

科威特的石油化工工业起步较早，20 世纪 60 年代初期成立了石化工业公司。利用石油伴生气生产氮肥和尿素。经过多年发展和一批新厂的兴建，科威特拥有了中东地区最大的尿素和氮肥生产企业，年产量分别达到 85 万吨和 57 万吨之多。1985 年，一座年产 15 万吨的食盐厂和一座年产 2.7 万吨的氯气厂在舒艾巴建成投产，开始生产一系列石化产品，如盐、氯气、烧碱、盐酸、亚氯化钠和氢等。90 年代中期，科威特的石油化工工业获得了长足发展，耗资达 20 亿美元的舒艾巴石化联合企业扩建工程 1997 年竣工投产。这一工程由科威特石化工业公司与美国的联合碳化公司合资承建，年生产能力为 65 万吨乙烯，45 万吨聚乙烯，35 万吨乙二醇。现在，科石化公司的活动范围已扩展到世界许多地区，它在巴林、中国投资兴建了生产化肥和其他石化产品的合资企业。

尽管石油工业产值占工业总产值的绝大部分，但科政府仍为发展其他工业而不懈努力，以实现经济多样化和开辟更多的就业机会。经过几年的努力，石油工业占国内生产总值比例已由 1977 年的 61%，1980 年的 70%，降至 1983 年的 50%，以后年份大体维持在同一水平。1974～1984 年间，科制造业年增长率达 6.4%，到 1994 年，制造业产值已占国内生产总值的 10.5%，1997 年提高到 13.1%。2010 年，制造业对国内生产总值贡献为 4.2%，就业人数占总劳动力的 6.2%。较大的制造业有：建筑材料、水泥、化肥（氨肥、尿素）、铝制品和食品加工等。

科威特在发展重工业方面比较谨慎，一方面，主要考虑重工业的发展前景和客观条件，另一方面，发展重工业需要接纳大量外国劳动力，这与其控制外来人口政策是相悖的。取而代之的是与巴林、沙特和其他海湾国家建立合资企业。1982年底，石化工业公司与突尼斯国有马格里布石化公司合资在科兴建了一座日产1000吨的磷肥厂，造价1600万第纳尔（约合5000万美元）。1987年底，科威特石油公司成为巴林钢铁厂的最大股东。1989年初，科威特石化工业公司宣布与美国联合碳化公司合资生产聚丙烯。1996年7月，科工业公司获工商部批准建设一座年产90万吨的氧化铝（矾土）厂，供应阿联酋和巴林厂家。同年11月，科财政部批准与美国雷西昂公司（Raytheon Corp）合资建设一座年产23万吨炼铝厂计划，两个工程造价估计都在10亿美元。

表4-4　2008~2010年科威特主要工业产品产量

单位：万吨、百万桶

年份	2008	2009	2010	年份	2008	2009	2010
面粉	33.67	34.02	33.62	煤油	75	69	80
硫磺	8.30	8.00	8.30	柴油	86	80	85
氯气	2.47	2.45	2.18	食盐	1.40	130	1.40
烧碱	3.70	3.69	3.55	石灰	5.0	4.5	5.0
氮肥	43.0	42.0	43.0	水泥	220.0	200.0	200.0
飞机汽油	23	20	22	电力（兆瓦）	51749	53218	57082
汽车汽油	65	60	68				

资料来源：国际货币基金组织编《科威特》，2012。

三　建筑业

20世纪70年代以来，科威特在全国范围内进行了大规模的基础设施建设，刺激了建筑业的发展和崛起。那时候，国家主要工程项目多由国外承包商承建（韩国、南斯拉夫、北欧等国家和地区）。1981年科威特住房总局宣布，未来住房工程项目80%将由本国公司承建。1974~

1989 年间，共建设了 27000 套住房，但其他方面的建设项目仍由外国公司包揽。其中一个典型项目是，从苏比亚到布比延岛长达 2.4 公里的跨海大桥（由法国设计）由中国工人在 1982 年建成。80 年代中期的经济衰退严重地影响了建筑业，1986 年石油价格低迷更是雪上加霜，直到 1988 年情况才有所好转。尤其是私人住房建设，受银行优惠信贷刺激，加之郊区高速公路网的形成，得到了快速扩展。科威特市郊和沿海地区，一片片式样别致明亮宽敞的民宅，如雨后春笋般地出现在地平线上。1989 年，埃米尔新办公大楼工程动工，1998 年竣工（因海湾战争而延误），造价约 8000 万第纳尔。该工程是体现科国家形象和伊斯兰文明的又一标志性建筑，由埃米尔办公厅、首相办公厅和内阁办公厅三个主要部分，以及会议厅、礼宾厅、停车场、游艇码头和三个直升飞机停机坪等附属设施组成。海湾战争后，科政府与国际建筑公司，特别是与美国公司一起，进行了大规模基础设施重建工作。90 年代中期，工程项目又开始向私营公司倾斜。1994 年，科政府批准兴建 3 座新城市：苏巴希亚、多哈、海伊兰，以缓解国家住房的紧张。这些城建项目已交由私营公司承建，计划 1998 年竣工。其他在建或规划中的项目包括：位于舒威赫区科威特大学新校址、科威特市滨海大道开发改建工程和科威特石油公司新办公大楼工程等。

进入 21 世纪以来，科威特的基础建设更是如火如荼地进行。2005 年计划开支 33 亿美元，用于建设法拉卡岛旅游设施、马哈布拉居民区和豪华娱乐场。2006 年 3 月，科威特政府提出了一项迄今为止最宏大的建设计划，投资 250 亿第纳尔（约合 875 亿美元）建设一座名曰"哈里里"（丝绸之城）的新卫星城。在之后的 25 年里，一座崭新的卫星城将出现在苏比亚半岛上，其中心将点缀一座高达 1000 米、世界最高的摩天大楼（2011 年 1 月科市宣布，已委托加拿大帕森公司重新设计）。另一大型建筑工程是萨巴赫·艾哈迈德未来城住房项目，计划到 2015 年，将为科威特公民提供 9000 套高标准住宅。2010、2011 年两年，政府将分别拨款 148 亿和 104 亿美元，投入大型基础设施项目建设。

四 工业管理

随着国家工业化进程飞速发展和大量工业区的建立，科威特政府于1997年1月5日设立了一个新的工业管理机构——国家工业管理局，其任务是：鼓励、扶持和保护民族工业，扩大工业、手工业生产基础，实现国民收入多样化；鼓励和支持战略性商品生产，以保障国家的食品供应安全；为吸收和培训更多有技能的本国劳动力创造适宜的氛围；在阿拉伯国家范围内，特别是海湾合作委员会成员国之间就现有工业和拟建工业进行协调，避免可能出现的有害的相互竞争；与世界各国和国际组织加强合作，为民族工业提供必要的经验和信息。工业管理局成立后为推动科威特国家工业发展而正在进行的工作有：在国家的总体规划内制定工业发展计划，明确实现工业化和工业发展战略的指导方针，确定工业和手工业开发区的布局，与有关方面合作，做好工业和手工业开发区必要的基础设施准备工作；审查和批准拟进驻开发区的工厂、企业的规划和设计，发放建设许可证，收取各种服务费用；对公共设施和工业生产采取可靠的安全和防火措施，保障生命和财产安全；对产品的质量和规格实行监督检查，对立项和产品是否符合国家和国际的环保标准进行核查验证等。

科威特工业基础相对薄弱，主要制造业均与石油有关，例如炼油、石化和化肥。20世纪80年代以来，非石油制造业在国家大力实施收入来源多样化、促进经济多元发展、减少对原油依赖的总政策框架内，得到了国家的极大重视，取得了明显进展。政府通过提供各种鼓励和减税措施来帮助和扶持工商业企业家发展民族工业，其中包括：

——工业银行向民营企业发放长期低息贷款；

——以象征性的租金长期出租工业建设用地；

——参与资本融资，鼓励私人向新工业领域投资；

——负责基础设施建设，如道路、电力和其他；

——低价提供电力；

——根据每种工业的实际情况，额外征收一定比例的保护性关税；

——对某些进口商品的数量实行有选择的限制；

——在质量相同、价格不高于进口产品 10% 的条件下，优先购买本国产品；

——免除一切税收。

此外，科威特政府推出多项措施，促进私有经济发展。2010 年，批准实施《2010～2014 年科威特发展计划》，目的是推动经济多元发展，加强私营部门在国民经济中的地位。2011 年，科威特政府制定私有化法，鼓励私人投资，发挥私营部门在经济活动中的作用。

工业管理局对下列工业区实施管理：

萨卜罕工业区　现已基本建成，占地 270 万平方米，是科威特最成功的工业区之一，吸引了许多工业公司入驻。萨卜罕工业区地理位置优越，离机场、市中心和居民区都很近，对工业区用地的需求在不断增长中。

舒艾巴工业区　科威特最大、最重要的工业区，多数大型、重型工业都建在这里。舒艾巴工业区分东、西两区。东区面积 1000 万平方米，西区面积（包括阿卜杜拉港西区）1300 万平方米，两区共建有 33 家工厂、29 家公司。工业区的工业多为出口型的，如原油提炼、石化工业与其他。舒艾巴工业区管理局以象征性的租金出租工业用地，西部年租金为每平方米 75 个费尔斯，东部每平方米 150 个费尔斯。

西区工业公司有：国家工业公司、基尔比现代建筑公司、卫生洁具工业公司，房地产建筑公司、科威特钢筋预制件公司、绝缘材料公司、海湾造纸公司、拉比亚国际承包公司、汽车工贸公司、石膏工贸公司、化工产品公司、玻璃工业公司、建筑钢材公司、润滑油公司、海水淡化机械制造公司、硅酮产品公司和科威特油轮公司。

东区工业公司有：石化工业公司、国家石油公司、联合渔业公司、克里曼公司、人造气体公司、水泥公司、包装与塑料工业公司、整形器材公司、制冷与制氧公司、工农业硫磺公司、造纸公司和密胺公司。

科威特具有一定影响的工业公司主要有以下这些：

科威特水泥公司　1968 年创办，资本 5580 万第纳尔，政府拥有 32.4% 的股份。生产和销售各种型号的水泥，年销售额 6180 万第纳尔（2009 年），员工 462 人，董事长是阿卜杜勒·穆哈辛·拉希德（Abdul

Muhsin al-Rashid)。

科威特铝制品公司 1968 年创办，资本 200 万第纳尔，员工 200 人，主营建筑用铝制品的设计、生产、安装和维修，董事长是纳赛尔·扎基（Nasser Zaki）。

便捷物流公司 成立于 1979 年，经营仓储物流，员工 32000 人（世界范围）。董事长兼总经理是塔里克·苏丹。

加尼姆工业公司 成立于 1932 年，经营业务：贸易、承包、制造、海运旅游和金融服务，员工 12000 人，董事长是库泰布·尤素福·加尼姆，总经理是欧马尔·加尼姆。

科威特食品公司 1964 年创办，资本 4020 万第纳尔，年营业额 3344 万（2009 年），员工 15000 人，主要经营饭店连锁业、肉制品业、面包厂、糕点厂（生产东方糖果和英式糕点），董事长是马尔祖基·纳赛尔·哈拉菲，总经理是穆阿塔兹·艾尔菲（Moataz al-Alfi）。

科威特联合家禽公司 1974 年成立，资本 1150 万第纳尔（2009 年），主营饲养和销售家禽及其产品，员工 700 人，董事长是哈立德·苏莱曼·阿里，总经理是阿扎拉·法利赫·侯赛尼。

科威特工程公司 1975 年成立，控股公司，经营金融、媒体、技术等业务，董事长为谢赫哈马德·萨巴赫·哈马德·萨巴赫。下属联合工业公司，1979 年成立，资本 2470 万第纳尔，员工 36 人，董事长兼总裁是埃萨·哈立德·埃萨。

穆什拉夫贸易与建筑公司 1968 年成立，瓦赞贸易和建筑集团的分公司，员工 1500 人，总裁是哈尔敦哈基哈森。

科威特制药公司 1980 年创办，资本 1000 万第纳尔，1987 年投产，政府拥有 34% 的股份，沙特制药公司拥有 25% 的股份，海湾投资公司拥有 20% 的股份，私人拥有 21% 的股份，总经理是苏莱曼·色尔班（Sulayman al-Therban）。

科威特水管与石油服务公司 1966 年创办，政府拥有 16.6% 的股份，资本 2250 万第纳尔，年销售额 3650 万第纳尔（2009 年）。经营业务为制造、安装各种水管、水槽、水罐以及相关配件，员工 322 人，董事长是劳

埃·贾西姆·穆罕默德·胡拉菲。

科威特预制件工业公司 1990 年创办，国有公司，资本 600 万第纳尔，生产各种混凝土预制构件，年销售额 940 万第纳尔（2002 年），员工 1700 人，董事长是加珊·艾哈迈德·沙特·哈立德。

科威特塑料包装公司 1974 年创办，生产聚丙烯化肥编织袋、聚乙烯农用薄膜、商用包装塑料等，2000 年营业额为 650 万第纳尔，员工 167 人，董事长是阿卜杜勒·阿齐兹·苏丹·伊萨博士。

科威特联合渔业公司 1972 年创办，资本 1540 万第纳尔，销售额 770 万第纳尔（2010 年），负责生产、进出口冻鱼、大虾等，员工 463 人，总裁是哈立德·萨伊格。

科威特电缆电器公司 1975 年成立，资本 2090 万第纳尔，营业额为 7110 万第纳尔（2009 年），制造电缆和电器设备，员工 441 人，董事长兼总经理是巴德尔·纳赛尔·哈拉夫。

布比延石油化工公司 1995 年成立，资本 4850 万第纳尔（2010 年），制造、进口和销售各种化工产品，董事长是马尔祖基·加尼姆，总经理是穆罕默德·巴哈尔。

五 公用事业

（一）电力

工业发展、人口增长和外国移民大量涌入，其必然结果是对电力需求的不断增加。据估算，每年至少需增加 7% 的发电能力方能满足需求。20世纪 80 年代中期，日益严峻的经济形势促使政府在 1986 年 4 月宣布提高电费，这是科威特自 1966 年以来首次增加电费，使消费者由原来仅支付实际成本的 6%，提高到 27%。截至 1987 年底，科威特共有 5 座发电厂：舒威赫、北舒艾巴、南舒艾巴、东多哈和西多哈，总装机容量为 5230 兆瓦。装机容量达 2511 兆瓦的第六座发电厂——南祖尔发电厂于 1988 年建成投产。90 年代中期，科威特水电部决定在苏巴希亚热电厂安装海水淡化装置，两套日产 600 万加仑的海水淡化装置需要一座装机容量为 2400兆瓦的发电厂。第一套装置于 1992 年投产。1990 年 8 月伊拉克的占领给

科威特的发电设施造成了严重的破坏，到 1993 年，总装机容量仍然低于占领前 7100 兆瓦的 30%。1995 年，水电部与法国 COGELEX ALSTHOM 公司签订了为舒艾巴石化联合公司供应和安装一座变电站的合同，与德国 AEG 公司、瑞士 ASEA BROWN BOVERI 公司签订了安装另外 3 座变电站合同，以便尽快恢复和扩大遭伊拉克破坏的电力网。1996 年，科威特电力装机容量已恢复到 6898 兆瓦。科威特最终放弃了修复北舒艾巴发电厂计划，而代之以拟在南祖尔建设的一座装机容量 2400 兆瓦的热电厂和一座日产 4800 万加仑的海水淡化厂，工程招标只邀请美国承包商参加。但 3 年后这一宏大工程因预算原因而夭折。一座位于苏比亚的新的发电厂于 2000 年完工，总装机容量达 9280 兆瓦。2005 年 3 月，德国西门子公司建成南祖尔发电厂 2 期工程，装机容量 1000 兆瓦，使用天然气。2006 年，科威特遭受大范围水电短缺，2007 年，水电部决定增加装机容量 8000 兆瓦，造价 10 亿美元的合同授予加尼姆国际承包贸易公司。2007 年，日本三菱财团获得扩建北舒艾巴发电厂合同，造价 12.7 亿美元。2009 年，美国通用公司和韩国现代公司组成的财团获苏比亚发电厂工程合同，造价 26.5 亿美元。2013 年 12 月，由韩国现代重工与法国威立雅水务工程、法国燃气苏伊士集团、日本住友公司组成的联合体中标建设科威特北祖尔发电站与海水淡化厂一期工程，项目占地 100 平方公里，发电量为 1500 兆瓦，日淡化海水 1.02 亿加仑，总金额为 9.7 亿美元。预计到 2015 年，科年发电量可达 20000 兆瓦，开支 270 亿美元。

2010 年 6 月，水电部宣布，将建设一座造价 6.5 亿美元的光伏发电厂，装机容量 1250 兆瓦，地点设在科伊边界阿卜达里地区，此工程作为公私合伙经营计划的一个组成部分。同年，科政府与法国、美国、日本、俄国签订原子能合作协定，宣布到 2022 年建设 4 座、装机容量 1000 兆瓦的原子能发电站。

（二）供水

科威特对淡水的需求犹如对电力的需求一样，随着经济发展和人口增长，越来越成为政府需要密切关注和解决的紧迫课题。科威特现有 6

座大型海水淡化厂：舒威赫、北舒艾巴、南舒艾巴、东多哈、西多哈和
南祖尔，即每一座发电厂，同时也是海水淡化厂。1992 年，日产淡水
量 2.16 亿加仑。如上所述，科威特对淡水需求量迅速增长，从 1960 年
的日消耗量 380 万加仑，增加到 1970 年的 1820 万加仑，1980 年的
6410 万加仑，1990 年的 1.303 亿加仑，1996 年的 1.843 亿加仑。多年
来，科威特多以海水淡化方式获得淡水，直到 1984 年底，多哈反渗透
水厂完工后方才有所改变，该厂日生产能力为 2.2 亿加仑。抽取地下淡
水呈逐年下降趋势，1970 年达 7 亿加仑，1980 年降至 1.26 亿加仑，
1990 年仅为 0.14 亿加仑，1991 年由于伊拉克入侵而中止。21 世纪以
来，随着工业发展和人口增加，淡水生产及消耗量猛增（见表 4 - 5）。
另外，微咸水产量亦呈逐年增加趋势。1980 年为 113.19 亿加仑，1989
年为 213.88 亿加仑，1991 年，受海湾战争影响降为 27.87 加仑，1996
年恢复到 220.1 亿加仑。

表 4 - 5　2008 ~ 2011 年科威特水电生产、消耗一览表

单位：百万加仑，兆瓦

年　份		2008	2009	2010	2011
饮用水	生　产	119878	123046	125279	128236
	消　耗	120005	122904	125279	128026
微咸水	生　产	29284	28334	22628	21622
	消　耗	18985	21447	18456	19265
发　电	生　产	51749	53218	57082	57457
	消　耗	45233	46603	50186	50374

资料来源：*Statistics Bulletin 2013*.

　　为了储存淡水，满足用水高峰时的需求，水电部在科威特各地修建了
40 座蘑菇状水塔，每座水塔容量为 60 万加仑（合 3000 立方米）。这些水
塔分成若干组，每组 3、6、9 座水塔不等。每组供应一个地区。为适应国
内发展需要，水电部还修建了科威特观光游览塔群。塔群设计新颖、壮
观，一举两得。一方面，可作为饮用水巨型球体储存罐，保证市区高层建

筑的正常供水;另一方面,成为文明一景,科威特的标志性建筑,游人参观游览的胜地。塔群由主塔、水塔和灯塔组成,主塔高 187 米,水塔高 140 米,每塔储水 100 万加仑。

在科威特,饮用水和微咸水各有自己的输送管道网。饮用水是淡水掺和 10% 的地下微咸水组成。微咸水取之地下,主要用于灌溉、园艺、建筑、庭院洗刷和牲畜饮用等。20 世纪 80 年代后,世界瓶装饮用水工业兴起。科威特财政部、工业银行和四家公司合资兴建了劳扎塔因瓶装矿泉水厂,年生产能力达 1150 万瓶,满足了国内 50% 纯净水的消费需求。

科威特在海水淡化方面取得了长足发展,但政府依然把寻找可靠的水源作为义不容辞的责任,特别是引阿(阿拉伯河水)济科工程,它是彻底解决科水资源短缺的唯一可行方案,也是摆脱依赖石油单一经济模式,发展工农业、实现经济多样化所必需的途径。发源于土耳其境内的幼发拉底河和底格里斯河在伊拉克库尔纳汇合后形成阿拉伯河,在法奥地区注入波斯湾。据估算,该河年水流量达 700 亿立方米。早在 1954 年,科伊两国即达成了伊每天向科供水 200 万加仑的协议,且可行性研究也已完成,但协议并未执行。1963 年 10 月两国政府代表团再次就引水问题达成协议,并在 1964 年 5 月伊拉克政府代表团回访科时签订了最终协议,并就技术和法律问题取得了一致意见。此后,科政府进行了认真的准备工作。同年 12 月,科计划委员会正式邀请美、英、法、瑞典等 6 家资深工程咨询公司,进行了工程设计和施工方案准备,并于 1965 年 11 月提出了报告。然而,好事多磨,其结果依然是胎死腹中。1980 年 5 月,科王储兼首相访伊,双方又一次就引水工程问题进行了商谈,伊方同意尽快将其对咨询公司方案的意见通知科方,以便使工程上马。假如这一工程能够成为现实,来自阿拉伯河的水源能够满足科 50% 以上的需求,它将为科威特的更加繁荣和发展带来新的机遇。然而,这一使双方受益无穷的协议,由于众所周知的原因,迄今仍被束之高阁,停留在纸面上。

2001 年 6 月,科威特与伊朗政府就正式启动从伊朗引入淡水的工程计划进行磋商。该工程耗资 20 亿美元,铺设 540 公里地下管道,可保证科威特今后 20 年的用水。21 世纪头十年里,在两国领导人的相互访问

中，双方又多次就伊朗向科供水、供气问题进行商谈并达成协议，但鉴于海湾地区形势和两国关系现状，协议依旧停留在纸面上。

第四节 商业、服务业与旅游业

一 商业

科威特商业活动，尤其是外贸和海上贩运历史悠久，在石油发现前是不少科威特人赖以谋生的主要手段之一。科威特商业和外贸发达，与其优越的地理位置，开放的金融贸易政策，商人们的经商技巧和冒险精神，发达完备的港口设施等是分不开的。

科威特实行完全的市场经济，国家不干预经济活动，主要依靠宏观调控和市场的公平竞争。科威特在商业和对外贸易方面，进口、销售、批发、仓储、配送等完全由私人经营，政府只对进出口商品的质量、数量进行调控，对居民的生活必需品实行价格补贴，对建筑用材实行限价销售。科威特受国土和人口限制，内销市场不大，商品销售和流通领域狭小，渠道比较单一，物流仓储业算不上发达。主要流通渠道是小区里设立的类似超市的消费合作社，居民的日常需求基本上都可满足。小区内严禁私设商店和游商。科威特商务部负责保障国家对商品和物资的充分供应，防止和扼制通货膨胀，保持物价稳定。采取的主要调控手段有：

①严格执行政府制定的关于供应卡所列基本商品（大米、面粉、奶粉、糖、食用油、茶叶等）的价格补贴政策，供应卡以外其他必需品（建筑材料、钢铁、水泥、石灰砖等）实行限价销售。到 2011 年底，共发放了 12 万多张供应卡，受益人数达 130 余万，其中科威特籍人占 95%以上。价格补贴总额也由 1997 年的 1032 万第纳尔、1998 年的 950 万第纳尔，发展到 2009 年的 1.29 亿第纳尔、2010 年的 1.35 亿第纳尔及 2011 年的 1.38 亿第纳尔。

②对基本生活必需品建立可供居民维持半年的战略储备制度，以防任何不测事件发生。禁止享受国家价格补贴的物资再出口或走私国外，以保

障公民生活必需品的充足供应。

③与科威特供应公司、合作社联合会、面粉公司和面包作坊等有关部门合作，通过向它们提供财政补贴，支付商店租金、运输、仓储和冷藏费用，以保障商品的充足供应和公平合理的价格。

④重视和大力发展对外贸易，实现国家收入多样化，增加本地产品出口，发展转口贸易，大力开拓新市场，恢复原有的阿拉伯和国际传统市场。

进入21世纪，由于石油价格飞涨，科经济受益良多，居民更加富有，对进口汽车、名表和珠宝等奢侈品消费需求大增。统计显示，2011年用于进口消费品的开支就高达120亿美元。随着消费市场的繁荣以及金融与房地产的蓬勃发展，近几年科威特政府在城区和市民聚居区建设了一批现代化的大型超市和购物中心，为城市增添了一派繁荣景象。

科威特工商会　1959年11月，科威特商会作为一个公益性的行业组织宣告成立，不久其活动范围扩大到工业领域，遂于1963年初改称科威特工商会。工商会为全国工商企业家联盟，代表和维护他们的利益，在国家的经济立法和制定政策中具有相当大的影响。

根据法律规定，工商会的宗旨是：搜集和整理有关工商业立法和组织草案，发布有关工商业的统计资料，向政府提供有关经济事务和工商业问题的意见和建议。政府在制定和修改有关经济和金融方面的法律、法令时应率先听取工商会的意见。

工商会在制定和修改有关经济法案中作出了突出的贡献。工商会提出的关于建立自由贸易区、股票市场和商会的建议已被政府采纳。工商会主张修改工业法，以保障科威特民族工业得到更优惠的支持。

科威特工商会是阿拉伯工商联、海湾工商联、伊斯兰工商联、国际商会的积极成员，同时，在几个阿拉伯和国际组织中也占有一席之地，如国际企业家组织、国际劳工组织管理委员会等。在国内，工商会也是几个委员会（局）的成员，它们是：促进工业委员会、统一标准总会、社会保障局、应用教育和培训总局、科威特股票市场监理会、制定财务审计章程常设技术委员会。

科威特被占领期间，工商会为科工商界做了大量的服务工作。在海湾

合作委员会各成员国工商会的帮助下，在阿联酋的阿布扎比和迪拜开设了两个临时办事处，为科威特商人做了大量富有成效的工作。

科工商会自成立以来取得了很大的发展，会员从 1959 年的 481 人，增至 36000 人（2011 年）。现任会长是阿里穆罕默德·苏奈延·加尼姆，秘书长是拉巴赫·拉巴赫。

二 服务业

科威特服务业比较发达，其收入约占石油收入的一半。科金融业尤为发达，一些银行已把业务扩展至其他海湾国家。科威特国民银行（The National Bank of Kuwait）的业务遍及黎巴嫩、约旦、伊拉克、埃及、巴林、卡塔尔、沙特、阿联酋及土耳其等。科国民银行的信贷评级被穆迪、标准普尔等国际评级机构评为海湾地区之冠，并连续 4 年跻身全球 50 家最安全银行之列。

21 世纪以来，科政府推出多项措施，大力吸引外资，促进经济多元发展，扩大就业范围。2010 年，科议会通过了 1300 亿美元的 4 年发展计划（2010～2014 年），重点是基础设施建设和私营企业发展。最瞩目的项目是，新建一座占地 250 平方公里位于苏比亚半岛的"丝绸之城"，作为住宅、商业、教育和康乐中心，并建设吸引游客的酒店和水疗中心等设施。从一些新建的大型项目如新港口、自由贸易区、现代化大型仓库和物流中心等可以看到，科政府正努力把科威特建成地区的商贸中心。2011年科威特通过私有化法，着力改善投资环境，鼓励私人投资。向投资者开放市场，包括开放航空领域，把经营亏本的国营航空公司私有化，同时引入市场竞争机制，允许外国银行在科开设分行，取消私营商业银行的政府保障金制度，让当地银行和外国银行进行良性竞争。

另外，科政府还通过大力发展旅游业，增加服务业收入，解决日益增长的就业人口需求。科每年有大量的人外出旅游度假，旅游消费庞大。政府在努力把科威特转变成有吸引力的旅游国家，不但要吸引游客，更要把外出旅游的人留住。同时，鼓励私营企业积极参与旅游业发展，改变科旅游业大多由国有公司掌控的局面。

三 旅 游 业

科威特受国土面积狭小、气候干燥炎热、地理环境较差、人文和自然景观不多等客观条件所限，国内旅游业相对滞后，在国民经济中的地位无足轻重。常年来科人员多为公务、商务和劳务目的，旅游者不多。但另一方面，科威特按国民收入平均水平衡量，早已跻身世界富国行列，人民生活富裕、悠闲，空闲的时间较多，加之每年长达四个月的暑假，这些为人们外出旅游度假提供了充分的机会和极大的方便。于是，每当炎热的暑假（6~9月）来临之际，科威特主要城市几乎变成空城，人们根据自己的经济条件，或去欧美（英、法、德、美等国），或去中东（埃及、黎巴嫩、叙利亚、土耳其等国），或去海湾（巴林、阿联酋等国），即便是有限收入者也会开车去海滨别墅过上几周。而留在城里坚持工作的多为外籍雇员和劳工。这时，政府部门的工作基本上处于半瘫痪状态，因为多数官员出外度假去了。

科威特旅游公司正式成立于1976年4月3日，总投资2000万第纳尔，董事长是巴德尔·巴哈尔，副董事长是夏克尔·奥斯曼。科旅游公司拥有一批优秀的员工，只有本国公民才允许从事旅游业。近年来，科旅游业取得很大发展，政府投巨资，一方面改善和提升现有旅游硬件设施；另一方面大兴土木，大规模营建旅游景点、娱乐场所、标志性建筑、卫星城及通信设施等，以吸引和招揽外国游客。2009年，入境旅客510万人，客源主要来自沙特、印度、埃及、叙利亚、巴基斯坦、菲律宾、黎巴嫩、巴林、孟加拉等国，旅游收入达5.53亿美元。

科旅游公司负责管理国家的旅游娱乐设施，管理旅馆饭店和娱乐场所，承建和开发旅游项目，安排游客参观游览，为旅游团提供导游等。公司在全国各地拥有一大批旅游设施和景点，为本国和外籍游客提供舒适称心的服务。科旅游业的短板是，气候炎热，餐饮业不发达，古文明遗迹少。统计显示，2011年，科全国共有各类旅馆88家，其中5星级10家，客房7010间，套间1301套，年入住客人268850名。

另外，科旅游公司还拥有5所海滨俱乐部：

（一） 沙阿卜海上俱乐部

位于哈瓦里省的沙阿卜地区，1978 年 4 月开放，面积 73500 平方米，俱乐部拥有一座室内游泳馆和一座露天游泳池，一座可以从事各种体育活动的运动场，包括儿童娱乐厅、健身房、保龄球馆、桑拿浴场和其他运动项目，以及一个可停泊 200 只游艇的码头。

（二） 地角俱乐部

位于萨尔米亚区，1976 年 5 月开放，面积 19025 平方米，俱乐部拥有一座篮球场、一座排球场、一座网球场，一个游泳池和一个跳水池，以及一座儿童公园和一座文艺晚会演出厅。

（三） 富亥依希勒俱乐部

位于艾哈迈迪省，1979 年 5 月开放，面积 61000 平方米，俱乐部拥有若干座晚会厅，两座网球场，篮球场和排球场各一，儿童娱乐厅和游泳池各一。

（四） 游艇俱乐部

它是海湾地区最主要的游艇俱乐部之一，位于海湾大道沙阿卜俱乐部附近，1988 年 2 月开放，面积 2250 平方米。俱乐部拥有一个面积达 12 万平方米的停泊地，周围建有防波堤，可停靠 390 艘各种型号游艇和帆船。俱乐部实行会员制，对会员游艇负责全面维修。

（五） 马西拉海滨俱乐部

位于富亥依希勒高速公路左侧海滨，1980 年 8 月开放，面积 73600 平方米。马西拉海滨是科威特最美丽、最大的海滨娱乐区。俱乐部拥有三个大的游泳池和儿童水上运动设施。海滨建有多处公园和大片美丽翠绿的草地。最近，水上乐园建成开放，它是一座别具风格的旅游娱乐天堂，拥有多种水上运动项目，如各种距离的滑水、水上摩托等，岸上还有餐馆、咖啡厅和冷饮店。

第五节 交通与通信

一 交通

科威特没有铁路，陆上交通运输全部依赖公路。公路是国家赖以发展

的大动脉，因此，科威特政府把发展公路事业放在优先位置上，以缓解迅速富裕起来的科威特人民对公路需求量猛增的压力。考虑到国家经济和社会发展的超前需要，在国家总规划的蓝图里，公路建设占了极为重要的地位，把建设一个完整的公路网放在城市和商业网点建设之前。

在科威特，商品运输和人员交流主要依靠公路。截至 2009 年底，科威特拥有各类机动车 1390464 辆，其中，轿车 1150840 辆，客车（含公共汽车）24759 辆，货车 207201 辆，各种类型摩托车 7664 辆。

（一）公共交通

市区公共交通由科威特公交运输公司承担，它的 100 多条干线把科威特各地区连接起来。科威特公交运输公司拥有各种客车 170 多辆，另外，还为国家各部委、机关、学校、出席会议的代表团和体育代表团拨出 650 辆专用车。科威特公交运输实行一票制，司机负责售票，乘客多为外国打工者，科威特本国少有人乘坐。1987 年，科威特公共运输公司承担了原由旅游公司担负的海上客运任务。1990 年 8 月之前，公交运输公司平均每天发送 26 个轮渡班次，供乘客、轿车往返于科威特市与法拉卡岛之间，节假日增加班次。此外，公司还负责每年运送香客到麦加朝觐的任务。科威特公交运输公司创立于 1962 年，为国有公司，总经理是穆罕默德·努里。

（二）公路运输

从 20 世纪 70 年代开始，科威特着手实施公路建设计划，到 1988 年，政府制定的建设 2000 公里快速公路的计划已经实现。2004 年，公路通车总里程 5749 公里，其中高速公路 320 公里，一级公路 613 公里，一般公路 4816 公里。公路交通四通八达，对商品集散、人员和物资交流发挥了很大的促进作用。

三条复式国际高速公路把科威特、沙特阿拉伯和伊拉克连接在一起。第一条是科—伊国际高速公路，长 118 公里，宽 24 米，双向 12 车道，由科威特市起北至伊拉克边界。第二条是科—萨高速公路，长 95 公里，起自首都科威特市，向西部延伸至沙特边境上的萨尔米。第三条是科—沙国际高速公路，全长 107 公里，双向 8～10 车道，是连接科威特市与阿卜杜

拉港的高速公路向沙特边境的延伸。它把科威特国内所有石油工业中心和港口联结起来，发挥了巨大的经济效益和时间效益。

科威特宏伟的公路网与世界上先进国家的公路系统相比，无论是在建设上，还是在设计上均堪称一流。这是科威特在国家现代化建设中所取得的惊人成就之一，也是它凭借其拥有的雄厚石油美元，与国际上著名的建筑承包公司合作的产物。高速公路网络为科威特经济和社会发展作出了积极的贡献。

建设一条联结科威特和海湾合作委员会其他成员国、北南走向的铁路规划也取得了明显进展，预计于 2017 年完工，工程预算 15 亿美元。另外，以"交钥匙"承包方式，在科威特市建造一条长达 160 公里地铁网的工程招标公告已于 2012 年发布，工程造价 70 亿美元，预计 2016 年投入使用。

（三）　航空运输

科威特国际机场 1980 年竣工并投入使用，设有两座终点站、38 个停机坪，东、西两条水泥跑道，长度分别为 3500 米和 3400 米。原设计年旅客吞吐量 500 万人次，1998 年达到 370 万人次。1990 年，经营国际航运业务的科威特航空公司拥有 19 架客机，41 条航线。伊拉克占领期间，科航 2/3 的客机被掠夺，另有 6 架被伊朗当局扣留（1992 年底归还），机场基础设施遭到严重破坏。科威特解放后，经过一年多的恢复，到 1993 年，焕然一新的科威特国际机场投入正常运营。从 1992 年开始，科民航局实施了一项宏大的更新机型、扩大机队计划，分阶段争取达到年旅客吞吐能力 2000~5500 万人次。截至 1997 年，科航拥有客机 23 架，航线 47 条，通往五大洲主要国家，每年乘客 300 多万人次。2013 年 12 月 20 日，科威特航空公司与空中客车公司签署谅解备忘录，订购 10 架空客 A350-900 飞机和 15 架空客 A320neo 系列飞机。这笔订单是科威特航空未来机队战略更新计划的一部分。

科威特航空公司自 1954 年创建起，37 年中形成了一个现代化航空公司，拥有 21 种新式客机，航线遍及四大洲 42 个国家。公司拥有员工 6500 人，无论自动订票还是旅客服务，都使用电脑和其他先进设备。此

外，还有供飞机维修使用的大型机库、发动机车间、仿真模拟训练中心、航空食品公司。除此之外，在不同的飞行领域里有一批具有真才实学的科威特青年，他们是公司和国家的宝贵财富。在阿拉伯世界，科威特航空公司的合资项目有：伊斯兰餐饮部、埃及航空服务公司、埃及—科威特意外飞行公司、联合保险公司和阿拉伯联合订座系统。此外，公司还有一些独资项目：科威特航空服务公司、自动订票系统、科威特航空租赁与购买公司。

1990年8月2日，伊拉克侵占科威特后，科航遭受严重破坏，被掠走了15架客机和一批飞机发动机、零件、设备、机械及器材。解放后，科威特航空公司进行了卓有成效的重建工作。它从开罗接回了科航总部的管理人员、技术人员、机组、空姐、工程师及空运领域里的专业人员，动用了20多架次大型客机接回科威特俘房，在两个月的时间内飞行355架次，从国外接回了95000名科威特人，运送了12万多在伊拉克占领期间坚守在国内的公民，到开罗、伦敦、巴林、迪拜去探亲。同时增加班次，满足外国劳工从开罗、孟买、卡拉奇和印度次大陆纷纷返科的需求。科航的义举对安定民心、稳定局势、为国家重建工作提供充足的劳动力作出了重大贡献。

科威特航空公司很早以前就计划实行私有化，议会也于2008年予以批准，但在最后时刻，航空公司私有化委员会建议日后再议。截至2010年底，科民航年飞行里程4500万公里，客运量274.1万人（次），客运里程76.7亿公里，货运里程9.76亿吨公里。2012年4月，科伊双方决定恢复直航，2013年2月27日，伊拉克国家航空公司一架A320客机徐徐降落在科威特国际机场，实现了两国因战争中断23年来首次客航直通。

科威特航空公司董事长是艾哈迈德·米夏尔（Ahmed al-Mishari），总经理是艾哈迈德·扎宾（Ahmed al-Zabin）。

2005年，科威特首家私人商务航空公司"杰齐拉"（Jazeera Airways）公司获得执照，开始营业。2009年1月，另一家私人航空公司"科威特国民航空公司"（Kuwait National Airways）开始营业，2011年3月停业。

民用航空局 1973年科威特成为国际民用航空组织成员国，1974年

民航局从内政部分离出来，成为独立预算的行政单位。其主要任务是，制定民用航空政策和长远发展规划，包括机场、设备、人员培训、飞行安全、空运计划等；负责管理民航设施和与外国签订航空运输协定等。局长是雅古布·萨格尔（Yacoub al-Saqer）。

（四）远洋运输

为适应进出口贸易额的急剧增长，特别是石油及其成品的出口需要，1973年，科威特政府对港口设施进行了一次彻底改造和升级。1979年，科威特油轮公司实现国有化，开始推行在原油出口中尽量使用本国油轮政策。1983年，科威特商船队总吨位2542490吨，其中油轮23艘，货船47艘和相当数量的小型货船。1987年1月，科威特油轮公司（KOTC）与韩国三星重工业公司签订了购买6艘新油轮合同，其中两艘排水量为125000吨，4艘35000吨，合同价值1.31亿美元，交货期分别为1988年和1989年。1990年初，KOTC又向韩国订购了1艘排水量达28万吨的巨型油轮。1992年，KOTC与日本签订了供应两艘液化气船合同，每艘容量为78000立方米。这是科威特油轮公司为建立一支拥有28艘油轮、6艘液化气船船队，以加强其在世界油轮市场的地位而作出的努力。

科威特两个主要集装箱码头是舒威赫港和舒艾巴港。尽管这些港口设施在伊拉克占领期间都遭受严重破坏，但舒艾巴港1991年3月即恢复正常。1990~1995年，科威特港务局对这两个港口进行了扩建。截至2009年底，科威特商船队共有船只209艘，总排水量达2369300吨，其中油轮24艘，总排水量达1313275吨。1997年1月，科威特油轮公司与韩国现代重工业公司签订了建造两艘309000吨级巨型油轮合同，造价6.1亿美元。2007年，科威特港务局将疏浚和开发舒威赫港合同授予海湾疏浚、开发公司。同一时期，科工程部与中国港湾工程公司签订了首期布比延岛港口开发、修筑道路与跨海大桥合同。政府计划通过这一工程把布比延岛开发成一个自由区和原油出口港。2010年，金额高达11.4亿美元、在布比延岛上建设货柜码头及周围基础设施工程的合同给了韩国的现代工程公司和本国的哈拉菲集团。然而，2011~2012年初，港口开发计划引起了伊拉克的关注和不安，担心其出海航道（即乌姆·卡斯尔港）受

到影响。

港口 科威特现有 3 个商港，1 个油港。

舒威赫港 是科最大的港口，位于科威特市西部 3 公里，1960 年建成。截至 1987 年，共拥有深水泊位 21 个，长度达 4 公里。浅水泊位 3 个和 3 个停靠小船的船坞，每个深为 3.35 米。2005 年，进口货物 360 万吨，出口 133185 吨，全年过港船只 1189 艘。

舒艾巴港 位于科威特市以南 56 公里，1967 年建港，用于进口建设舒艾巴工业区所需要的初级原材料和重型设备。2005 年，港口拥有 20 个泊位，外加 2 个停泊帆船的码头，其中 4 个集装箱泊位。2006 年货物吞吐量（包括干货、驳货和集装箱）达 3457871 吨。

多哈港 位于科威特市西北 26 公里，1981 年建成，主要用于接受海湾国家之间运载轻工业产品的近海商船，拥有泊位 20 个，每个长度 100 米。2005 年多哈港货物吞吐量为 20283 吨。

艾哈迈迪港 位于科威特市以南 40 公里，该港能够接纳最大的油轮，日装油能力达 200 多万桶。截至 2007 年，拥有油轮泊位 12 个，沥青泊位 1 个，液化气出口泊位 2 个以及燃料仓储等设施。

远洋运输公司 科威特国有和多国拥有的远洋运输公司共 5 家。

科威特油轮公司（KOTC），1957 年成立，国有公司。现拥有油轮 4 艘，成品油轮 20 艘，液化气船 6 艘。它是艾哈迈迪港、舒艾巴港、阿卜杜拉港以及其他港口油轮的唯一代理人，并负责液化气盛装和分配。董事长兼总经理是阿卜杜拉·罗米（Abdullah al-Roumi）。

阿拉伯远洋石油运输公司（Arab Maritime Petroleum Transport Co.），1973 年创办，隶属于阿拉伯石油输出国组织，由阿尔及利亚、巴林、埃及、伊拉克、科威特、利比亚、卡塔尔、沙特阿拉伯和阿联酋共同出资成立。现有油轮 7 艘，液化气船 6 艘。董事长是拉马丹·萨努西博士（Dr. Ramadan al-Sanussi），总经理是苏莱曼·巴萨姆（Sulaiman al-Bassam）。

科威特远洋运输公司（Kuwait Maritime Transport Co.），1981 年创办，董事长是福阿德·加尼姆（Fouad M. al-Ghanim）。

科威特造船厂（Kuwait Shipbuilding and Repairyard），主要经营业务是：船只和机械维修，水下设施维修，炼油厂、发电站、储油罐维修，吃水35000吨的浮动码头维修，5000吨位的船只与移动造船厂同步升降等。公司拥有长度达550米的5个修船码头和一个可修理锚船的浮动车间等。董事长兼总经理是穆萨·马拉菲（Musa J. Marafi）。

阿拉伯联合船运公司（United Arab Shipping Co.），1976年创办，海湾6国国有船运公司。主要经营欧洲、远东、地中海沿岸国家、日本、美国东海岸、南美以及波斯湾和红海沿岸港口之间的船运业务。该公司拥有船只55艘，它的子公司有：科威特船运代理公司，阿拉伯运输公司（阿拉伯国家间），阿拉伯联合船舶租赁公司（英国），中东包装箱修理公司（迪拜），阿拉伯化工产品运输公司（沙特阿拉伯），阿拉伯联合代理公司（美国）和阿拉伯联合船运代理公司（沙特阿拉伯）。董事长兼总裁是阿卜杜拉·迈赫迪·迈赫迪（Abdullah Mahdi al-Mahdi）。

科威特港务局 石油发现前，海上运输对发展贸易和工业生产已是至关重要的。科威特是一个严重依赖贸易的国家，它有一支庞大的商船队伍，在海湾、非洲和印度洋各地港口进行贸易活动。随着石油的发现和开采，需要进口的货物大增，贸易量也随之增加。由于本地经济无法提供社会购买力迅速提高所需要的货物，从而对舶来品的需求大增。另外，由于经济的发展、国民收入的增加、基建规模的扩大，码头的建设也就提到议事日程上来。于是，政府在1953年接管了原由私人公司管理的港湾事务。

港口是国家的重要窗口，大多数的商品都要经过这个窗口。港口建设要适应经济发展，符合国家的总体规划。经过一段较长时间的筹备后，1977年11月，科威特港务局正式成立，局长是萨比尔·贾比尔·阿里·萨巴赫（2012年）。港务局是一个具有独立法人地位、隶属于交通部、按照市场规律运作的实体，一个负责管理港口各种船只（货船、渔船和邮船）的商业航运部门。

港务局成立之初只负责管理舒威赫港和多哈港事务，1986年10月，埃米尔令决定，将舒艾巴港的管理使用权交给港务局。港务局成立后立即

着手处理 1975～1976 年两年中舒威赫港面临的困难局面，彻底消灭船舶在锚地滞留、码头与仓库货物堆积的现象，采取的主要措施为：

①改变过去效率低下的原始搬运方式，提高码头与仓储的装卸与搬运能力。把港口搬运工作通过招标方式承包给私营公司，结果日装卸量大大提高，到 1979 年底，单码头日装卸量即超过了 1000 吨。

②在舒威赫港内大幅增加仓储面积。港务局在舒威赫港区内修整了 1500 万平方米的土地，使港区面积增加到 3200 万平方米，仓储面积也得到了成倍增加。

③开发和利用港区外仓储面积，重新修建纳赛尔大街南部正对港口的 2 号与 4 号仓储区。利用多哈港、阿卜杜拉港的新仓储区。多哈第十仓储区已经完工，占地面积 100 万平方米，建有仓库 8 座，面积 8 万平方米，露天仓储面积 56 万平方米。

二　通信

科威特通信业相当发达。在利用现代通信手段方面，科是世界上走在前头的国家之一，在电信和邮政领域里，它总是率先使用已取得的最新技术成果。

科威特电话网一直处于不断更新与发展的过程中。20 世纪 90 年代伊始，交通部就用电子系统替代了旧系统，从而使它的接纳能力比原来增长了 10 倍。截至 1996 年底，科共有固定电话 59.7 万门，并有一个不断扩大的移动通信网。作为对固定线路更新换代计划的一部分，1997 年 7 月，交通部与德国西门子公司签订了安装 10 万门电话，改建苏拉、古林、苏莱比哈特、萨尔瓦、萨尔米亚老区 5 个交换台的合同。此前，在 1994 年，瑞典的爱立信公司获得了改建 15 个交换台的合同。1996 年 2 月，英国 GPT 公司获得了安装 4 万门电话的合同。

2005 年，科威特拥有两家互联网移动通讯公司：国家移动通讯公司（1999 年成立）和宰因科威特移动公司（Zain Kuwait）。2006 年 12 月，政府和议会一致同意成立第三家移动通讯公司。2008 年 2 月，VIVA 移动通讯公司开始营业。而 VIVA 26% 股权属于沙特阿拉伯通讯公司。

2010 年中，印度的巴尔蒂无线通讯公司（Bharti Airtel）以 90 亿美元价格，收购了宰因公司在非洲的资产。2011 年末，沙特王国控股公司和巴林通讯公司，撤出了联合控股宰因在沙特子公司的谈判。2013 年 12 月 20 日，中国华为公司与科威特宰因公司联合宣布，宰因选择华为多频超宽频天线部署 GSM/UMTS/LTE 融合网络，目前，已完成近千个站点的部署。

截至 2010 年，科威特拥有固定电话 56.63 万部，移动电话 440 万部（用户），互联网用户 120 万，宽带用户 11.4 万，个人电脑 60 万台（2005 年），传真机 6 万台，收音机 120 万台，电视机 93 万台（2000 年）。

崭新的通信中心 在科威特原有的通信大楼附近，新建了一个占地 21000 平方米的通信中心。新通信中心除设备先进、硬件一流外，其最大的特点是花巨资建造了一座声称世界第五高的电信塔，又叫"解放塔"。塔高 372 米，1987 年开工，1996 年 2 月竣工，历时 9 年，中间因伊拉克入侵而中止 3 年。工程由科国际承包集团与法国公司联合承包，瑞士公司监理，奥地利、波兰、瑞典、比利时、沙特等国建筑公司分包，造价 5000 万第纳尔（约合 1.65 亿美元）。

地面卫星站 在乌姆艾什地区建有 3 个地面卫星站，各承担不同的任务。第 1 地面站，1969 年 10 月 28 日投入使用，与印度洋上空通信卫星联结。通过技术改造，现与大西洋上空的主要通信卫星联结，两波段，408 条电视线路。第 2 地面站，1977 年 2 月 21 日投入使用，与大西洋上空的辅助卫星相连，两波段，246 条电话线路，两个电视波段。第 3 地面站，1981 年 6 月 11 日开始运营，以满足日益增长的工作量，并在上述两个地面站发生故障时投入使用。目前与印度洋上空的一颗辅助通信卫星相通，两波段，384 条电话线路，以及一个用于 SBC（同时广播）系统的波段。另外，还有一个用于海洋通信的地面站，它始建于 1983 年 6 月 11 日，担负着船舶与陆地以及陆地与船舶之间的通信。该地面站与大西洋上空的通信卫星相通，服务于 5 个电话局、22 个电报局及两个救援局。科威特地面卫星接收站通过阿拉伯通信卫星工作。

三　邮　政

科威特有着悠久的邮政历史，据官方史料记载，科威特邮政服务开始于1775年。那时，英国东印度公司由波斯湾（阿拉伯湾）通往叙利亚阿勒颇的邮路是，经科威特由陆路穿沙漠而行，需时14～20天。往返巴士拉的邮件也以科威特为终端。

1915年1月21日，在谢赫穆巴拉克·萨巴赫统治时期，科威特开设了第一个正规邮局，由印度邮政局负责管理，使用印度邮票，邮戳上的字样为法文"KOWEIT"，1920年3月，邮戳改用英文"KUWAIT"字样。1923年4月1日，出版了第一张以"科威特"命名的邮票，而当时使用的印度邮票，虽印有"科威特"字样，但票面头像为英国国王乔治五世。科威特第一个邮局开设在英国专员公署内，往返巴士拉的邮件由专员公署的小汽艇运送，1927年开始，改用汽车经萨夫万由陆路取送。此后，每天由巴士拉取送邮件的任务，以350卢比的月租金承包给了哈米德·纳吉卜先生，直到1941年，科邮局业务才由英国电话电报公司负责，并把邮局迁到萨法广场科邮电局现址。直到40年代末，科邮政业务先后由印度、巴基斯坦管理，使用印度邮票。

1947、1948、1949年连续3年，科政府秘书处出版了类似邮票的小型票证，票面印有谢赫艾哈迈德·贾比尔·萨巴赫（1921～1950年）的头像，以纪念他的登基日。票证的颜色分别是，1947年为红色，1948年为蓝色，1949年为绿色。尽管这些票证不是邮票，但邮局仍把它用在信函上（1950年以前，作为印花税贴在护照上的）。随着科威特世界地位的提高，集邮爱好者纷纷搜集，并把它当做珍品收藏。

1950年5月1日，科威特第二个邮局在艾哈迈迪市科石油公司总部开设，1953年8月1日，在艾哈迈迪港口开办了第三个邮局。1958年2月1日，科政府接管了国内邮政业务，出版了印有谢赫阿卜杜拉·萨利姆·萨巴赫头像的邮票，一套3枚。同日，萨法邮局开始营业。此后，在首都陆续开设了一批分局。次年2月1日，政府接管了国际邮政业务，至此，所有邮政业务全部由政府负责。第二套邮票，一套10枚也随即发行，

作为第一套的补充，两套合并为一套。1959 年 2 月 1 日，科威特邮政总局成立。1960 年 2 月 25 日，谢赫阿卜杜拉·萨利姆·萨巴赫执政 10 周年之际，科发行了第一套纪念邮票，共两枚。同年 2 月 16 日，科威特加入万国邮政联盟，1961 年 6 月 26 日，加入阿拉伯邮政联盟。在阿拉伯国家和国际领域内，科邮政局根据联合国和阿拉伯联盟专业机构要求，每逢重大民族纪念日、重大的人道主义活动，都发行纪念邮票。1973 年 11 月 12 ~ 21 日，科邮政局在科威特博物馆举办了它有史以来首届邮票展——"第一届科威特邮票展览"，展品包括了各个时期的纪念邮票，新旧普通邮票，旧时邮局使用的器材和设备，各种统计数据和历史资料等。这次邮票展是为纪念第一套科威特邮票发行 50 周年而举办的。截至 1988 年，已发行各种纪念邮票近 300 套。在宣传领域，邮政局通过发行邮票来展示科威特的新面貌、它的复兴和现代化建设成就，并积极参加各种国际邮票展。

20 世纪 80 年代，科邮政事业发生了根本性的变化。1986 年开始，邮政部门引进自动分拣系统，选取 5 位阿拉伯数字作为邮政编码，分拣越来越多的信件。自动分拣系统引进之前，与 30 多个国家建立了"蒙塔兹"优质邮政服务制度。其他服务项目包括：对方付费电话，自动直拨呼叫，收发图形，传真，24 小时的阿拉伯语、英语新闻服务，以及快递邮件业务。

1991 年 2 月科威特解放后，邮局已先后发行了多种纪念邮票，它们是：

《自由科威特》，共两枚，在巴林各印 500 万套。1991 年 1 月向全世界免费分发；

普通邮票，一套三枚，分别为《自由》《和平》《重建家园》，1991 年 5 月 22 日发行；

特种邮票，1991 年 7 月 25 日发行，标题是《科威特感谢世界》，一套 42 枚，绘有联合国和参与解放科威特战争的盟国国旗；

《沙漠风暴》，1991 年 8 月 2 日发行，一套四枚；

《请勿忘我战俘》，1991 年 11 月 16 日发行，一套两枚；

海湾合作委员会第 12 届首脑会议邮票，1991 年 12 月 23 日发行，一套三枚；

国庆 31 周年、解放 1 周年邮票，1992 年 2 月 25、26 日发行，一套两枚；

国庆 40 周年、解放 10 周年邮票，2001 年 2 月 25、26 日发行，一套两枚；

科威特商业银行 43 周年邮票，2003 年 12 月 20 日发行，一套三枚；

国庆 50 周年、解放 20 周年邮票，2011 年 2 月 25、26 日发行，一套两枚。

第六节　财政与金融

一　财政

货币

1 科威特第纳尔（Kuwait Dinar，缩写："KD"）＝1000 菲尔斯（Fils）

与英镑、美元和欧元的汇率（2012 年 5 月 31 日）

1 英镑 ＝435.20 菲尔斯

1 美元 ＝280.70 菲尔斯

1 欧元 ＝348.15 菲尔斯

10 科威特第纳尔 ＝22.98 英镑 ＝35.63 美元 ＝28.72 欧元。

科威特财政主要依靠石油收入，国家财政收入的 90% 来自石油及其产品出口，石油收入的多少直接影响到国家财政执行情况。

20 世纪 80 年代，石油收入起伏不定，科政府采取了一些紧缩行政开支、减少公共补贴的做法。1982 年，减少了汽油补贴，汽油价格上涨了一倍。1983 年，取消了免费供应学生的校服和午餐，原来的一些免费服务项目，像卫生医疗等也开始对外籍居民实行部分收费，电价也提高了。1985/1986 财政年度，科威特在现代史上第一次压缩行政开支的预算。1987/1988 年度预算赤字达 5.54 亿美元，由于石油收入比上年度增加 30%，实际支出要低于预算支出。1987 年 9 月，内阁批准了一项法案，允许政府在未来 10 年内通过直接借贷、发行债券和中长期国库券等方式，筹款 14 亿第纳尔用于弥补赤字，然而不到一年，14 亿第纳尔的

筹款已超额完成，到 1989 年 3 月，筹款额达 30 亿第纳尔，财政收支也出现良性发展势头。

海湾危机和海湾战争的巨额费用对科威特政府来说，不可避免地导致预算赤字的增加。到 1991 年 6 月，仅支付伊拉克占领期间生活在国外的科威特人的生活费用和"沙漠风暴"战争的开支即达 220 亿美元，这笔开销主要从国家总储备金和"后代储备金"中提取。解放后，科政府采取的一系列稳定局势、安定民心的措施，如取消个人债务，向占领期间留在国内的科公民发放现金补贴等，花去了至少 60 亿～70 亿美元。科政府宣布，它不准备大规模抛售国外资产来增加收入。然而情况表明，到 1993 年中，科国外投资在过去 3 年中减少了一半多。1991 年，科从国际银行财团获得了 55 亿美元的贷款，又从美国、日本、英国、荷兰、法国获得了同等数量出口信贷。1996 年起，科威特开始偿还国际贷款。

1991 年海湾战争后，艰巨的重建任务和庞大的军火开支，使得科威特财政连年出现赤字。1992/1993 年度赤字达 15.726 亿第纳尔。1994 年 3 月议会财政委员会批准了 35 亿第纳尔（约合 120 亿美元）的额外预算，用于未来 12 年（1992～2004 年）的国防费用。1995/1996 年度，预算开支为 42.30 亿第纳尔，收入 29.10 亿，由于石油收入增长、国家开支锐减，该年度赤字实际只有 5.39 亿第纳尔，比预测赤字要少得多。1997/1998 年度预算开支 43.78 亿第纳尔，收入 31.05 亿，执行结果是赤字同样少于原先估计，只有 7.54 亿。1998/1999 年度预计收入为 24.44 亿第纳尔，支出 43.62 亿，赤字 19.18 亿，而这一年度石油价格低迷，财政收入少于预测的数字。1998 年 6 月，一些政府部门已收到了要求减少年度预算的通知。尽管政府曾在 1995 年宣布，到 2000 年实现预算收支平衡的目标，但 1999/2000 年度预算草案为，收入 22.24 亿第纳尔，支出 42.50 亿，赤字 20.26 亿。1999 年初，政府计划实施财政、经济一揽子改革措施，但被国民议会拒绝，要求对计划中增加非石油收入的措施提供更详尽的细节。当时预料，1999 年唯一可能实施的措施就是对非科威特籍居民实行强制性医疗保险。

从 2001 年起，科威特的财政年度由每年的 7 月 1 日起到次年的 6 月 30 日止，改为由 4 月 1 日起到次年 3 月 31 日止。2006 年 5 月财政部建议，2006/2007 年度预算赤字为 23.46 亿第纳尔，实际执行情况是，总收入 155.09 亿，支出 103.06 亿，预算节余高达 52.03 亿，尽管支出比上一财年增加 50.2%。同年，财政部还建议，对所有在科工作者实施税率为 10% 的所得税法，将外国在科公司的利润税由 55% 降为 15%。2007/2008 财年预算建议，支出 113 亿第纳尔，收入 83.2 亿，赤字 29.8 亿。这一年，原油价格一桶曾高达 147 美元，故实际预算结余高达当年国内生产总值的 40%。2008/2009 年度预算建议，收入 127 亿第纳尔，支出 189.7 亿。2009/2010 年度，政府预测油价可能走低，收缩了预算规模，建议支出 121.16 亿第纳尔，收入 80.75 亿，赤字 40.41 亿（含转入"后代储备金"份额）。2010/2011 年度预算建议，支出 163 亿第纳尔，收入 97.2 亿。同年，政府同意拨款 47.8 亿第纳尔，用于 2010/2011 年度"新开发计划"，以促进经济发展，改善基础设施。"新开发计划"为期 4 年（2010/2011 ~ 2013/2014 财年），预计花费 300 亿第纳尔。初步数据显示，2010/2011 年度预算结余 65 亿第纳尔，扣除 2011 年 1 月根据埃米尔令向每个科公民发放 1000 第纳尔后，财政部年中修正结余约为 53 亿。2011/2012 年度预算草案，支出 179 亿第纳尔，收入 134 亿，在此后的修正案中，政府建议增加支出 18 亿，以保证国家公职人员工资和福利增长。议会批准的 2011/2012 年度预算支出为 194.35 亿第纳尔。2012/2013 年度预算支出 220 亿第纳尔，收入 140 亿。

表 4 - 6　科 2009/2010 ~ 2011/2012 财政年度实际收支情况

单位：亿第纳尔

年　度	2009/2010	2010/2011	2011/2012
总收入	176.87	215.02	134.45
总支出	112.50	162.21	194.35
结　余	64.37	52.81	- 59.90

根据国际货币基金组织（IMF）数据，截至 2011 年底，科威特国家外汇储备 259.086 亿美元，其中，黄金储备 1.139 亿，特别提款权 22.19 亿，储备金 6.547 亿，外汇 229.21 亿。

二　金融

（一）银行

科威特银行业在 20 世纪 80 年代初得到蓬勃发展，到 1982 年，银行总资产增长 20%。然而，1982 年马纳赫证券市场倒闭、两伊战争带来的局势不稳定和油价下跌等一系列不利因素，使得 80 年代中期的银行业困难重重。1983 年银行业的资产仅增长 9.3%。商业银行的萧条曾导致 1984 年 4 月～8 月期间的双汇率制。同年 6 月，当中央银行停止出售美元时（真正的商业交易除外），外汇市场曾一度关闭。

1985 年，科威特银行业面临一次严重的债务危机。法院审理的银行债务案由 1981 年的 169 起，增加到 1984 年的 437 起。截至 1985 年 5 月，商业银行拥有的坏账总额已达 22 亿第纳尔（约合 77 亿美元）。1984 年底，中央银行要求所有商业银行提供额度超过 25 万第纳尔贷款的详细情况。1985 年底，中央银行对全国金融机构的调查发现，到同年的 11 月，科威特银行拥有外国银行所欠债务总额达 15.34 亿第纳尔（约合 53.69 亿美元），超过周期所承担的其他债务总额 9300 万第纳尔（约合 3.2 亿美元）。调查同时发现，各银行仅贷给自己的行长、经理的款项即达 2.759 亿第纳尔（约合 9.65 亿美元）。这年底，3 家商业银行的纯利润为 0，只有科威特国民银行（科威特最大的商业银行）盈利超过上一年，增长 11.1%。1986 年科威特国民议会再次遭到解散，其原因之一就是为解决债务危机提供一个机会。这年 8 月，科威特政府批准了一系列执行"拯救"计划的措施。根据这项计划，债务人尽其财力偿还欠款，不能偿还的部分由政府承担。1989 年，科威特多数商业银行根据这个计划重新安排了债务，加之中央银行对一些政策进行了重大调整，银行业复兴得到了推动。

1990 年 8 月伊拉克占领科威特后，科威特银行的所有存款被冻结，

银行经营活动陷入瘫痪。英格兰银行允许科威特个人和组织在英从事经营活动，但必须获得英格兰银行批准才能支付被冻结的科威特资产。科威特国民银行想方设法恢复经营活动。在科威特投资局的支持下，该行被冻结的账目大部分解冻。科威特国民银行在稳定其他银行方面发挥了中心作用。到 1991 年初，科威特商业银行、艾赫里银行、工业银行、海湾银行、科威特实业银行、科威特中东银行、布尔干银行和投资公司都先后恢复了国外营业。

科威特解放后，银行业恢复了在国内的业务，在各地的分行也陆续开始营业，承担起了向那些在伊占领期间留在国内的科威特公民发放现金补偿的任务。解放初期，银行存款限制每月提取现金不超过 14000 美元，直到同年 8 月，一切限制措施才被取消。这年 4 月，埃米尔下令各银行取消总额达 49 亿美元的债务，使 18 万债务人受益，其中许多债务是在 80 年代中期证券市场危机中产生的坏账。1992 年 5 月 20 日，科威特政府宣布收购国内银行系统中所有债权，包括发放给居民的贷款，共 204 亿美元。

2001 年，科政府批准允许外国银行自行掌控在科金融机构中股份的立法，把在科经营的外国公司应付纯利税率由 55% 降为 25%，这些举措都是政府执行经济自由化的组成部分。2002 年，成立了经济改革秘书处。同年，议会批准了反洗钱法。2004 年，中央银行批准了允许外国银行在科威特开设分行的法案。

2003 年 1 月 1 日，科威特决定第纳尔与美元直接挂钩，作为海湾合作委员会实现单一货币计划的一部分。2007 年 3 月，中央银行决定放弃与美元挂钩机制，改为第纳尔与一揽子国际权重货币（英镑、欧元、日元）挂钩。据银行透露，这一政策变动引发了高通膨率，由于美元对欧元、英镑的贬值，第纳尔对其他货币出现弱势。同年 4 月，中央银行宣布降息，以遏制过度的货币投机。2009 年，科议会批准与巴林、卡塔尔、沙特成立货币联盟。

2008 年全球金融危机爆发后，科政府采取了一系列稳定银行体系的措施，包括降低利率，大量投放流动资金，保障消费者在国内银行的存款以及向银行再注资等。据国际货币基金组织评估，科银行业资金充实，安

第四章 经 济

全可靠。2009 年政府实施一揽子经济刺激计划（即金融稳定法），包括支持金融机构、鼓励银行向经济部门提供贷款（国家对每一笔贷款提供 50% 担保）。

2009 年，国内银行业因受金融危机滞后影响，赢利能力下降，遂严格执行对贷款偿还的规定。但中央银行声称，危机导致的最艰难时刻已经度过，银行业处境大大改善。同年发生的迪拜债务危机对其影响有限。2009 年，科威特中央银行有上好表现，年盈利增长 4%，同时完成了几笔有重大意义的交易，包括购买了布比延银行的风险掌控，从而在国内市场上获得了对一个强大的伊斯兰银行的控制权。随着通胀压力的缓和，2010 年 2 月，中央银行把贴现率降至 2.5%，以增加货币供应，促进私营经济发展。据国际货币基金组织报告，这一年，银行利润增长高达 70%。2011 年，银行业整体上盈利，尽管其股价下降 5%。2012 年，中央银行实施新的贷款规定，允许银行进一步扩大流动性和贷款额度，支持国家经济建设。

表 4 - 7 2008 ~ 2012 年科威特汇率与指数

年　份	2008	2009	2010	2011	2012
第纳尔:美元	0.276	0.287	0.281	0.279	0.282
第纳尔:欧元	0.384	0.413	0.375	0.360	0.364
消费指数(%)	9.0	2.1	6.0	3.1	3.6
贷款利率(%)	7.6	6.2	4.9	5.2	5.1

表 4 - 8 2009 ~ 2011 年科威特货币供应量 （截至 12 月 31 日）

单位：百万第纳尔

年　份	2009	2010	2011
M1	775.7	842.9	1024.6
M2	4383.5	5285.1	6304.2
M3	19763.5	19506.2	20496.3
总量	24922.7	25634.2	27825.1

注：M1，不含法人存款的市面流动货币；M2，M1 + 活期存款；M3，M2 + 其他存款。

131

科威特银行业发达，主要银行有：

科威特中央银行　科威特中央银行创办于 1968 年 6 月 30 日，资本 0.05 亿第纳尔，准备金 5.62 亿，存款 33.69 亿（2010 年）。1969 年 4 月 1 日起，取代原来的科威特货币委员会，正式行使中央银行的责任。根据 1968 年第 32 号法令，中央银行的主要任务是：发行国家货币，保障币值的稳定和与其他外国货币的自由兑换，指导金融和财政机构的信贷政策，对银行和金融单位实施监督、检查。此外，还承担政府银行的责任，向政府提供经济和财政咨询意见。

从成立之日起，中央银行已先后发行了 5 版第纳尔货币。1994 年 4 月 3 日，中央银行发行了第五套第纳尔货币，面值分别是：20、10、5、1、0.5 和 0.25 第纳尔。本套货币具有现代货币印刷工艺所能达到的最新的高技术防伪标志。第五套货币图案由科威特古老的民间遗产、现代建筑和现代工业图像组成。中央银行从 1994 年 8 月 17 日起回收第四套货币，持有者可到银行兑换第五套货币，直到 2004 年 8 月 6 日止。1998 年，共发行了总额达 4.01 亿第纳尔的纸币和各种硬币（硬币面值分别是：100、50、20、10、5 和 1 菲尔斯），截至 1999 年第一季度，货币发行余额达 4.729 亿第纳尔。

科威特中央银行在进入 21 世纪前主要奉行 1975 年 3 月实施的第纳尔汇率政策，该政策是在科威特第纳尔与主要贸易和金融关系国货币汇率挂钩的基础上，通过与这些国家货币一揽子均衡体系制定的。这一政策的实施对保持科威特第纳尔与主要外国货币汇率的相对稳定发挥了明显的作用，减缓了外来通货膨胀的压力。科威特开放的经济，商品和货币无任何限制地国内外自由流动，第纳尔对其他主要货币汇率的相对稳定，这些意味着科威特国内商品价格指数与主要贸易伙伴国的价格密切相关。1998 年，科威特的年均通货膨胀率为 1%，1997 年为 0.7%。

银行和金融机构还发挥着吸收存款和向投资者发放贷款的金融中介作用。银行信贷是经济领域内各种活动和项目最重要的融资渠道之一，对货币供应和国内价格稳定发挥着至关重要的作用。在这方面，国内银行向经济领域提供的信贷余额不断增长，由 1992 年底的 10.33 亿第纳尔增加到 1998 年底的 48.07 亿，再增加到 1999 年第一季度的 48.77 亿。

中央银行代表财政部发行公债和国库券。从 1993 年到 1999 年 4 月底，科威特中央银行共发行了 345 笔公债，期限分别为 3 个月和 6 个月。在同一时期内发行国库券 56 笔。到 1999 年 4 月底，公债与国库券余额达 21.06 亿第纳尔。

中央银行还承担着国内银行业之间的清算工作。1998 年，中央银行支票清算部共完成了约 167 万笔支票清算工作，总值约达 401 亿第纳尔。国内银行业之间的财务清算总值约达 380 亿第纳尔，平均每天达 1.525 亿。

科威特中央银行用阿拉伯语、英语两种文字定期出版以下刊物，向国内外关心科威特金融、财经、货币信息的个人和组织分发。这些刊物是：

《货币统计月刊》银行货币统计、公告汇编。

《统计季刊》关于科威特财政、经济、货币的统计、公告和最新的信息、资料和报道。

《经济报道》每年出版一次，对科威特经济、财政、货币、银行重要事态发展的分析和评述。

《统计年鉴》每个财政年度结束后出版一次，内容包括中央银行关于国家财政预算、决算，财政年度的收支盈亏，中央银行工作成就等。

科威特艾赫里银行 1967 年创办，私营银行，本金 1.44 亿第纳尔，储备金 25.25 亿，存款 2.66 亿（2011 年）。董事长是艾哈迈德·尤素福·巴赫巴哈尼，总经理是阿里·希拉勒·穆泰里。共有 25 个国内支行，2 个国外支行。

巴林科威特银行 1971 年创办，巴林和科威特政府共有，本金 5690 万巴林第纳尔，储备金 3450 万巴林第纳尔，存款 17.564 亿巴林第纳尔（2009 年）。董事长是穆拉德·阿里·穆拉德，首席执行官是阿卜杜勒克里姆·艾哈默德·布奇里。

科威特中东银行 1971 年创办，49% 国有，本金 1.12 亿第纳尔，储备金 6900 万第纳尔，存款 23.12 亿第纳尔（2011 年）。董事长兼总经理是哈马德·阿卜杜拉穆哈森·马尔祖克。共有 26 个支行。2010 年 4 月改

名艾赫里联合银行。

布尔干银行 1975 年创办，本金 1.47 亿第纳尔，储备金 2.29 亿，存款 37.37 亿（2011 年）。董事长是马吉德·埃萨·阿吉里，总裁是埃杜亚尔多·林森。共有 20 个支行。

科威特商业银行 1960 年根据埃米尔令创办，本金 1.27 亿第纳尔，储备金 2.89 亿，存款 31.40 亿（2011 年），董事长是阿里·穆萨·M. 穆萨，总裁是努哈德·克里姆·萨利巴。共有 51 个支行。

海湾银行 1960 年创办，本金 2.50 亿第纳尔，储备金 1.71 亿，存款 41.83 亿（2011 年），董事长是穆罕默德·阿卜杜勒哈立克·努里，首席执行官是米歇尔·阿克加德。共有 52 个支行。

科威特工业银行 1973 年创办，31.4% 国有，本金 2000 万第纳尔，储备金 1.72 亿第纳尔，存款 1.33 亿第纳尔（2011 年）。董事长是阿卜杜勒穆哈森·尤素福·哈尼夫，总经理是阿里·阿卜杜拉奈比·哈贾。

科威特金融之家 1977 年创建，伊斯兰银行和投资公司，国家拥有 45% 股份，本金 2.68 亿第纳尔，储备金 9.43 亿，存款 89.27 亿（2011 年），董事长是萨米尔·雅古卜·纳菲西，首席执行官是穆罕默德·苏莱曼·欧马尔。共 44 个支行。

科威特实业银行 1973 年创办，私营银行，2007 年改名科威特国际银行，本金 1.03 亿第纳尔，储备金 8600 万第纳尔，存款 6.99 亿第纳尔（2011 年）。该行为伊斯兰银行，董事长兼总经理是穆罕默德·贾拉赫·萨巴赫，副董事长是劳埃·马葛米斯。共有 11 个支行。

科威特国民银行 1952 年创办，本金 3.95 亿第纳尔，储备金 11.99 亿，存款 111.09 亿（2011 年），董事长是穆罕默德·阿卜杜勒·拉赫曼·巴哈尔，总裁是易卜拉欣·达卜杜卜。共有 66 个国内支行，44 个国外支行。

信贷储蓄银行 1965 年创办，国有政策性银行，主要负责向科威特公民提供住房、社会、工业和农业贷款。由财政大臣负责并任命董事会和总经理，银行本金 25 亿第纳尔，董事长兼总经理是贾西姆·达布斯。从银行创办到 2000 年 6 月底，共提供各种贷款及其数额如表 4-9 所示。

表 4 - 9　信贷储蓄银行截至 2000 年 6 月提供的贷款及其数额

单位：第纳尔

住房贷款	3405719970	工业贷款	33300090
社会贷款	245563259	总　计	3697723906
农业贷款	13140587		

（二）保险业

科威特保险业在国内生产总值中所占比例不大，一般占 0.2% 左右。1990 年保险业收入 660 万第纳尔，1991 年 850 万第纳尔，1992 年保险业收入增至 1090 万第纳尔。本国和外国保险公司有：

艾赫利亚保险公司　1962 年建立，本金 1120 万第纳尔，经营范围为各种形式的保险业务。董事长是尤素福·易卜拉欣·加尼姆，总经理是奥斯曼·穆罕默德·尼斯夫。

爱国团结保险公司　总经理是约瑟夫·扎库尔。

阿拉伯商业企业保险公司　成立于 1952 年，总经理是萨利姆·阿布海达尔。

海湾保险公司　1962 年建立，本金 1130 万第纳尔（2002 年），经营范围为各种形式的保险业务，董事长是法尔卡德·阿卜杜拉·萨尼亚，总经理是哈立德·沙特·哈森。

科威特保险公司　1960 年建立，本金 6460 万美元，经营人寿和非人寿保险。董事长是穆罕默德·萨利赫·巴赫巴哈尼，总经理是阿里·哈马德·巴哈尔。

科威特再保险公司　1972 年建立，本金 1000 万第纳尔，拥有资产 5930 万第纳尔，董事长是法赫德·易卜拉欣，总经理是阿米尔·穆罕纳。

东方保险公司　1947 年建立，总经理是阿尼尔·库马尔·帕拉舍尔。

穆罕默德·萨利赫·巴赫巴哈尼保险公司　成立于 1963 年，董事长是穆罕默德·萨利赫·尤素福·巴赫巴哈尼。

新印度保险公司　1919 年建立，总经理是凡卡泰亚（Dr. G. Venkataia）。

住友（SUMITOMO）海事与火灾保险公司　科威特代理处，联系人

是阿卜杜拉·布特罗斯。

瓦尔巴保险公司 1976 年建立,资本 770 万第纳尔（2002 年）,总资产 8001 万第纳尔（2005 年）,经营各种形式的保险业务。董事长是恩瓦尔·贾瓦德·哈穆辛,总经理是陶菲格·夏姆兰·巴哈尔。共有 3 个分公司。

第一"达克弗"（Takaful）保险公司 2000 年创办,伊斯兰保险公司,总裁兼总经理是哈利勒·易卜拉欣·穆罕默德·萨米。共有 5 个分公司。

维撒克"达克弗"保险公司 2000 年创办,伊斯兰保险公司,董事长是阿卜杜拉·尤素福·赛夫,总经理是马吉德·阿里。

另外,还有 20 多家阿拉伯和其他国家保险公司。

三 资本市场

科威特资本市场包括银行、保险公司、各种基金和非营利性金融机构。股票交易早在 20 世纪 50 年代中期就已出现,但规模较小,其活动范围仅限于科威特公司股票的私人交易。随着石油收入的增长、投资业的发展和"金融化"战略的实施,股票市场的规模不断扩大,管理机制日渐完善,一个活跃的证券市场在科威特蓬勃发展起来,80 年代初,其规模已居世界第八位,成为海湾地区股票交易中心。以 1981 年为例,科威特证券市场总成交量共 28745 笔,280159167 股,市值达 1989599000 第纳尔。

发展股票市场是科威特政府推行金融立国战略的重要手段之一。在政府的大力支持下,在投资公司和工业银行的积极参与下,到 1990 年 8 月海湾危机爆发前,科威特交易所已成为世界上第十二大证券交易所,海湾地区的主要金融中心。然而,在资本市场培育和成长过程中也充满曲折和风险。70 年代,石油收入的剧增使大量剩余美元需要寻求投资出路,加之科威特人固有的商业冒险精神,股票价格持续上扬,急剧膨胀,大大超出其实际价值。为遏制这一不健康的发展势头,1978 年 4 月,政府决定把股票面值缩小为 1 个第纳尔,这一举措使股票面值分散了 10% ~ 13%,

扩大了股票市场基础，化解了部分风险。与此同时，在石油经济空前繁荣的大背景下，非官方的"马纳赫"证券市场应运而生，且迅速发展起来。1978 年后，科威特私营企业家和商人开始大量向伊拉克投资。不幸的是，1980 年 8 月两伊战争爆发，资金被牢牢套住无法抽回，流动资金严重短缺，导致马纳赫证券市场崩溃，并进而引发了科金融体系一场严重危机。

政府缓解危机的措施包括：立即成立科威特清算公司，对所有股票进行登记分类；成立一个 5 亿第纳尔的基金机构，帮助和保护那些破产的债务人。1983 年 8 月，政府敦促有关各方加快解决债务进程，并提出了按交易时的市场价，或期后支票（post-dated cheque）最高溢价 25% 的原则。由于在如何处理债务上存在分歧，财政大臣阿卜杜勒·拉蒂夫·哈马德宣布辞职。马纳赫证券市场危机使政府大受其害，为恢复现金的正常流动，政府不得不向银行系统注入大量资金。同时，在危机发生后的支持股票行动中，为市值 2.3 亿第纳尔的股票支付了 7.59 亿第纳尔，白白地损失了 5.26 亿第纳尔。1989 年 5 月，马纳赫证券交易所重新开放。

1988 年 5 月，科威特政府允许海湾合作委员会成员国公民购买科交易所股票。1992 年，交易所首次向国际公司开放。经过几年的苦心经营，到 1995 年，科交易所已成为阿拉伯世界最活跃的交易所之一。急剧扩大的信贷规模，充盈的流动资金，加上私有化进程启动，使科股市交易额迅速增加。据科中央银行统计，1995、1996、1997 年股票总交易额分别为 19.08 亿、57.56 亿和 104.87 亿第纳尔，皆呈倍增趋势。科国有企业私有化计划开始于 1994 年中，到 1997 年初，投资总局已出售 6.53 亿第纳尔的国有股，并准备再出售 10 亿第纳尔的国有股。由于地区经济形势恶化、政府减赤改革受阻，加之 1998 年公司业绩不佳等因素，股市陷入低迷。2000 年 5 月，科威特颁布法规，允许外资进入股市，加之石油价格高位运行，股值强劲恢复。中央银行数据显示，2002 年股市成交额达 66.811 亿第纳尔，市值高达 162.53 亿第纳尔。为进一步推动投资活动，政府在 2003 年开设了专供女性股民使用的交易大厅，是世界上首家专门针对女性投资者的股票交易所。2003 年，科股市犹如脱缰野马，升幅达一倍之

多。造成这股升浪的动力，是人们预期科贸易、运输、电讯、银行及其他服务业可从战后伊拉克市场得益。到 2005 年，市值竟戏剧性地达到 284.221 亿第纳尔。此后，科股市进入收缩期。到 2006 年，市值降为 172.80 亿第纳尔。据此，科证交所收紧上市条件，规定持股公司必须拥有不少于 1000 万第纳尔的已付清资本（paid-up capital），且需连续两年盈利超过 7.5% 以上。

2008 年 9 月，美国雷曼兄弟投资银行的破产，预示着国际金融危机爆发，科证交所交易额暴跌。为遏制市场瘫痪，保护投资者利益，股市交易被迫中断。科政府指令投资局设立 55 亿美元基金投资证券交易所。2009 年 4 月，科证交所中止 36 家上市公司（多为投资公司）的股票交易。2010 年 6 月，科中央银行实施更加严格的新规，要求改善流动性和杠杆率，减少债务规模和资本领域中的外资影响。同年，科议会通过成立"资本市场管理局"决议，负责规范证券交易所，保证交易透明，禁止非法操作。根据中央银行公布，股市交易额由 2009 年的 218.29 亿第纳尔，下降到 2010 年的 125.26 亿。2011 年，中东和北非局势动荡，科证交所股指进一步下降，到同年 7 月降至 2004 年 9 月以来最低水平。2012 年，资本市场管理局继续推出新规定，限制集中投资于单一实体，出台公司、企业获取投资的新程序。同年，在汇丰银行的帮助下，科证交所私有化计划取得进展（50% 出售给原始投资者，50% 出售给上市公司）。

科威特证券交易所于 1983 年创办，到 2010 年 8 月，上市公司 226 个，互助基金 1 家。总经理是萨利赫·穆巴拉克·法拉赫（Saleh Mubarak al-Falah）。

第七节　对外经济关系

一　对外贸易

对外贸易在科威特的国民经济中占有重要地位，它所需要的生产、生活资料基本上依赖进口。出口产品主要有石油、成品油和化工产品，石油

出口占每年出口总额的 90% 以上。科威特的主要贸易对象国是美国、日本、中国、英国、德国、韩国、沙特、阿联酋等。根据国际货币基金组织统计，1990 年伊拉克入侵，科威特的出口总值由 1989 年的 33.78 亿第纳尔，降为 20.314 亿，其中石油出口值为 18.42 亿。1991 年的出口总值猛降至 3.094 亿第纳尔，主要原因是，这年 2 月科威特刚从伊拉克占领下解放出来，石油生产设施遭受严重破坏，短期内不可能恢复到战前水平。到 1992 年，出口收入恢复到 19.311 亿第纳尔，其中石油出口为 18.49 亿，占出口总额的 95.7%。到 1995 年，出口总额增加到 38.144 亿第纳尔，其中石油出口 35.971 亿（占出口总额 94.3%），1996 年，出口比上年度增加 16.6%，达 44.48 亿，其中石油出口 42.223 亿（占出口总额 94.9%），1997 年出口有所下降，达 43.143 亿，其中石油出口 40.854 亿（占总额 94.7%），非石油产品出口 2.289 亿第纳尔。非石油产品主要出口国是沙特（占非石油产品出口总额 17.6%）、阿联酋（占 15.3%）和印度（占 15%）。21 世纪以来油价暴涨，对外贸易急剧扩大。2004 年出口总额为 84.28 亿第纳尔，其中石油出口 78.61 亿；2005 年出口 131.01 亿，石油出口 123.92 亿；2006 年出口 161.66 亿，石油出口 154.30 亿；2007 年出口 176.88 亿，石油出口 168.45 亿；2008 年出口 233.62 亿，石油出口 222 亿；2009 年出口 148.71 亿，石油出口 134.51 亿；2010 年出口 191.95 亿，石油出口 176.81 亿；2011 年出口 285.66 亿，其中石油出口 266.89 亿（占出口额 93.4%）。

1989 年，科威特进口总额 18.494 亿第纳尔，1990 年降为 11.457 亿，1991 年升为 13.533 亿，1992 年升至 21.292 亿，1994 年降为 19.882 亿，1995 年略有上升，达 23.231 亿第纳尔，1996 年升至 25.072 亿，1997 年为 25.016 亿。21 世纪以来，随着出口额增加，进口额也不断增长。2001～2006 年年进口额达到 50 亿第纳尔，2007 年进口额 60.66 亿，2008 年 66.78 亿，2009 年 58.52 亿，2010 年 64.28 亿，2011 年 69.72 亿。进口商品主要有机械、运输设备、工业制品、建材、电器、服装、粮食和食品等。

1988 年，科威特国际收支盈余为 46.02 亿美元，1989 年增至 91.36

亿。1990 年遭受伊拉克入侵和占领，外贸被迫中断，盈余减至 38.86 亿美元。1991 年，科威特向参加结束伊拉克占领的盟国支付了巨额费用，致使往来账户出现了 264.78 亿美元的赤字。直到 1994 年，往来账户才出现 32.27 亿美元的盈余，1995 年增至 50.16 亿，1996 年为 71.07 亿，1997 年盈余高达 79.35 亿。1998 年，由于国际石油价格大幅下跌，往来账户盈余减少至 22.15 亿美元，1999 年回升到 50.62 亿。

1988 年盈余增加是国外投资收入增长的结果，而这一年的外贸顺差却由于世界油价的急剧下滑，由上年的 32.84 亿美元减至 17.09 亿美元。1989 年贸易顺差回升到 49.87 亿美元，1990 年降为 31.79 亿。1991 年，科威特外贸出现了 39.93 亿的逆差，而到 1994 年，外贸顺差就达 46.69 亿，1995 年增至 55.79 亿，1996 年 69.97 亿，1997 年增至 65.34 亿，1998 年降为 19.04 亿。进入 21 世纪后，科威特 2008 至 2010 这三年的外贸顺差分别为 640.05 亿、343.9 亿、479.08 亿美元（见表 4-10）。

海湾合作委员会提议成立的"大阿拉伯自由贸易区"于 2005 年 1 月起正式生效，成员国之间取消进口税（2003 年 1 月起，对来自非成员国 1500 种进口产品统一征收 5% 关税）。为加强与地区外国家发展贸易，海湾合作委员会国家同意，作为一个整体与外国和国际组织进行自由贸易协定谈判。海合会与欧盟的自贸协定已商谈多年，2010 年 5 月曾一度中止。21 世纪以来，与印度和中国商签类似协定的工作正在进行中。2010 年 12 月，海湾合作委员会同意，成员国公司可在其他成员国内开办分公司。

表 4-10　2008~2011 年科威特外贸情况

单位：亿美元

年　份	2008	2009	2010	2011
出口额（离岸价）	869.44	516.75	669.73	1042.99
进口额（离岸价）	229.39	172.85	190.65	219.60
顺差	640.05	343.90	479.08	823.39

资料来源：科威特中央统计局。

表 4 - 11 2007~2009 年科威特外贸主要进口商品的进口额（到岸价）

单位：百万第纳尔

主要进口商品	2007 年	2008 年	2009 年
食品、活牲畜	698	880	849
化工及产品	484	558	571
基本制造器械	1394	1478	973
机械与运输设备	2527	2721	2351
各种制成品	715	758	823
进口总额(含其他)	6062	6679	5852

注：＊2010 年进口总额 6428，2011 年 6972。

二 对外援助

科威特政府一向重视对外援助，在着力发展自己国家、不断提高本国人民生活水平的同时，还慷慨地援助其他阿拉伯国家、伊斯兰国家和亚非拉广大第三世界国家。科威特是阿拉伯世界向外提供援助的先驱，早在1961 年独立后不久，就成立了"科威特阿拉伯经济发展基金会"，专门负责对阿拉伯国家援助工作。20 世纪 70 年代后，基金会本金进一步追加，其业务也随即扩大到非洲和亚洲。1998 年，基金会本金达 20 亿第纳尔。在它的支持下，成立了"阿拉伯经济发展基金会"，总部设在科威特市。科威特还是伊斯兰开发银行、阿拉伯非洲经济开发银行、OPEC "国际开发基金"等一系列援助组织的成员国。此外，它还向国际货币基金组织和世界银行提供储备金。

20 世纪 70 年代后期，科威特的对外援助占国民生产总值的 8% ~15%，按占国民收入的比例计算，科是世界上对外提供援助最多的国家。进入 80 年代，官方提供的对外援助有所下降，约占国民收入的 4.8%。1991 年战后重建阶段，外援比例进一步下降。21 世纪以来，科对外援助比例降为国内生产总值的 3.8%，但算下来仍是一笔可观的数字。以2010/2011 财政年度为例，基金会共签订贷款协定 21 笔（阿拉伯国家 7，非洲国家 8，东南亚国家 4，中亚国家 1，拉美与加勒比国家 1），贷款额

为 1.95 亿第纳尔（约合 6.82 亿美元）。从 1962 年到 2011 年，科威特基金会共向发展中国家提供贷款 899 笔，累计贷款总额达 48.59 亿第纳尔（约合 165.2 亿美元），受援国家 100 多个。

"科威特阿拉伯经济发展基金会"成立于 1961 年 12 月 31 日，资本 20 亿第纳尔（约合 66 亿美元），储备金 15.19 亿第纳尔。基金会的宗旨是：帮助阿拉伯和其他发展中国家发展经济，向他们提供执行发展计划所必需的贷款和技术援助，改进管理和技术水平，跟踪受援项目的执行情况，最大限度地实现基金会的援助目标。其成立 50 多年来的主要活动是，代表科威特政府向发展中国家提供财政和技术援助，资助这些国家基础设施项目的开发与建设。此外，基金会也向一些投资和开发组织提供资金，如阿拉伯经济和社会发展基金、非洲开发基金、非洲开发银行、国际开发协会等，向地区和国际组织、国际会议、学术研讨、计划执行等赠款。

此外，基金会还同世界上一些投资和开发机构合作，对一些国家和地区的大型建设项目进行多边投资。科威特参加的国际经济和开发组织有：联合国贸易和发展会议、联合国工业发展组织、联合国粮食及农业组织、国际货币基金组织、国际复兴开发银行（世界银行）、国际开发协会、世界贸易组织、石油输出国组织和美洲发展银行。

三　对外投资

利用积累的大量石油美元，大力发展对外投资，建设国际金融、贸易中心，是科威特实现多样化经济结构、国民收入来源多渠道的一项战略决策。科威特政府在支配其巨额石油收入中，最优先考虑的是发展经济，不断提高人民的生活水平，并通过剩余资金的再投资，为本国人民以及他们的后代，即便石油枯竭时也能提供一份稳定的收入。20 世纪 70 年代中期，除国家总储备金外，政府又建立了"后代储备金"。根据法律规定，政府需把每年总收入的 10% 存入后代储备金，且在 2001 年之前不能动用。到 1987 年 10 月，后代储备金已达 140 亿第纳尔（约合 462 亿美元）。国家储备金总额约 230 亿第纳尔，其中 44% 投资在非阿拉伯国家。

1973 年前，科威特预算年年节余，开展对外投资早于其他石油生产国。50 年代，"科威特投资局"宣告成立，具体负责实施对外投资战略。其宗旨是通过对政府石油出口收入中盈余资金再投资，为子孙后代提供生计。设在伦敦的"科威特投资局"（1993 年 3 月与投资总局正式合并）管理着大部分在欧洲和其他地区的投资业务。1979 年起，投资局开始购买西方大国的房地产、公司股权、债券等。美国是科国外投资的首选地，它几乎涉足了美国 500 强公司的每一家，并在那里购置了一批不动产项目。除以传统方式拥有外国公司股份外，它还直接购买了英国马丁房地产公司、德国戴姆勒—奔驰公司、美国科夫（KORF）工业公司和加拿大的铜钼矿的大量股票。

1986 年，科威特国外投资收入增加到 80.74 亿美元，首次超过了石油收入。1987 年，科威特投资局在欧洲获得了更多的股权，其中尤以对英国石油公司（现在的英国石油—阿莫科公司）下的赌注最大。截至 1988 年 8 月，它控制了英国石油公司总股份的 21.68%。10 月，英国反垄断与兼并委员会提出报告后，科威特投资局被迫把它拥有的股份减少到 9.9%（1997 年 5 月，以 20 亿美元的价格出售了它在英国石油公司拥有的 3% 的股票），科威特石油公司在英经理部为回应同业石油公司的不友善竞价，提高了股票的回购价格，为此，科威特投资局获得了 7 亿美元的利润。截至 1987 年 10 月，科威特投资公司在西班牙的投资累积达 24 亿美元，拥有 Torras Hostench 公司 37% 的股份、Explosivos Rio Tinto 公司 35% 的股份和几家西班牙传媒集团的股权。

1990 年 8 月到 1991 年 7 月海湾危机期间，科威特的唯一收入来源是它在国外的金融投资以及科威特国际石油公司在欧洲、亚洲石油分公司的盈利。据估算，1990 年 8 月以前，科威特国外投资达 1000 多亿美元（包括后代储备金和国家总储备金），年均回报率为 5%。但到 1993 年中，海外的投资估计减少了一半多。解放后，科威特政府宣布无意大规模出售海外资产，尤其是那些具有战略意义的资产。1994 年，科威特正式向联合国赔偿委员会提交了 410 亿美元的索赔要求，作为科威特投资局在伊拉克占领期间所受损失的赔偿。这是科威特 1994 年 6 月底以前提出的 948

亿美元索赔要求的一部分。1995 年，科威特的海外投资收入开始恢复，当年收入达 51.53 亿美元。

新世纪以来，在国际政治经济形势影响下，科威特等海湾国家投资目标发生了明显转向。"9·11"事件以前，海湾国家石油美元主要流向美国和欧洲，其中科在美国的资产即达 900 亿美元。"9·11"事件后，出于安全考虑，这些国家的投资目标逐渐东移。2008 年 7 月，科威特财政大臣穆斯塔法表示，科不打算投资任何新的美国房产抵押债券，考虑到亚洲国家市场总体情况良好，投资回报率高，投资总局正研究加强向亚洲的股票、债券、房产和其他领域投资，投资对象主要拟定在日本、印度和中国。

《世界知识年鉴》2011/2012 版刊文称，科拥有规模庞大的海外投资，主权财富基金持续扩大，截至 2010 年 3 月，财富基金总资产约 2953 亿美元。到 2010 年，估计私人海外投资约 50 亿美元。2012 年 8 月 6 日，惠誉国际评级发表的一项报告显示，科威特国外资产价值为 3200 亿美元，相当于该国国内生产总值的两倍。科私人投资也颇具规模和实力，他们多投资于不动产和高回报的证券业。投资目的地集中在美国、欧洲和日本。近年来开始转向亚洲、非洲和南美国家，重点投向海合会成员国。

科威特在扩展对外投资的同时，也加大了招商引资、吸收外资的力度，以尽快改变单一经济格局，实现收入来源多样化，缓解越来越大的就业压力。为鼓励外国资本、先进技术、管理经验进入科威特，政府不断完善国内投资法规。2001 年，科威特正式颁布了《外国投资法》《合营公司法》《自贸区法》等，2003 年签署了《外国直接投资实施细则》。该细则规定允许在科建立 100% 的外资独立企业，并提供 10 年的免税期。外国投资者可以独资或与本地人合资进行投资经营，可在合资企业中占主要股权；外资占主要股权的企业不需要当地代理；开办合资或独资企业者，政府赠予土地；免征或部分免征外资企业在建项目所必需的机械设备、零配件以及生产所需要的原材料、半成品、包装及填充材料关税；保证外国企业不被无偿没收或征用，所得利润可自由汇出境外，保护外国企业专利和机密信息等。

科威特设有"科威特投资管理局"负责管理外国投资。工商部负责受理合资企业的营业执照申请和注册登记。合资企业在申请注册登记时,必须提供下列材料:一份阿拉伯文的代理协议正本,一份代理人的商业注册复印件,一份证明代理人科威特国籍的文件复印件,在科威特工商会登记注册的证明,公司最近两次财务审计报告(阿拉伯文译本),合作备忘录以及该公司内部规章细则(阿拉伯文译本)。合资企业享受与科威特当地企业有关免税方面的同等待遇。

2013 年 9 月,科报刊引用国际评级机构数据称,科经济自由度指数在 152 个国家中排名第 55 位,竞争力排名第 39 位。

科威特主要投资公司有:

科威特投资管理局   主管设在伦敦的投资局,管理国家总储备金。董事长为财政大臣,总经理是莫里斯·菲南。

科威特国际投资公司   30% 为国有,本金 3190 万第纳尔,总资产 1469 亿第纳尔(1988 年),主要经营房地产和股票。董事长兼总经理是贾西姆·穆罕默德·巴哈尔。

科威特投资公司   1981 年创办,88% 属于国有,12% 属于科威特私营公司,总资产 5000 万第纳尔(2002 年),经营国际银行业和投资。董事长兼总经理是巴德尔·纳赛尔·苏拜伊。

工商业投资公司   1983 年建立,1996 年 4 月实行私有化。主要投资工业领域,总经理是塔利卜·艾哈迈德·阿里。

科威特外贸、承包和投资公司   主要经营外贸、工程承包、海外投资、债券和不动产等业务。

四 外贸政策

科威特自 1995 年 1 月 1 日起成为世界贸易组织成员,实行自由开放的贸易政策,无外汇管制,进口关税一般为海湾合作委员会规定的 5%。为保护民族工业,对当地能生产的商品征收 10% ~ 30% 的进口税。科威特的所有进口都需向工商部申请许可证。除食品外,工商部可对任何进口的商品拒绝发证或限制发证的数量,有权随时取消某一产品的进口许可

证。进口许可证的有效期通常为 1 年。

科威特禁止酒类、猪肉进口，5 年以上的二手运输工具、石棉、焊铁管、氧气罐、煤气罐都不准进口，武器、爆炸物、面粉、小麦和药品的进口受到严格控制。

政府对一些主要食品给予价格补贴，私商也可以进口这些商品并以市场价格销售，但前提是进口的食品必须符合质量标准。政府还对某些基本消费品的价格进行控制，如药品、鱼、肉、苏打矿泉水等。

从海湾合作委员会成员国进口的工业品和农产品免征关税。根据海湾经济一体化协定要求，为与海合会成员国关税统一，科从 2005 年 3 月 1 日起，将基本商品进口关税提高到 5.5%，其他商品关税提高到 7.5%，免征关税的商品有：食品、药品、基本消费品、活畜、金锭、印刷品等，但当地能够生产的除外。

科威特对外贸易通常采用现汇贸易和转口贸易方式，支付方式主要采用信用证做法。商业代理制在科威特很普遍，外国公司大都有各自的独家代理。只有科威特籍公民或法人实体才可以充当商业代理人。

五　科中经贸关系

（一）贸易关系

科、中两国自 20 世纪 50 年代起就有民间贸易往来。1965 年 2 月，当时的科威特工商、财政大臣、第十三任埃米尔谢赫贾比尔·艾哈迈德·萨巴赫率团访华，受到了时任中华人民共和国主席刘少奇的亲切会见，两国间开展官方贸易的序幕从此拉开。1971 年 3 月两国建交后，双边贸易逐年增加，经贸关系保持着强劲的发展势头，中国一直被科威特视为外贸上的主要合作伙伴之一。70 年代，当科威特生产的化肥在世界市场上遇到极大的销售困难时，中国政府决定购进科产化肥的一半。此举产生了良好影响，科威特人民对中国人民的特殊感情恐怕与此不无关系。1980 年 10 月双方签订了《中华人民共和国政府和科威特国政府贸易协定》，1986 年 11 月签订了《中华人民共和国政府和科威特国政府关于成立经济、技术和贸易合作混合委员会的协定》，1989 年 12 月在中科经贸合作混委会上，

双方签订了《中科避免双重税收协定》和《经济技术合作协定》。1992
年3月，中科经贸合作混委会第二次会议在北京召开，1993年7月，中
科经贸合作混委会第三次会议在科威特召开。1996年12月在科举行了科
中投资与贸易洽谈会。2002年2月科威特财政、计划大臣尤素福·哈迈
德·易卜拉欣率团访华，出席中科经贸合作混委会第四次会议。2004年7
月，科、中在北京签署了经济、技术合作协定，石油、天然气合作协定。
同月，科还同香港特别行政区政府签署了鼓励和保护投资协定。

表4-12 2000~2012年科中进出口贸易数据

单位：亿美元

年 份	2000	2005	2010	2011	2012
总 额	6.15	16.48	85.50	111.22	125.50
中国出口	3.16	6.28	18.50	21.27	20.90
中国进口	2.99	10.20	67.00	89.95	104.60

资料来源：《中国海关统计》2012。

20世纪里，中国对科威特出口的主要商品是纺织品和服装，金额约
占中国向科出口总额的26.4%，轻工产品、工艺品、小五金和土畜产品
等占32.5%，机电产品占17.4%，食品（含活羊）占2.7%。中国从科
威特进口的主要商品是化肥和成品油。1988年，中国进口科尿素达60多
万吨，1989年进口36万吨，1990年进口31.09万吨。1997年以后中国扩
大进口聚合物塑料原料，每年10多万吨。2000和2001年各为17万吨。
从1994年开始中国逐年扩大进口科成品油和原油，2001年进口原油146
万吨，液化石油气24万吨。海湾战争后，中国政府和贸易公司重视恢复
和发展中科之间的贸易往来，先后在科举办了三次较大的综合性贸易展销
会，有100多个贸易团组前往推销，有5家公司在科恢复和新建贸易公司
和代表处。近年来，中国每年都有大量的访科贸易团组，科方每年也有上
百人访华或参加广交会。

进入21世纪以来，两国贸易出现了质的变化和飞跃，贸易额直线攀
升。如表4-12所示，2000年双边贸易额仅有6.15亿美元，2005年

16.48 亿，2010 年达到 85.5 亿，而到 2012 年，双边贸易额更是超出百亿，达 125.5 亿美元，中国已成为科威特第二大进、出口贸易国。从进、出口商品看，中国出口的商品已不再是纺织品、服装、小五金、文具等为主的轻工业产品，而是机电、建材（含钢材）、运输设备等附加值较高的商品。科方出口商品是原油、液化气，代之过去的化肥、皮革、塑料原料等，特别是原油出口，近年来均超千万吨以上。为此，科威特石油公司于 2005 年 2 月 1 日在北京设立了驻华代表处。

（二）经济合作

科威特是海湾国家中最早承认中华人民共和国的国家之一。两国自 1971 年 3 月建立外交关系后，建立在相互尊重、平等互利基础上的友好合作关系得到了全面深入的发展。科中间政治上的相互同情、支持，为双方在经济、贸易、文化艺术各领域的合作开创了广阔的前景。两国间的经济合作是多领域、多层次、富有成效的合作，得到了两国政府和两国人民的高度评价和肯定。

在工程和劳务承包方面，中国公司自 1979 年底进入科威特市场开展业务以来，到 2008 年底，在科承建工程 40 多个，合同额累计达 28.9373 亿美元，营业额达 18.1377 亿美元，劳务备案人数 2166 人。目前，在科的中资公司有：中国建筑工程公司、中国港湾公司、中国电线电缆公司、葛洲坝集团公司、中石化公司、武汉凌云建筑装饰公司、沈阳远大公司、华为通讯公司等。承建的主要工程有：科威特中央银行大楼、布比延海港路桥、奥林匹克大厦、苏比亚配水、第三移动通信工程等。近年来，随着 2010～2014 五年发展规划的实施，科掀起了大兴土木高潮，一大批重大基础设施项目纷纷上马，给中国在科工程劳务承包公司带来了难得机遇。据中国官方统计，2012 年，中国公司在科新签工程承包和劳务合作合同额为 17.7 亿美元，完成营业额达 7.2 亿美元。

海湾战争后，中国工程和贸易公司抓住先机迅速重返科威特，参加科的战后重建工作。由中国石油天然气总公司四川分公司派出的中国灭火队，成功地参加了科威特油井的灭火工作。此后，中国工程和劳务承包开始向总承包方向发展，进入了全方位、高层次、专业化的新阶段。1992

年 12 月，中石油公司在科威特艾哈迈迪炼油厂修复工程国际招标中，一举中标并签约，打破了西方国家对科威特石油、石化领域的垄断，这是中国在科承包劳务工作中的一个突破。该工程后由中国石化建设公司实际执行，连同科威特石油公司灌区工程一起，于 1994 年 2 月竣工，取得了非常好的经济效益和工程承包经验。1995 年 12 月 30 日，中国石油工程建设公司在与美、法、日、意等国著名国际大公司的激烈竞标中，夺得了科威特西部 27、28 号集油站建设的总承包合同，价值 3.915 亿美元，项目于 2001 年 4 月竣工。1996 年，中国港湾公司、中石化公司连续以总承包方式承揽了舒威赫南北码头修复项目和 4 个 3 万吨浮顶油罐项目。

在金融合作方面，中国与科威特基金会的合作取得了长足发展。自 1982 年起的 30 年中，科威特基金会以提供优惠贷款方式参与了中国 34 个重大项目，贷款额达 2.54 亿第纳尔，合 8.63 亿美元。这些项目涉及诸多领域，包括交通、能源、工业、农业等，如安徽宁国水泥厂、湖南人造板厂、北京丝绸总厂、厦门国际机场、乌鲁木齐石化总厂、辽宁锦州港、西安—宝鸡高速公路、内蒙古呼—准铁路、滁州城市环境综合治理、宁夏扶贫扬黄灌溉工程、青海职业教育基本建设、宁夏回族自治区人民医院等。2013 年 12 月 6 日，中国财政部与科基金会签署了新的贷款协定，向中国广西梧州职业教育中心贷款 1000 万第纳尔（约合 3500 万美元），用于支持梧州职业教育发展。

在投资方面，科同中国于 1985 年 5 月签订了《中华人民共和国政府和科威特国政府关于促进和保护投资协定》，为两国间的双向投资提供了法律保障。此后，科威特投资局开始通过 "J. F. 中国投资基金" 进行间接投资，还以流通股方式通过香港投资机构向中国企业投资。1985 年，科、中和突尼斯三方在秦皇岛合资筹建了 "中国阿拉伯磷肥有限公司"，总投资 5800 万美元，中方占 40%，科、突各占 30%，设计能力年产磷酸铵 48 万吨，或氮磷钾复合肥 60 万吨。1987 年 7 月奠基，1991 年建成投产，由中方承包管理，生产形势良好。进入 90 年代，海湾国家纷纷加大对华投资。1992 年，中国海洋石油总公司与美国阿科公司和科威特海外石油开发公司合作开发南海崖城 13 - 1 天然气田。这是中国改革开放后第

一个与外国合作的大型能源项目，总投资 12 亿美元。其中，科威特公司拥有 14.7% 的优先股，中国公司拥有 51% 的股份，美国公司拥有 34.3% 的股份。

　　1998 年，中国石油天然气公司与科方达成协议，共同改建青岛炼油厂，将该厂的提炼能力由 12 万桶/天，提升到 28 万桶/天。这是科在中国石化领域的首次投资。2006 年，中国银行和中国工商银行首次公开募股，科投资总局购入 7.2 亿美元工行股份，成为这次工行上市的最大投资者。2008 年，科石油公司与中石化达成合资在广东建设炼油厂协议。此外，科还积极参与对中国房地产领域的投资，科威特中国投资公司拥有资本 8000 万第纳尔（约合 2.8 亿美元）。据该公司负责人哈穆德介绍，该公司的主要目标是与地区金融公司合作，在中国创办房地产投资基金。

　　科、中两国在石油、天然气领域的合作有着广阔的前景，在互惠、互利、共同发展的基础上，科中经贸合作在新世纪里定会达到更高水平。

第五章

军　　事

第一节　概述

科威特宪法明确规定禁止进攻性战争，保卫祖国，维护国家独立、主权和领土完整是每个公民的神圣职责。

科威特政府奉行富国强兵政策，凭借自身的雄厚财力，致力于建设一支装备精良、训练有素、能够初步抵御外来入侵的武装力量。国防部和总参谋部密切关注军事领域的最新发展，向武装部队提供最精良的装备。通过举办国内外初级、中级、高级和军事专科培训班，提高陆、海、空三军将士的战斗力。在这些培训班里，学员们可以学习到不同军事领域里的理论和实际知识。在多数情况下，都是由科威特军官担任不同专业和武器的教官。

国防部和总参谋部非常重视对青年士官的培训工作，使他们掌握各部门最尖端的设备和技术。此外，在工程管理、军事设施、思想指导、公共关系等部门招募符合条件的妇女服役。服兵役是科威特年满 18 岁男性公民应尽的义务，服役期为 2 年，大学生服役期 1 年，预备役期限 14 年。

科威特军队是"半岛盾牌部队"积极成员，后者是由海湾合作委员会成员国部队组成的联合武装力量。成员国军事领导人经常互访，频繁举行双边或多边军事演习，增进相互间了解、配合和协调。海湾合作委员会武装部队在组织方面的协调统一已取得了长足进展，现在，各成员国军事

院校还使用统一的教学和训练大纲、单一的军事训练计划来培养海湾地区军官。

一　建军简史

科威特武装部队是随着国家独立而诞生的。在发现石油前，国小势弱，财力和人力资源有限，常年供养一支常规部队，即使规模不大政府也难以承受。故在以前，除一支几百人的宫廷卫队既做警卫又当仪仗队外，国家对兵员的需求大都采取"呼之即来，挥之即去"、养兵于民的政策，即在战时或遭外来入侵时，动员全民和部落武装参战，和平时期则"解甲归田"，从事各自的工作。发生在 1920 年 10 月的杰赫拉保卫战就是这一政策的最新例证。参加这场战役的都是拿起武器的普通老百姓和亲政府的部落武装。

1899 年，科威特与英国签订秘密保护协定。根据协定，科威特的外交和防御由英国人全权负责，科威特实际沦为英国的保护国，科威特政府只有一支埃米尔皇家卫队和为数不多的警察部队，负责维持国内治安。这种状况一直延续到 1961 年科威特宣布独立，协定被废除为止。独立后不久，科威特政府成立了国防部，着手组建自己的部队。独立初期即遇到的伊拉克威胁和领土要求，客观上促进了科威特建军进程。在雄厚财力的支持下，科威特很快在 600 人警察部队的基础上，组建了一支 2500 人的陆军混合旅，并建立了小型的空军和海军部队。这支军队由英国军事专家团负责训练。建军初期，科威特实行志愿兵役制，兵员大多来自无国籍的"贝都因"人和巴勒斯坦移民，他们或为解决就业，或为获得国籍而志愿入伍，构成了科威特陆军主力，甚至不少下层军官为巴勒斯坦移民。1973 年 3 月，科、伊边界武装冲突事件发生后，科政府拨巨款扩充军队，并着手组建海军。1973 年 10 月，第四次阿以战争爆发，科威特曾派出一个装甲旅奔赴叙利亚参战，派战斗机赴埃参加了苏伊士空战，这是科军成立以来首次实战演练。1975 年议会通过了义务兵役法律。到 20 世纪 70 年代末，科威特已拥有陆军 10000 人，空军 1900 人，战斗机 50 架以及一支 500 人的海岸警卫队。1979 年，国防预算达 9.79 亿美元。1990 年 8 月伊拉克侵占科威特后，科军队大量兵员被歼、被俘或被打散，约90%的军事设施遭重大毁坏。战后，科政府制订了耗资120亿美元的10年建军计划，从美国订购大批先进武器装备。经过10多年的重建努力，目前，科军力已远超战前，特别是在军事装备方面。2005年6月，科根据联合国决议，派出100～150名士兵参加联合国在苏丹南部的维和行动。2011年3月，科政府派出海岸警卫队参加由沙特控制的"半岛盾牌部队"，于5月进入巴林，镇压那里的示威者。科的这一介入行动遭到国内自由主义者和什叶派的强烈不满，科驻不丹大使公开批评"半岛盾牌部队"的干涉行为。同年，科同意向利比亚反卡扎菲武装提供医药和物资，向"全国过渡委员会"提供5000万美元援助，而非像卡塔尔、阿联酋那样提供战斗机。

二　国防体制

埃米尔为科威特武装部队的最高统帅，有权宣布战争状态和实行军法管制，发布紧急状态令和总动员令，任免武装部队高级军官和国民卫队司令。国防部是政府主管军事工作的职能部门，国防大臣为政府主管军事工作的主要负责人，对埃米尔和首相负责。现任国防大臣为艾哈迈德·哈穆德·萨巴赫（2011.11～）。总参谋部为最高军事指挥机构，总参谋长直接对埃米尔负责，武装部队总参谋长是艾哈迈德·哈立德·萨巴赫中将（Lieu. Gen. Ahmed al-Khaled al-Sabah，2008.10～）。国民卫队隶属国防委员会。国家设最高国防委员会，根据宪法第161条规定，最高国防委员会依法掌握国防事务，维护国家完整，统率武装部队。国防委员会主席现由王储纳瓦夫·艾哈迈德·贾比尔·萨巴赫兼任，其他成员包括外交、国防、内政、财政、新闻、石油大臣以及武装部队总参谋长、国民卫队司令和国防部次官。最高国防委员会办事机构设在国防部，日常工作由国防大臣主持。科威特是一个君主制的酋长国，军政大权掌握在统治家族手中，国防大臣向来由统治家族中的主要成员担任，故在实际操作中，总参谋长和国防部次官构成国防大臣的左右手，分别负责国防部主管的军事和民事工作。总参谋长指挥三军，陆军司令为萨利姆·马苏德·苏鲁尔少将（Gen. Salem Massoud al-Surour），空军司令为萨比尔·苏韦丹少将（Gen. Sabir al-

Suwaidan），海军司令为艾哈迈德·尤素福·穆阿拉少将（Commodore Ahmed Yousuf al-Mualla）。

科威特国防部设军事和文职两大部门，办公楼一分为二，军人一方，文职人员一方，互不往来。军事部门以总参谋长为首，工作人员（没有女性）着军装，负责军事事务，如作战、情报、装备、训练、宣传动员、征兵、军事交往，军事院校等。文职部门以国防部次官为首，工作人员着便装，负责装备采购、制定法律、军事工程、军费预算和开支、国际交往等。

科威特没有军事工业，所有装备均从国外进口。

三　国防预算

科威特政府十分重视武装部队建设，每年拿出财政收入的 10% 以上用于购买军火等军费开支，其年均军费开支为 12 亿美元左右。海湾战争结束后，由于国防需要科威特购置大量武器，军费开支超常增加，1994/1995 年度，军费开支 14.83 亿美元，补充预算 17.24 亿美元。1998 年军费开支为 35 亿美元，1999 年军费开支 32 亿美元，2000 年军费开支 33 亿美元，2001 年军费预算为 26 亿美元。1992 年 8 月，埃米尔授权政府从国家的总储备金中提取 35 亿第纳尔（约合 120 亿美元），作为未来 12 年（到 2004 年）额外军事支出。这样，科威特年均实际军费开支在 25 亿美元左右。2011 年国防预算为 11.2 亿美元。

第二节　军队实力

科威特的武装部队总兵力到 2012 年底止，为 24700 人，其中陆军 13700 人，空军 3000 人，海军 2000 人，总部机关和院校等约 1000 人，国民卫队约 5000 人，这并不包括预备役 23700 人。海军部队包括海岸警卫队 500 人，后者隶属内政部。

一　陆军

兵力 13700 多人，编成 10 个旅，其中 3 个装甲旅，2 个机械化旅，1

个机械化侦察旅，1 个炮兵旅，1 个工兵旅，1 个预备旅和 1 个埃米尔警卫旅及 1 个突击营。拥有各型坦克 385 辆，其中美制 M－IA2 型坦克 218 辆，M－84 型 150 辆，"酋长"型 17 辆。各型步兵战车 450 辆，其中英制"沙漠勇士"型 254 辆，BMP－2 型 76 辆，BMP－3 型 120 辆。各型装甲人员输送车 151 辆，其中 M－113 型 60 辆，M－577 型 40 辆，"法赫德"型 40 辆，TPz－1 型 11 辆。各种火炮 185 门，其中 M－109A3 型 F－3 和 PLz45 型等 155 毫米自行加榴炮 86 门，300 毫米多管火箭炮 27 门，迫击炮 72 门。此外，还装备有"陶"－Ⅰ型和"陶"－Ⅱ型各种反坦克导弹 118 枚，84 毫米无后坐力炮约 200 门。据科军方提供的资料，科军还装备有俄制"月神"式地地导弹，数目不详。

二 空军

兵力约 3000 人，编为 8 个飞行中队，拥有各种类型的作战飞机 81 架，其中美制 F/A－18 战斗机 40 架，幻影 F1 战斗机 14 架，"鹰"式战斗机 11 架，"肖兹·图卡诺人"型战斗教练机 16 架。武装直升机 20 架，运输机 16 架。防空部队隶属空军，下属防空导弹连 10 个，拥有各型导弹发射架 36 部，新增 5 个"阿姆"导弹发射架（意大利和埃及合作生产），12 门 35 毫米双管高炮，6 台"防空卫士"雷达。此外，还从美国休斯公司订购了空中预警系统，配备最先进的雷达和电子监视装置。

三 海军

兵力约 2000 人（包括海岸警卫队 500 人），拥有各型舰只 16 艘，其中导弹快艇 10 艘，辅助舰只 6 艘，主要部署在科威特南部 80 公里处的祖尔港。

四 国民卫队

约 5000 人，系独立的军事机构，成立于 1967 年，隶属于以王储纳瓦夫·艾哈迈德·贾比尔·萨巴赫为主席的最高国防委员会。现任司令为谢赫穆什伊勒·艾哈迈德·萨巴赫（Sheikh Musheil al-Ahmed al-Sabah，

2006.1~）。编成 3 个国民卫队营，装备有各型装甲车约 90 辆。国民卫队实行志愿兵役制，其基本职能是协助武装部队和公安部队维持治安，承担最高国防委员会委托完成的其他任务，如保卫重要的敏感设施等。国民卫队配备各种类型的轻武器、巡逻车和先进的通信设备。国民卫队的军官为专职军官，与部队的军官一样，毕业于科威特军事学院，毕业后还要接受特殊训练，以便更好地履行国民卫队的职责。

国民卫队军官，除担任本职工作外，还承担对科威特学生进行军事教育和训练任务。学校中实行军事训练的目的是提高青年学生的国防意识和一般的军事知识，以便在应召入伍时，能够顺利地完成义务兵服役期。学生的军事训练一般是在中学阶段进行的。

五　民防

民防是当今时代每个国家的一项基本安全要求，它在保护人民生命财产以及经济、教育、文化、安全设施方面起着重要作用。民防系统只在紧急状态下使用，如发生诸如地震、洪水、火灾等自然灾害，或当国家遭受空袭、轰炸威胁时。内政部十分重视民防建设，做好了一切必要的准备工作，培训了专职人员，配备了先进的警报系统和其他可以保证公众安全的现代化设施。民防局隶属内政部。

第三节　军事院校和兵役制度

一　军事院校

穆巴拉克指挥参谋学院　是科威特的最高军事学府，直属总参谋长领导，学制一年，主要培训中级指挥官。上校以上高级军官选送英、美等国培训。该院教职员约 40 人，其中科威特和英国教官各一半，教材均来自英国军事院校，用英语授课，学员 60~70 人。除科籍学员外，还从安理会五常任理事国、海湾合作委员会成员国和埃及等友好国家各招收一名学员。2011 年 5 月 27 日，第 15 批共 92 名参谋军官毕业，其中包括友好国家学员。

科威特军事学院　学员从应届高中毕业生中招募，每期约 200 名，学制两年，毕业后授予少尉军衔，分配到三军和国民卫队工作。科军衔晋升年限为尉官 2—3—3，校官 3—4—4，上校以上军官为选升。

阿里·萨巴赫军官学校　是培养三军军官和士官的学校，隶属总参军事教育部。学员多为大学毕业生，经该校培训成绩合格者即可授衔并被分配到三军部队。成绩不合格或入学前未取得大学毕业文凭者授予军士衔。2011 年 3 月 22 日，第 15 批大学生军官、第 38 批学生军官毕业。

除上述军事院校外，科三军还分别有若干专业培训学校和训练中心。另外，科威特还选派军官去埃及、沙特阿拉伯、伊拉克、英国等国军事院校进修。

二　兵役制度

科威特宪法第 158 条称，兵役制由法律规定。1975 年，国民议会通过了关于实行义务兵役制的立法。1979 年 3 月，义务兵役制正式在科威特实施。兵役法规定：凡年满 18 岁的男性公民均有服兵役的义务。大学生服役不得少于 1 年，其他人不得少于 2 年。

义务兵役制实施后，科威特军队实行义务和志愿相结合的兵役制。志愿兵服役期不得少于 5 年，每满 5 年，可根据本人意愿和军方需要续签一次服务协议。军官的最高服役年龄为 60 岁，志愿兵为 55 岁，服役满 20 年的官兵可要求退休或被安排退休。服役满 25 年并年满 45 岁的官兵在退休后享受全额工资。

第四节　对外军事关系

科威特对外军事关系中的重点是美、英、法等西方国家以及俄罗斯，在阿拉伯世界主要是埃及、叙利亚。这种关系的一个重要内容是购买军火、武器维修和军官培训，当然，在国家面临威胁或遭到入侵时，也要求这些国家出兵支援，把占领者赶出家园。

一 与美国的军事关系

20 世纪 60 年代，阿拉伯世界民族解放运动高涨，反美情绪强烈，在这段时间内，科与美国的军事交往不多。1971 年，英国宣布从苏伊士运河以东地区撤出后，美国势力乘机打入中东和海湾地区。1974 年 1 月，埃及同以色列在美国的调解下达成脱离接触协议后，阿拉伯世界同美国的关系得到改善，经贸和军事交往迅速发展。70 年代后期，科威特开始从美国购买包括"鹰"式战斗机、"霍克"型导弹、坦克、155 毫米火炮等大量武器装备，到 80 年代初，总额达 15 亿美元之多（含维修和培训）。1981 年，海湾六国为维护自身安全，成立"海湾合作委员会"和"半岛盾牌部队"，各成员国进入了购买武器的新阶段。1984 年，科与美洽谈购买"毒刺"式防空导弹，美因担心导弹转手他人而拒绝提供，科转而求助于苏联，并购得"萨姆"型地空导弹系列。

1991 年 2 月 26 日，以美国为首的多国部队驱除伊拉克占领者，解放科威特。同年 9 月 19 日，科威特与美国签订了为期 10 年的《安全防御协定》，美国获得了驻军、储存装备、使用科机场与港口、举行联合军事演习等权利。1992 年 8 月，美在科驻军 7500 人，举行了联合军事演习，并部署了"爱国者"导弹。从 1993 年开始，科先后从美国订购了 F/A-18 战斗机 40 架，M1A2 坦克 218 辆，"爱国者"导弹 210 枚和多个发射架以及从休斯公司订购的预警系统和先进的雷达与电子监视设施。1999 年，科从美订购了"陶"-Ⅱ型反坦克导弹 728 枚。2000 年又订购了可装备 3 个炮兵营的"无畏战士"式火炮。同年底，美在科驻军约 5000 人，分布在北部的沙漠地区、西南部产油区和科威特城附近地区。其中，陆军 2600 人，并预存了 1 个装甲旅的武器装备；空军 2000 人；海军数十人。2001 年科从美订购了 AH-64D 型武装直升机 16 架，同年 4 月，科外交事务国务大臣穆罕默德访美，双方同意将两国在 1991 年签订的《安全防御协定》延长 10 年。2002 年 6 月，美同意向科出售 80 枚 AAM120C 型空对空导弹。2003 年 3 月 20 日伊拉克战争爆发前，美国在科威特驻有陆军约 15 万人，空军 2 个远征大队。2007 年 7 月，为获得对其反伊（朗）政策的支持，美国政府宣布向科威特及其他海湾 5 国提供 200 亿美元的军事援助和军售。2011 年 1 月，科、美达成购买 1.45 亿美元"爱国者"导弹交易。截至 2012 年，美国在科驻军 1.5 万人，包括两个作战旅和一个战斗航空旅。科实际上已成了美中东快速反应部队在波斯湾地区的前沿基地。

二 与英国的军事关系

科威特与英国军事关系历史悠久。1961 年科威特宣布独立，同时中止了 1899 年与英国签订的保护协定，代之以《相互友好、合作条约》。当科威特主权遭到伊拉克威胁时，应科方要求，英国曾派兵在科登陆，后由阿盟部队取代而撤出。20 世纪六七十年代科军装备多是英式。1971 年，英国从海湾地区撤出驻军后，两国间军事交往明显减少，科军队装备也逐步向美式转变。

1990 年 8 月海湾危机爆发后，英国紧随美国宣布出兵海湾地区，并参加了以美国为首的多国部队解放科威特的战争。1992 年 2 月 11 日，科与英签订了为期 10 年的《安全谅解备忘录》。1993 年，科从英国订购了254 辆"沙漠勇士"步兵战车，以及一批"Starburst"肩发式导弹，价值达 10 亿美元。1997 年科从英订购了"海上大鸥"型反舰导弹 60 枚。2003 年伊拉克战争爆发前，英国在科威特驻有陆军约 3 万人，"旋风"式战斗机 8 架。2010 年 2 月 4 日，英国皇家海军"蒙茅斯"号军舰访科，与科海岸警卫队演练了海上反恐和打击走私。

三 与法国的军事关系

科威特与法国早在 20 世纪 70 年代就建立了军事关系，由于推行武器来源多样化政策，1969 年 1 月，科与法达成筹建第一支舰队协议，并从法国购进了 20 架"幻影"式战斗机。1983 年 5 月，科国防大臣萨利姆访法，两国签订了价值 9500 万美元的军火协议。1991 年 2 月，法国参加了多国部队解放科威特的战争，并在 1992 年 8 月 18 日与科威特签订了为期10 年的《防御合作协定》。1993 年 10 月，科国防大臣访法，双方签订了总额达 2.68 亿美元的武器装备购买合同。1995 年 3 月，法国防部长访科

期间，双方签署了购买 8 艘法国导弹快艇合同，价值 23 亿法郎（约合 4.5 亿美元）。2009 年 10 月 22 日，法国国防部长莫兰访科，与科副首相兼国防大臣贾比尔签署了一份新的防卫协议，以加强双方的军事合作。科方还表达了希望购买法"阵风"战斗机的愿望。

四　与俄罗斯（含苏联）的军事关系

20 世纪 70 年代后期，科威特与苏联建立了军事关系，从苏联购买了相当数量的"萨姆"型防空导弹系列"月神"式导弹，并聘请了苏联军事技术人员来科指导安装。1984 年 7 月，与苏联签订了军事训练协定。1985 年 1 月，苏联提供的第一批地空导弹运抵科威特。1986 年科、苏达成了一笔价值 23 亿美元的武器合同。1991 年 2 月海湾战争结束后，科威特与俄罗斯的军事关系迅速发展。1993 年 11 月 30 日，双方签订了《科俄联合防御协定》。12 月，两国海军在海湾地区举行了联合军事演习。1994 年末，根据双方达成的一系列技术和军事协议，科威特从俄罗斯购买了价值达 7.5 亿美元的武器和军事设备，其中有 BMP－3 型步兵战车（2 个营）、AT－4 型反坦克导弹和多管火箭炮。进入 21 世纪以来，科、俄军事关系受地区形势变化影响逐渐淡化，代表团往来明显减少。2002 年 9 月，科威特国防大臣贾比尔·穆巴拉克·萨巴赫访问俄罗斯，商谈购买俄先进军事技术装备事宜。后因伊拉克战争爆发，萨达姆政权被推翻，双方未签订新的军事装备进出口合同。2003 年 4 月伊拉克战争结束后，科、俄军事关系基本上处于中止状态。

第五节　海湾战争（1990.8～1991.2）

1990 年 8 月 2 日凌晨 2 时，伊拉克出动 10 万多军队、1000 辆装甲车、350 辆坦克，在海空军的配合下，分三路对科威特发动闪击，仅用了 9 个小时就占领了首都科威特城，31 个小时占领了科威特全境。科威特埃米尔贾比尔、首相兼王储萨阿德、全部内阁成员和十几万老百姓逃亡国外。不久，科威特流亡政府在沙特阿拉伯的塔伊夫成立。

萨达姆派军队占领科威特是蓄谋已久的，其公然违反国际法、粗暴践踏国际关系准则的侵略行径，受到了世界绝大多数国家的谴责和反对。以美国为首的西方国家和埃及、叙利亚、摩洛哥等阿拉伯国家，根据联合国安理会 678 号决议，在进行了大规模军事集结后，于 1991 年 1 月 17 日凌晨，发动了代号为"沙漠风暴"的解放科威特战争。多国部队空军每天以 3000 架次轰炸强度，对伊拉克的导弹基地、核生化设施、防空阵地、机场、指挥中心等战略目标实施了长达 38 天的饱和轰炸。2 月 24 日凌晨 4 时，多国部队发起代号为"沙漠军刀"的地面总攻势，13 个国家的军队分四路攻入科境和伊拉克南部地区。26 日，萨达姆下令火速从科威特撤军，10 万伊拉克共和国卫队从多国部队的夹缝中逃回巴士拉和巴格达。28 日凌晨 2 时，美国总统布什下令停止地面作战，海湾战争军事行动结束。

海湾战争是第二次世界大战后，中东地区爆发的规模最大、技术装备和作战手段最先进的一场局部战争。战争给伊科两国造成了巨大的经济损失和人员伤亡。科威特全国遭受严重破坏和洗劫，境内 700 多口油井被伊军点燃，被烧掉的石油价值达 80 亿美元，对环境更是贻害无穷，战后灭火用了 8 个多月，耗资 15 亿美元，各种损失总计上千亿美元。伊拉克的损失同样惨重，其陆、海、空三军及其设施绝大部分被摧毁，战争使 90% 的产业工人失业，9 万多幢房屋被毁，军民伤亡人数超过 15 万，各种经济损失超过 2000 亿美元，另需支付 3000 亿～4000 亿美元的战争赔偿。

萨达姆派兵占领一个阿拉伯兄弟国家，固然与其谋求地区霸权的野心有关，但也有现实原因和历史渊源。

第一，争夺石油资源，摆脱经济困境，无疑是导致伊拉克入侵科威特最直接的原因之一。石油一直是海湾各国的经济支柱。两伊战争前，伊拉克凭其迅猛增长的石油出口带来的滚滚美元，使国家面貌焕然一新，被西方媒体吹捧为"崛起的中东巨人"，其每年石油收入高达 200 多亿美元。两伊战争使伊拉克元气大伤，经济遭到毁灭性打击。战前 300 多亿美元外汇储备消耗殆尽，还欠债 600 多亿美元。更有甚者，战争使伊拉克石油设施遭到严重破坏，油田、输油管、炼油厂基本瘫痪。面对此情此景，萨达姆战后曾痛心地说，"为了阿拉伯兄弟的利益，伊拉克人民付出了鲜血和数千亿美元的损失"。经济危机日益威胁着萨达姆政权的稳定，在此情况下，入侵科威特就成了伊拉克摆脱困境的最佳出路。占领科威特，既可一笔勾销欠科的全部债务，借助科威特的财富缓解国内经济危机，又可掌握和控制占世界 20% 以上的石油资源，增强作为石油大国的地位，确立伊在阿拉伯世界的领导权威。

第二，在长达 8 年的两伊战争中，萨达姆极力宣扬伊朗新政权是鼓吹原教旨主义、疯狂输出"伊斯兰革命"、对海湾阿拉伯邻国构成威胁，把发动对伊朗的战争美化成是一场捍卫阿拉伯民族利益、阻止伊斯兰革命的"圣战"。为此，他要求所有阿拉伯国家，尤其是海湾国家以实际行动报答伊拉克人民用生命和鲜血作出的"贡献"，免除其所欠的一切债务。然而，人们对萨达姆的自吹自擂并不买账，其免债和借钱的要求也遭到拒绝。另外，萨达姆利用两伊战争从沙特、科威特、阿联酋等国家获得了金额高达 1200 亿美元的援助，建立起了庞大的军事机器，到两伊战争结束时，萨达姆已拥有了一支兵员超过 100 万，掌握大量导弹、生化武器和各种先进常规武器的军队。在和平环境下，养活如此庞大的军事力量，对伊拉克来说不仅财政上难以承受，而且如处置不当，反而会成为一个很大的不稳定因素。派兵占领科威特，所有这些难题都可迎刃而解。

第三，寻找出海口，控制入海通道，也是伊拉克入侵科威特的一个重要原因。伊拉克只有 58 公里长的海岸线和唯一的出海港法奥，出海通道受限，随时有被人掐断的危险。为改变这一不利处境，早在 20 世纪 70 年代初，伊拉克就向科威特提出了对靠近乌姆·卡斯尔港的沃尔巴岛和布比延岛的主权要求，1975 年又提出割让沃尔巴岛、租借布比延岛的要求，均遭科拒绝。对伊拉克来说，如果自己不掌握直通海湾深水道的主动权，耗巨资靠第三国转口石油，无论在军事上还是经济上都会受制于人。

第六章

社　会

第一节　社会结构与社会关系

一　社会结构

科威特现居民的大部分，是 18 世纪初由沙特阿拉伯王国中部地区迁徙来的部落牧民，如以部落划分，主要有以下六部分：最早迁移来科定居的阿奈扎部落（以萨巴赫家族为首），随即而来的巴哈尔、哈马德和巴比坦部落，他们都是来自阿拉伯半岛中部内志地区（纳季德）。第三部分是以卡纳阿特部落为代表，包括穆塔瓦部落及其分支萨利赫，他们由伊拉克南部迁居科威特，与来自内志地区的部落有着明显的区别。第四部分是来自伊朗西南部胡齐斯坦省的阿拉伯民族，如巴赫巴哈尼、阿瓦迪等。第五、六部分是所谓的"新科威特人"，除少数获得科威特国籍的巴勒斯坦人外，大多为贝都因人。另外一部分为无国籍者，亦即"比敦尼"。

每一个部落群体在国家和社会生活中所处的地位、等级是不同的，发挥的作用和影响是不同的，构成的阶级、阶层自然也是不同的。最上层的是以萨巴赫统治家族为代表的、最早迁科定居的阿奈扎部落以及随即而来的巴哈尔、哈马德和巴比坦部落。第二层是以卡纳阿特部落为代表，包括穆塔瓦部落及其分支萨利赫。来自伊朗西南部胡齐斯坦省的阿拉伯民族，如巴赫巴哈尼、阿瓦迪等也属于第二层。第三层是"新科威特人"，他们除少数是获得科威特国籍的巴勒斯坦人外，大多为贝都因人，他们是二等公民。最底层的是无国籍者，被称作"比敦尼"。到2011年底，居住在科境内的无国籍者约18万人，其中7万多人来自伊拉克等邻国。

现代科威特从一个从事游牧、打鱼、经商的海湾小国进化而来，社会结构相对简单。科威特人向来有经商、航海的传统，加之政府又制订了许多商业立法，如"代理法""担保法"等，为经商创业者提供各种优惠条件。目前，科籍人口中除统治家族外，约有1/3从事工商业，另有1/3为机关公务员、企事业单位高级员工，还有的就是军人、警察、学生、家庭妇女和少数农牧民。据此，科社会阶层架构明晰可见，大体可分为：一是以统治家族为代表的特权阶层。萨巴赫统治家族历经280余年的繁衍生息，人口已增至多少，迄今仍是一个谜，无任何数据透露。从现实情况看，该家族成员在国家生活的各方面都享有特权和优惠待遇。政治上，该家族成员垄断了国家的强力部门和关键职务；经济上，凡军事和石油领域的任何交易都要由该家族成员代理，凡金融财会领域里的要害部门必由该家族成员掌控；在刑事司法上，该家族成员享有很大程度上的豁免权、特赦权，成员涉案可花钱消灾。二是以家产上亿的大代理商、大工厂主、大资本家、大联营店主为主体构成的富裕阶层。三是以公务员、职员为主体构成的小康阶层，这个阶层占人口的多数。四是由其他人员构成的平民阶层。整体而言科籍公民没有穷人，政府实行高福利政策和各种社会救济措施，保证了每个科威特人都能过上体面的生活。自21世纪以来，随着社会财富剧增，居民收入差距拉大，贫富分化趋势明显发展。数据显示，科百万富翁人数已由21世纪初的1.6万人，增加到2012年的5.3万人，他们掌握的资产价值高达1200亿美元。

二 社会关系

科威特社会总体上说，兼容并蓄，相对开放。民风社风淳朴，民众诚实好客、乐于助人，邻里和睦相处，社会安定有序。国民崇尚敬老爱幼，国家设有特殊的"敬老院"，供养那些在科独立前后做出过贡献、在社会各界有名望有身份的老一代。每逢重大节假日，埃米尔和其他领导人都要亲自前去看望。受传统习俗影响，人与人之间一般能平等相待，没有明显的贵贱与贫富之分，很少有嫌贫爱富之表露。在斋月期间，在婚丧嫁娶办理中，任何人都可以到官员和富商开设的"迪瓦尼亚"做客用餐，没有任何身份和礼数要求。独立前，受传统习俗特别是教法影响，妇女在国家中的地位相对低下，她们享受不到同男人一样的权利和义务，多数妇女被剥夺了求学和工作机会，在婚姻、财产分配和诉讼方面受到歧视，没有选举权，不能外出参加集会和其他社会活动。独立后，科威特妇女，尤其是那些受过教育的知识分子，经过长期的、不折不挠的抗争和努力，不仅获得了受教育权、工作权、集会结社权，还获得了选举权，竞选议员和出任内阁部长权，等等。2005 年科首位女大臣诞生，2009 年 4 位女博士当选议员。尽管科威特妇女获得了比其他一些海湾国家妇女更多的权利，但并未实现男女真正平等，仍有很多有形无形的枷锁套在她们身上。最简单的例子是，中小学男女学生要分校，大学里男女学生要分班。妇女参加公开活动，一般还是要包上头巾。

三　社会管理

科威特国土狭小，人口较少，加之天赐膏腴，财富喷涌自出，居民少为生计犯愁，且民众大都笃信宗教，而伊斯兰教的主旨是要求信徒"顺从、和睦"，故社会氛围宽容，民众性情温和，包容好客，彼此间很少发生矛盾。因此，国家最高当局在面对矛盾纠纷时，即便是严重的政治分歧，惯用的做法是施以实惠，予以安抚。2011 年，受"阿拉伯之春"影响，科国内政局动荡，议会与政府之间矛盾激化。同年，还发生了一起由少数议员参加、警察予以暴力镇压的大规模示威游行，后由埃米尔萨巴赫借国庆 50 周年之际，向每位科籍居民发放 1000 第纳尔（约合 3500 美元）现金和 13 个月的供应卡为食品买单而化解。到年底，一切纷争都销声匿迹，社会恢复平静。

科威特政府通过以下途径实施社会管理：一是行政途径。科设省、区两级行政机构，现全国设 25 个区，实际上也是 25 个选区。区直接负责居民的治安、环境卫生、日用品供应、区内交通、绿化等事务，但最重要的任务是组织本区选民登记和投票，这是科政治生活中的一件大事，受到各方面关注。科每个社区都设有大型消费合作社，类似于超市，为居民日常生活提供了极大的方便。科居民大多住在城市和市郊，交通方便，公民有事要办，如商务、诉讼、房产、教育等一般都去中央部委办理。二是各种协会、俱乐部途径。科威特没有全国性群众组织，如"全国工会联合会""全国妇女联合会""全国青年联合会"等，有的也是名存而实不在，如"妇联""学联"即是。全国性的大型群众活动都是由行业协会和体育俱乐部组织动员。有的协会和俱乐部对会员拥有很大的影响力和号召力，如"足球俱乐部""赛马俱乐部""狩猎俱乐部""游艇俱乐部"等。三是宗教和部落途径。它们负责对居民的意识形态和行为规范进行灌输、教育和引导。穆斯林的"主麻日"能集合成千上万的信徒，虔诚地聆听教主诵经、布道。

此外，在社会管理方面，政府采取的行政措施还有，1982 年成立民政局（The Public Authority for Civil Information），负责管理科威特民事信息工作。所谓民事信息，是指所有科威特永久居民及在科居住半年以上的外国侨民完整准确的个人资料档案，包括姓名、性别、社会状况、血型、信仰、出生日期及地点、国籍、居住情况、教育程度、职务或职业、永久地址、服兵役情况（科籍）、第一次入境日期（非科籍）等。上述项目通过信息库不断进行更新。

建立民事信息体系的目的，一是颁发统一的身份证，以证明持有者身份并在办理公私事务时使用。二是为每个人提供一个固定的、统一的身份号码。三是建立民事信息库，供国家计划、统计和研究等有关部门在制订计划及实施发展、投资和服务项目时使用。提供的服务项目有：①应索出具家庭主人以及和他生活在一起的任何一位成员的正式资料；②电脑免费提供人口普查数据；③提供准确的人口资料，供国家在制订公共设施建设规划时使用。例如，根据人口密度、年龄和分布情况，建设学校和幼儿园；根据每个地区的人口密度，建设医院和诊所，配备相应的医生和护士；根据每个省、区的人口分布情况建设公共设施，如邮局、合作社、派出所、消防站、清真寺、图书馆，等等。

随着人口的不断增长和外来人口的无序流动，制作和发放身份证工作已改用自动化，取代原先的手工操作。另外，民政局已着手建立国家个人图像档案。1998 年，完成了建立国家个人图像档案的研究和准备工作，1999 年第四季度开始实施，用电脑储存每个人的相片并复制到身份证上，使身份证更加安全可靠。

第二节 国民生活

一 概述

昔日的科威特不过是阿拉伯半岛茫茫沙漠中的一个普通小渔镇，自然条件并不优越，国土多为荒原沙漠，境内没有河流湖泊，水资源极其匮乏，气候炎热、干旱，居民多以捕鱼、采珠、经商、放牧为生。然而，就在这一望无际的大漠下面，却蕴藏着十分丰富的石油资源。石油的发现和开发，改变了科威特的局面。依靠石油出口而获得的滚滚财源，使科威特迅速地走向繁荣，成为一个高收入的福利国家，人均国民收入也跻身世界前列。据统计，1975 年科威特的人均收入为 12500 美元，居世界首位，1980 年为 22840 美元，占世界第三位。1997 年国内生产总值 309 亿美元，人均收入 17482 美元，仍处在世界前列。经过 15 年的快速发展，到 2012 年，科威特人均收入已达 47982 美元。

依靠石油出口积累起来的巨额财富，为提高人民生活水平、建立一流的福利国家提供了坚实的基础。另外，出于巩固传统君主政体的需要，科威特政府也十分注意发挥社会福利的润滑剂作用，投入巨资，发展社会福利事业。历届政府都将这一方针奉为基本国策，把相当一部分石油收入用于基础设施建设、文化教育、医疗卫生及其他社会福利事业，使科威特成了令世人羡慕的福利型国家。政府实行的高福利政策主要内容为：免征个人所得税，享受免费教育和医疗保健，提供岗位、物价、房租和结婚补贴。平均每 27 个人拥有一名医生，每 311 人拥有一张病床，每 2 个人拥有一部汽车。

二　物价

科威特自独立以来就实行价格补贴政策，致使物价长期以来保持相对稳定，通货膨胀率很低。海湾战争后，政府开支猛增，财政出现赤字，物价有所上涨。20 世纪 90 年代中期以后，随着石油出口收入和国外投资收入的增加，物价逐渐趋于稳定，通货膨胀率下降。科威特政府对本国公民实行供应卡制度，对列入供应卡中的商品，如大米、面粉、糖、奶粉、植物油等实行价格补贴，对未列入供应卡中的其他必需品，如建筑钢材、水泥、石灰砖等实行限价。1998 年，国家价格补贴支出达 950 万第纳尔（合 3000 多万美元），比 1997 年价格补贴 1032 万第纳尔略少。此外，国家向所有生活在科威特的居民提供高补贴的水、电和燃料服务，其中燃料费补贴占 60%，水电费补贴 40%，1 度电费不及其成本费的 20%。

21 世纪以来，科威特的年度通货膨胀率如表 6 - 1 所示。

表 6 - 1　2009 ~ 2011 年科威特的通货膨胀情况

项　　目	对比基数	2009 年	2010 年	2011 年
消费价格指数	（2000 = 100）	136.0	141.5	148.2
食品价格指数	（2000 = 100）	149.6	162.1	177.7
教育医疗指数	（2000 = 100）	151.3	155.0	161.1
住　房指　数	（2000 = 100）	137.7	143.8	149.2
交通通信指数	（2000 = 100）	114.9	113.4	115.8

三　就业

科威特是一个劳力短缺型国家，各方面的人才都非常匮乏，尤其是对教师、医生、律师、工程师、信息等技术型人才的需求尤为紧迫。就本国公民而言，只要他能够工作而且愿意工作的话，一般都能找到一个称心满意的工作岗位。有不少科威特人，他们宁愿经商，从事自由职业，而不愿从事收入有限的固定工作，尽管在政府和国有企业中任职，工作清闲，工

资优厚。当然，多数科威特人还是选择在政府机构和国有企业工作，而不愿在工资低、工作时间长的私营部门工作。据统计，在就业的科威特人中，90%以上在政府机关、国有企事业单位中任职。即使在企业或商业部门工作的科威特籍人，也大都担任领导职务，或充当高级职员。一般体力劳动和服务部门的工作基本上由外籍劳工承担。

科威特是一个严重依赖外籍劳工的国家。据科威特计划部统计，1997年，在科威特121万劳动力总数中，外籍人占了83.7%，而本国公民仅占16.3%。在技术工人中外籍人占了92%，在工程师和工程技术人员中，外籍人分别占了81%和66%。只有在教师、经理、财会、政府公务员等领域，科威特本国人才占有优势。外籍劳工带来的劳力和技术，推动着科威特石油工业及其他经济部门的运转，促进了科威特的经济发展，造就了科威特今天的美好生活。

根据科威特中央统计局资料，1990年，劳动力总数为854716人，其中，科威特籍劳力118841人，非科籍劳力735875人；失业人数6592人（不含首次找工作者），科威特籍失业人数1242人，非科籍失业人数5350人。1995年，总劳力降至746336人，科威特籍劳力159891人（男劳力109108人，女劳力50783人），非科籍劳力586445人。2011年科威特人口已达3632009人，其中科威特籍人1164448人，占总人口的32%。这一年，科威特籍劳动力290596人（男劳力133956人，女劳力156640人），非科籍劳力1837700人。科籍劳力大多在政府部门以及医院、学校、银行、保险、旅游、新闻等国有企事业单位工作，约占科籍劳力总数的79%，在私营部门工作的约占21%。2011年，科籍失业者20573人，其中男性4725人，女性15848人。2012年失业者19016人，比上年有所减少。据《阿拉伯时报》2012年8月引用国际货币基金组织和美国中央情报局公布的数据显示，科威特的失业率为1.5%，在阿拉伯国家中算第二低，仅次于失业率为0.5%的卡塔尔。

四　居民收入

不断增加公民的收入和福利是补贴政策的目的，其基本构成是向政府

及事业单位职工发放工资和津贴。科威特实行高工资、多补贴政策。政府实施的工资、津贴和加薪制度，不仅给科威特公民带来一份丰厚的收入，满足他们的自身需求，还能使他们从容地承担起对家庭的供养责任，且无需顾及家庭规模的大小或成员的多少。科威特工资水平较高，一般职工的月薪在500第纳尔以上（约合1800美元），同时还发放岗位补贴、工龄补贴、子女补贴和新婚赠予等。

据科威特公务员服务委员会提供的资料，国家公职人员的工资级别大体是：职员月薪500~800第纳尔（约合1800~2800美元），科级800~1200第纳尔，处级1200~1500第纳尔，局级1500~1800第纳尔，部（大臣）级2000~2500第纳尔。不同行业不同部门的就业者中，最低工资与最高工资的相比情况是：公务员的最低工资相当于最高行政长官工资（大臣级）的30%，企事业单位员工最低与最高工资相差3~4倍，服务业工资高低相差1~2倍，新参加工作的大学毕业生月薪加津贴一般为500~700第纳尔。军队、警察、石化、金融部门工作的员工工资较高。

（一）社会津贴

以各自的工资为基数，每个人得到的社会津贴是不同的。担任领导职务者为54%~100%，在企事业单位就业者为100%~153%，辅助性技工类就业者为95%~155%。社会津贴的百分比和工资的高低呈反比，即工资越低，社会补贴越高。对低工资收入者来说，视每人工资情况的不同，百分比在120%~176%之间浮动。

（二）子女补贴

无论家中子女人数多寡，无论职务高低，国家对所有工种就业者实行统一的标准，即每个子女每月发50个第纳尔的补贴。这项补贴政策对于那些工资低、子女多的家庭来说，意味着他们可以拿到与那些工资高而子女少的家庭所得相当的收入。

（三）新婚补贴

凡新婚的科威特公民，国家给予2000第纳尔（约合7000美元）的新婚补贴，其中1000第纳尔为赠予，1000第纳尔为分期付款，但实际执行中无人偿还。

（四）工龄补贴

科威特实行工龄补贴制，即每工作满一年，基本工资增长 2 ~ 4 个第纳尔。在通常情况下，工龄越长，工资越高。

五　居住

（一）住房演变

科威特直到 20 世纪初依然是阿拉伯半岛茫茫沙漠中一个普通渔港，人口只有 3 万余人。居民从事捕鱼、采珠、游牧和经商等活动。人民生活拮据，住房条件简陋。那个时候，民房多用石头和土坯砌成，屋顶用桁条、竹子和椰枣枝杆覆盖，抹上泥浆，四周构筑女儿墙，并留有雨道。次一些的民房是用泥土夯起来的，开一个很小的门窗。即便是谢赫（酋长）的宫殿，也不过是用石头砌起来的二层小楼而已，围墙和城墙仍是用泥土夯成。砖石结构的住房开始大量出现，是在 20 世纪四五十年代，也就是说，是在科威特开始出口石油以后。1961 年国家赢得独立后，由于石油收入增加和政府推行富民政策，居民们纷纷拆除旧房，建造砖房，扩大和美化庭院。这是科威特住房发展的第一阶段。进入 20 世纪 70 年代石油经济繁荣时期，石油美元如潮水般涌来，人民飞速致富，1975 年科威特人均收入 12500 美元，一跃成为世界首富。富裕起来的科威特人，首先想到的是把自己先前的砖房拆掉，换成钢筋混凝土结构的楼房和新颖别致的车库，再添置几辆豪华的轿车，这是当时科威特人生活的典型写照，也是住房发展第二阶段的主要内容。20 世纪 80 年代后，科威特住房发展进入更高阶段，其特点是追求豪华、气派、舒适和宽敞，内装修趋向奢侈、高档。如今的科威特，犹如烈火中飞出的凤凰，更加秀丽、壮观。无论市区、郊区还是高速公路两旁，到处都是融现代建筑工艺与伊斯兰建筑风格于一体的居民小区。从林立于闹市的高楼大厦，到遍布郊区村落的一幢幢别墅式民宅小楼，"海湾明珠"的飞速发展令人赞叹不已。

（二）住房状况

居住是社会发展的主要支柱之一。科威特非常关心居民的住房福利问题，相信向公民提供必要的住房是社会的需要，相信住房问题直接反

映了居民的生活水平。为此，政府制订了一个又一个的社会发展规划和住房计划，并筹措了大量资金。1974年正式组建的国家住房总局，具体负责设计、施工住房工程和建设与之相配套的公共设施，解决国民的住房问题。

截至20世纪90年代末，科威特国家住房总局共修建了各种类型和模式的住房35985套，分配给那些应享受福利住房的科威特公民。其中，首都省687套，哈瓦里省12025套，法尔瓦尼亚省8124套，杰赫拉省4766套，艾哈迈迪省10383套。1995年实施的新的住房计划规定，尽快完成住房工程和旧区改造工程，增加住房模式、品种，建设新城和开发边远地区。此外，自从推行"低收入者工程"以来，截至1998年底，其他政府部门和专业银行（信托、储蓄）总共修建了15842套住房，分配或销售给职工。其中，首都省5672套，哈瓦里省1872套，艾哈迈迪省4541套，法尔瓦尼亚省2995套，杰赫拉省762套。进入21世纪以来，科住房工程建设更是如火如荼，日新月异。新的卫星城和住宅小区不时出现。据科中央统计局数据，2011年全国共拥有住房484977栋，其中私宅475409栋，住宅楼9568栋。同年，住房申请累计92088套，已分配住房2388套，正在施工11699套。

（三）住房福利

自独立以来，科威特政府推行"住者有其屋"的高福利住房政策，采取了一系列向公民倾斜的再分配措施，在相当短的时间内解决了本国居民的住房问题。这些措施主要有：

——高价征用私人住宅地、庄园、场地。在城市基础设施建设和旧城改造中，国家往往以高于实际地价几倍的优惠价格征用私人土地，这种财产再分配方式无疑对解决住房问题起到了巨大的催化作用，尽管这一政策的多数受益者为王室成员和富裕人家，因为只有他们才拥有土地和庄园。

——国家统一划拨建房用地，并以低价卖给拟建房者；无任何担保地向建房者提供长期优惠大额贷款，期限可达20年，额度可达10万~20万美元之多。而且贷款偿还到一定额度后，余额往往被一笔勾销。

　　——在全国各地大量建造经济适用房，分配给那些符合条件的低收入者家庭。经济适用房价格低廉，偿还期长，且以分期付款方式支付。一般情况下支付 1/3 房款后，房屋产权就属于自己了。

　　——向无独立私人住宅的科威特公民提供房租补贴，以租用适当的私人住宅。

（四）　新住房政策

　　随着住房问题的基本解决和住房补贴的逐年增加（1994 年已达 1.17亿第纳尔），更主要的是海湾危机后，政府开支剧增，财政出现赤字，过去的那种高福利住房政策已经不再符合现实情况。在此背景下，国家在远景发展规划中就住房政策提出了以下新建议：

　　——改变原来的住房福利思想，使住房福利适应 20 世纪 90 年代以来所发生的经济与社会变革。解决住房问题不能只靠国家，而要动员个人和集体力量参与解决，国家的作用主要表现在管理和指导上。

　　——组建不动产市场和房地产市场，抑制不动产价格上涨。

　　——改变对住房模式固有社会观念，提倡和推广公寓式住房。立体式扩展既可节约建筑用地，又可照顾到环境美化与环境保护问题。

　　——未来要重视地区经济和文化发展规划，在均衡发展和科学设计基础上，改善科威特各地区的住房分布状况。

第三节　社会福利与社会保障

　　科威特是一个高福利型国家，公民享有众多的福利待遇。劳工与社会事务部负责社会福利事业，它要实现的主要目标是，建立一个人人机会均等、友好和睦和安全的社会，不断提高人民群众的生活水平，向贫困者提供安全可靠的生活保障。

一　社会福利

　　国家对家庭提供的福利是多方面的。为儿童和青年提供文化、社会、娱乐、体育服务，使他们能够健康成长。对遭遇不测、突然遇到困难的家

庭提供货币和物质帮助，使他们渡过难关。对失去双亲的孤儿予以抚养，或安置在孤儿院里，或委托寄养在亲友家中。对少年犯提供帮助和教育，避免他们再次走上邪路，使他们成为社会上有用的人。对老年人、残疾人和智障者，国家和社会在医疗、护理、心理和就业上提供关怀帮助，使他们成为社会中的积极成员。

科威特公民享受的社会福利有：

——终身免费教育、免费医疗保健。

——宪法规定向困难家庭提供补助，为鳏、寡、孤、独提供终生救济。

——免征个人所得税。税务负担与个人收入截留百分比直接影响到个人消费和储蓄，科威特是世界上税负最少的国家之一。1970 年，当人均国内生产总值达 1389 第纳尔时，其中所得税不超过 11.6 第纳尔，即不足 1%。1985 年，人均国内生产总值 5700 第纳尔，税率不足 0.8%，税负仅为 45.5 第纳尔。1992 年，人均截留税收 32 第纳尔，低于人均国内生产总值的 0.5%。到 2012 年，科个人税收仍低于人均国内生产总值的 0.5%。

二　社会保障

科威特 1955 年 1 月 1 日起实行退休制度，1960 年颁布退休法，1976 年 10 月，颁布了完整的社会保险法，并成立了社会保险总局。1977 年 10 月，开始对政府工作人员、国有企事业单位、社会团体、私营职工实行年老、伤残、生病、死亡保险。1986 年起对受雇于他人的非正式雇员实施年老、伤残、生病、死亡强制性保险。

科威特社会保险制度涵盖社会上所有劳动者，不管他从事何种工作，也不管他在哪个领域。他们既包括国民议会议员、市政委员会委员、区长、私营业主及其雇工，也包括各种自由职业者、医生、工程师、律师、个体工商户及其雇工，还包括经批准或授权在国外工作的科威特人。科威特社会保险制度的特点首先是它的全面性、统一性，其涵盖一切社会生产力，只要从事社会劳动，不管是在政府或国有企事业单位，还是私营或自由职业者。其次是优厚、宽松的保险条件。最后是社会保险法，其确保了领取退休金和其他报酬的基本权利，保险法不能随意修改。

退休金发放是社会保险的第一目标，其具体规定是：

——凡工龄满 15 年、因年老而退休者，可领取不低于其最后工资 65% 的退休金，军人不少于 75%。如死亡、致残或丧失劳动力，不管其工作年限，其家属或本人均可领取工资 95% 的退休金，军人可领取工资的百分之百；凡工龄满 30 年者最高可领取工资的 95%，军人服役期达 27.5 年者可领取工资的百分之百；对于已婚、离婚、守寡妇女，如身边有孩子需要抚养，工龄满 15 年后可领取退休金。

——病退。凡工龄满 15 年者，可领取工资的 65%；如因病而失去劳力者，可领取工资的 95%。

——退休补偿。凡提前结束服务但不足退休年限者，给予一次性现金补偿。

——死亡赠予。凡参保者或退休者去世，给予一个月的工资或退休金。

——家属抚养金。凡参保者或退休者去世，可将其退休金分配给符合一定条件的家属。

——退休者或参保者，如有符合规定的退休期限，可以要求一次性支付退休金总额的一部分（退休金的 1/4）。

截至 20 世纪末，科威特参加社会保险者共 235485 人，其中文职人员 219273 人（领取养老金者 35932 人，私营企业员工与自由职业者 155366 人，鳏寡孤独者 27975 人），军人 16212 人（含家属 9298 人），年均增长率 3.7%；退休人员 42846 人，其中文职人员 35932 人，军人 6914 人，年均增长率 2.7%。以 1998/1999 年度为例，每月向享受养老金者、鳏寡孤独者发放各种补贴 3230 万第纳尔，全年实发退休、养老、社会保险金达 3.876 亿第纳尔。据科劳动与社会事务部统计，2011 年共向 29932 住户发放补助金 13899.1 万第纳尔，户均约 4600 第纳尔（约合 1.6 万美元）。

第四节　移民

一　移民由来与移民政策

科威特俗称"外侨之国"，或称"移民之国"，即本国公民在自己的国家里成为少数，而外侨和外籍劳工占了总人口的60%以上。以2011年人口为例，非科籍人口高达2467561人。他们大都是来自埃及、约旦、黎巴嫩、叙利亚和巴勒斯坦等国的阿拉伯人，占外籍人口45%左右。自21世纪以来，外籍劳工的来源国明显东移，多为会讲英语的印度、巴基斯坦、斯里兰卡、菲律宾等国。

外籍劳动力作为移民大量流入，是由科威特经济发展需要所决定的。随着石油开采和工业的发展，对专家和熟练工人的需求量越来越大，科威特本地无法解决。外来劳工招募最初是由外国石油公司完成的。当初，他们在贝鲁特、孟买和卡拉奇开设代表处招募劳工向科派遣，因此那时招募的外籍劳工多为叙利亚、黎巴嫩、印度、巴基斯坦人。科独立后更多引进的是阿拉伯劳工，巴勒斯坦、约旦和埃及人成了移民的大多数。那个时候对劳工移民潮总体上说是不加控制的，成千上万的阿拉伯人、伊朗人、印度和巴基斯坦人为了挣大钱蜂拥而至。大量的移民流入也带来了不少社会问题，住房、学校和医疗机构都非常紧张，治安问题也明显增加。20世纪80年代，当石油价格下降国家收入减少时，科政府曾试图减少长住移民数量，但效果不太理想。海湾战争后科威特政府实行新的移民政策，以亚洲国家劳工替代阿拉伯国家移民，并采取果断措施，以各种方式解雇和驱逐阿拉伯国家移民，仅巴勒斯坦即有40多万人被驱逐出境，约旦、伊拉克、埃及、叙利亚等也有大量移民被遣送回国。为填补空缺，不仅来自印度、巴基斯坦的移民增加，而且斯里兰卡、泰国、菲律宾和韩国的劳工也纷至沓来。

外国侨民在科威特有较为宽松的赚钱机会，但也有辛酸和委屈。首先，不能和科籍员工一样同工同酬，享受同等的福利待遇，而且有许多职业不允许外籍人从事；其次，外籍人在与科籍公民交往中不管发生什么事故、纠纷、案件等，在判决中都以维护科籍公民利益为准。侨民特别是外籍劳工在品行方面稍有过失，如吵架、酗酒、偷窃等即被解雇和遣返；最后，也是最重要的，侨民和外籍劳工包括阿拉伯人和外籍配偶，不管你在科居住多长时间，品行与工作表现多么优秀，都很难获得科威特国籍，很难得到科籍公民享受的待遇。据科威特 1962 年宪法规定，只有其祖先自1920 年起就在科定居的人才有资格成为科威特公民。而一旦获得科威特公民身份，就意味着将拥有许多特权和福利。目前，科政府严格控制国籍授予，这一政策无任何松动迹象。

二　劳工处境与待遇

1999 年 10 月，在科威特市一个穷人居住的郊区，发生了一起埃及和孟加拉工人之间的冲突事件，政府出动治安部队予以驱散，并逮捕了一些肇事者。随后，一批埃及工人被遣返回国。科雇主无视国际劳工标准，不能善待外籍劳工的做法，一向受到外界关注和批评。21 世纪以来，不时有外籍劳工举行罢工或示威游行，要求雇主履行合同中规定的权利。2008 年 5 月，1000 多名科威特教育部下属公司雇用的孟加拉清洁工示威游行，抗议工资微薄、工作条件恶劣和不公正待遇，遭当地警察逮捕并被押送出境。此后，科政府宣布任何组织罢工的外籍劳工都将被驱逐出境。科处理外籍劳工的做法遭到国际人权组织的强烈批评。美国国务院在其 2008 年 6 月发布的《贩卖人口报告》中，甚至把科威特的外籍劳工状况列入"最差类"。在国际舆论的压力下，科内阁于 2008 年 7 月宣布，与政府签订合同的公司每月付给劳工的工资不得少于 40 第纳尔（约合 140 美元）。同年，科国民议会"人权委员会"建议，给予私营公司劳工更多的权利，包括年假、最低工资、期满补偿；对虐待劳工和贩卖工作签证的雇主判处 15 年监禁等，这一法案在 2009 年 1 月获议会通过。2010 年 4 月，科威特开始实行每月 60第纳尔（约合 210 美元）的最低工资制，但不包括 60 多万家务劳工（包括女佣、厨师和司机），他们约占外籍劳工的 25%。家佣没有休息

日，虐待和驱逐家佣事件曾不断发生。科家佣这一凄惨处境，其根本原因在于科自独立以来实行的"担保"（kafala）制，该制度赋予了雇主绝对权力。2010 年联合国人权事务高级专员皮莱访科时，要求科政府取消这一不得人心的"担保"制度。2010 年 9 月，科副首相兼司法大臣穆罕默德·伊法西宣布，担保制度将在负责工作签证的"劳动局"成立后予以取消，但家佣除外。劳动局原定于 2011 年 2 月成立，但直到 2012 年也未实现。

三 "比敦尼"，一个棘手的问题

"比敦尼"（The Bidoun），即无国籍者，没有所属国身份的阿拉伯人。科威特的"比敦尼"一部分是原居住在科境内的牧民，俗称"贝都因"人，他们当中的许多人已完全融入科威特社会。另外，有一部分是 20 世纪 30～60 年代来自伊拉克、约旦、沙特等邻国的牧民，还有一部分是 1990～1991 年伊拉克占领期间来科定居者。海湾战争后成千上万的"比敦尼"被遣返回伊拉克。科承认"比敦尼"是其原居民的一部分，但伊拉克占领后，科统治家族加强了对政权和社会的控制，大量无国籍者的存在已成为政治上的敏感问题，在一些"比敦尼"居民占多数的城市示威抗议活动不时发生。2000 年 5 月，科通过一项法律，有选择性地给予少数"比敦尼"申请国籍的机会，这一立法遭到了杰赫拉市"比敦尼"居民的广泛抗议。2001 年初，约 1000 名"比敦尼"获得科威特国籍。2006 年 4 月，政府推出了一项新措施，向 13000 名"比敦尼"发放身份证，享受一些最基本的社会服务。2009 年 6 月，新一届议会选举产生后，首次成立了"比敦尼"事务委员会，同年 12 月，议会原定召开的给予"比敦尼"民事和社会权利法案的会议，因未达到法定出席人数而夭折。2010 年 4 月，联合国人权事务高级专员皮莱女士访科，其间她敦促科政府尽快解决"比敦尼"国籍问题。2011 年 1 月开始，"阿拉伯之春"变革风暴席卷阿拉伯世界，这给科无国籍者争取自身权利提供了一个难得的机会。同年 2 月，1000 多名"比敦尼"在杰赫拉和其他地方，连续三天举行游行示威，要求倾听他们的心声。政府出动警察和安全部队，使用警棍、烟雾弹、催泪弹和水枪，以高压手段驱散、拘捕示威民众。3月，500多名杰赫拉居民再次举行示威游行。此类示威抗议活动持续了2011全年，直到2012年初，科内政部发表声明，禁止"比敦尼"的一切集会和抗议，事态才趋于平静。

第五节　医疗卫生

一　概况

科威特的卫生医疗始于1912年，那年开办了第一家门诊所。从那时起，科威特开始重视发展国民的卫生医疗服务。1961年独立后，科威特制订了一个成为"福利型国家"的全面计划，该计划旨在使所有科威特公民和侨民都享受完全免费的医疗服务。在经历了1975～1985年的快速扩张之后，科威特医疗服务制度经历了重新评估和审议阶段，伴之以先进的管理理念、高水平的效率和技术。

为实现未来的卫生计划，更加广泛地宣传卫生知识，卫生部将科威特划分成6大医疗保健区：法尔瓦尼亚、杰赫拉、艾哈迈迪、哈瓦里、首都和萨巴赫区。每个区大约负责30万～50万人口的医疗服务。建立保健区的目的是方便群众看病就医，同时，也使各区承担起解决本地区卫生医疗的责任。截至2010年，科威特每1000人中就有1.8名医生，2张病床，年人均医疗费用1671美元，医疗卫生开支占国内生产总值的3.8%。国家为所有科威特居民免费提供最好的医疗服务，如有公民需要特殊治疗，而科又不具备这种条件，卫生部可以把他送到国外治疗，并承担一切费用。科威特制药水平较低，75%的药品需要进口，每年用于进口药品的支出相当可观。2012年进口药品市场总值达7.8亿美元。

科威特的卫生福利对新生儿死亡率的下降起了重大作用。以1000名新生儿为例，1974年，新生儿死亡率为44.3‰，1983年为19‰，1987年为14.4‰，1992年降为10.7‰，2010年为11‰。同样，卫生保健在提高人的寿命方面也发挥了很大作用。据统计，2010年男性平均寿命为73.7

岁，女性为 75.5 岁。同期死亡率从 6.5‰下降到 2.2‰。

科威特卫生部努力实现的目标是：提高医疗效率，吸收更多的科威特专业人才，减少对外国人才的依赖。为此，1973 年建立的医学院与 1982 年创办的医师学院和护理学院，源源不断地为国家提供医师和医学领域里的专业人才。此外，卫生部于 1962 年建立了护士学校，1984 年开办了医学专科学校，帮助那些刚走上岗位的医生提高医疗水平，获取各种专业服务知识。

二 医疗保健

科威特医疗保健服务分三级：

（一）初级医疗保健服务

全国现有 72 个初级医疗保健中心，首都省 20 个，哈瓦里省 14 个，法尔瓦尼亚省 15 个，艾哈迈迪省 14 个，杰赫拉省 9 个。医疗中心每天工作 7～24 小时不等，服务项目包括：妇幼保健服务、护理服务、糖尿病诊所、牙科诊所、预防服务、家庭医疗服务、药店服务、化验服务、透视服务、急救服务。

（二）中级医疗服务

包括以下 6 家综合性医院：萨巴赫医院、埃米尔医院、阿丹医院、法尔瓦尼亚医院、大穆巴拉克医院、杰赫拉医院。

（三）专科医疗服务

通过专科门诊所、医疗中心和医院提供专科医疗服务。这些医院是：妇产科医院、胸腔科医院、精神病医院、伊本·森纳医院、拉齐骨科医院、传染病医院、巴比廷烧伤治疗中心、过敏症治疗中心、遗传病医院、聋哑治疗中心、苏莱比哈特康复医院、哈米德·伊萨器官移植中心、侯赛因整形医院等。

伊斯兰医学中心 伊斯兰医学中心是科威特大企业家尤素福·马尔祖克及其夫人鲁娃·纳赛尔作为礼品捐赠给国家的，以表达他们对祖国的热爱和忠诚。该中心得到了卫生部极大重视和关注，为政府全面关心和重视人民大众卫生医疗服务增添了新内容。中心设有理疗中心、中国针灸治疗中心和核医学中心。1987 年，中心开始用草药治疗病人，发掘和光大伊斯兰医学遗产。

伊斯兰医学中心占地面积（含一座清真寺）15500 平方米，投资 650 万第纳尔，历时 4 年，1987 年 2 月 27 日正式启用。中心建筑本身体现了伊斯兰的艺术性和独特的风格。它分两部分，右侧是伊斯兰医学中心和伊斯兰医学组织办事处；左侧是面积达 1267 平方米的鲁娃·纳赛尔清真寺，它可容纳 1500 人做礼拜。清真寺就像一个具有伊斯兰建筑风格的艺术博物馆。

巴哈尔眼科治疗中心 穆罕默德·阿卜杜勒·拉赫曼·巴哈尔眼科治疗中心 1999 年 5 月 8 日竣工启用。位于萨巴赫医疗区，与伊本·森纳医院为邻。中心由法国"国际艺术"公司设计，巴哈尔集团公司承建，建筑面积 10000 平方米，造价 300 万第纳尔。中心设有激光室，超声波室，大小手术室，消毒、化验、护理、咨询室以及一个可容纳 100 人的学术报告厅和 74 个床位。

三 卫生防疫与核医学

卫生防疫包括港口、边界卫生检疫，灭鼠，防辐射服务，环境卫生，计划生育，血库服务（保障手术的血浆供应无需从国外进口）和制药厂卫生防疫检查。科威特在医疗、预防和康复等不同医学领域里都取得了长足的进步，这与 1990 ~ 1995 年第二个五年计划卫生战略是一致的，这一战略目标是实现人人健康、保护自然环境免遭污染。

核医学是一门新学，原子的发现与和平利用对现代医学在诊断和治疗方面取得的进步产生重大影响。科威特的核医学始于 20 世纪 60 年代的萨巴赫医院。那时只有一台摄像机和一台射线计数器。随着 80 年代医学事业的发展，卫生部在大穆巴拉克医院、胸科医院、埃米尔医院、侯赛因·马基·朱马医疗中心和医学院，开设了新的核医疗科，并给这些医院配备了最先进的摄像机和仪器。一批在英国和美国受过训练的专业人员在这些部门工作。卫生部还准备在器官移植中心、萨巴赫医院和军事医院开办新的核医疗科。目前，世界上最尖端的核医学领域进行的人体检查，在科威

特都可以做到。任何新的放射性材料的发现，只要投入商业性生产，用不
了半年就能到达科威特。

科威特大学医学院核医疗科与国内其他医院核医疗科，同设在日内瓦
的世界卫生组织和设在维也纳的国际能源组织合作，举办了一系列学术研
讨会，以便积累经验，提高核医疗水平。为了发展地中海地区的核医疗，
科威特还组织了年度系列研讨会，阿拉伯国家代表出席会议，并在科威特
接受培训。核医学科室的一些专家，还向医学院、医师学院的研究生授
课。

科威特核医学科室多次参加在美国、欧洲和亚洲举行的科学大会。
1984 年，科威特提供的最新研究报告获北美核医学大会金牌，1986 年提
交的科研报告获得铜牌。每年都有许多外国专家访问科威特，评估训练中
心工作情况，批准授予学员伦敦和格拉斯哥大学核医学博士学位。

第六节　环境保护

科威特就环境保护、防止污染、维护人类健康、保护动植物资源颁布
了一系列法律和规定，积极参与地区和国际环保会议、论坛。1981 年颁
布的环境保护法，为科威特的环保事业奠定了基础。科成立了环境保护委
员会，并授予它广泛权力，保障其很好地履行职责。1995 年正式成立
"国家环境保护局"，1996 年成立以首相为主席的最高环保委员会，负责
环保领域内的一切工作。

一　最高环保委员会职责

——制定和执行环境保护的方针政策；

——对一切有关环境保护的活动、措施、实施方案进行监督、检查和
评估；

——明确污染物范围、确定环保质量标准，起草保护环境的法律、法
规和章程；

——研究国际和地区环保领域里的协议、协定；

——跟踪国际法在环保领域里的最新发展；

——制定实施全民环保教育、教学大纲；

——对环境实施监督、监测。

最高环保委员会主席由首相兼任，成员包括卫生、计划、石油、工商、交通大臣，还包括市政委员会主席、农业与渔业资源总局局长、科威特科学院秘书长和三名环保领域里的专家，任期四年，可以连任。委员会负责制定有关工程建筑或工厂用地建设、使用和拆除等规定及必须具备的条件，并有权要求任何官方或私人提供必需的资料和依据。

二　环保局职责

（一）防止环境污染

责任包括：

——防止污染，避免污染的发生，总体上保持空气、水、土壤和环境的良好质量，满足公共健康要求，保护自然资源和公私财产。

——实现环境保护与发展的均衡与协调，发展要适应公民健康的要求，避免对环境和财产造成消极影响。

——对来自境外的污染采取应对措施，加倍防范油类污染。

为实现上述目标采取的措施：第一，制定和改进立法，明确空气、水、土壤环保安全水平，并据此制定针对所有部门或新建单位的污染物排放水平。第二，加强对居住、办公、娱乐等场所内外环境污染水平的监测力度，检查和掌握污染物来源，对生产项目和使用技术进行重新审查，严格实施环境保护法，加强对固体废弃物的管理；建设工业和生活污水处理站，对重大污染事件采取预防措施，限制或者减少污染物总体排放水平。第三，对环保措施和方式方法的效果与开支进行分析、评估，鼓励实行高效能、高回报措施；实施环保价格杠杆，以反映环保对商品生产成本的影响。第四，与海湾沿岸国共同努力，阻止一国所建项目可能对另一国或多国的环境产生不利影响，关注本地区和国际上有关环保问题的科研工作。

（二）保护自然环境

责任包括：

——保护自然环境，包括植物、动物和其他生物的生活环境，防止由于野蛮开发利用、污染扩散、工业和建筑无限扩张，导致生物衰退和灭绝；恢复受影响地区的生态平衡，保护生物多样化，恢复科威特大地上消失的生命种群，为它们提供必要的生存环境，保证它们的生存繁衍。

——保护优良的海洋环境，它是国家和人类生存、工业发展所需水的主要源泉。根据沿岸地区海水环境质量水平，安排发展项目。把工业和生活污水排泄口安排在远离生活用水区，利用海潮和海水运动逐散污染物。

——保护和发展渔业资源，实行合理捕捞，禁止导致渔业资源枯竭的野蛮作业。提高海洋渔业的科研水平，大力发展现代渔业养殖。

三 新时期生态文明建设

科威特国土面积小，自然条件恶劣，灾害承担能力差，科政府尤为重视环境保护，对 20 世纪 90 年代伊军撤退时，给科造成昏天黑地的环境悲剧记忆犹新。进入 21 世纪以来，科政府把保护生态环境，实现全面发展定为国策。一方面加大资金投入，增加科研力量，加强国际合作；另一方面，发动和教育群众，提高环保意识，提倡营造绿色的生产环境，自觉投入到环境保护和生态文明建设中来，人人争当环保卫士和志愿者。2011年 4 月 23 日，科威特环境保护协会发起争当"百万环保积极分子"运动。10 月 1 日，环保协会宣布，登记注册的环保积极分子已达 861657人。环保协会组织积极分子从事以下环境保护和生态恢复工作：清理海底废弃物和海岸垃圾，保护和种植珊瑚礁；观察和喂养候鸟，禁止非法捕猎；复植濒临灭绝植物，关注生物多样化，建立种子银行；出版环保书籍，普及环保知识等。据科通社提供的数据，2011 年，科威特潜水队、环保积极分子完成了第五阶段海下珊瑚种植任务，在祖尔港海域种下了 6类珊瑚。他们凿沉一艘长约 21 米重 80 吨的驳船，改善珊瑚生长环境，珊瑚礁钙化现象明显消失，长势喜人。此外还种植了 14 种濒临灭绝的菌类植物，清除海岸垃圾 50 吨，保护和喂养迁徙候鸟多批。农业工程师、环保积极分子尤素福·穆萨维成立种子银行，收集作物、花卉种子 10000 种。

　　根据科威特中央统计局资料，在联合国德班气候变化会议后，科对石油和工业设施进行了提升和改造，废气排放明显减少。科还严格管理家庭和工业垃圾、废弃物排放。有关数据如下：

表 6 - 2　2010 和 2011 年科威特家庭和工业垃圾、废弃物排放情况

年　份	2010	2011
家庭垃圾（吨）	1408433	1350645
建筑废弃物（吨）	4165855	6897786
商业、农业垃圾（吨）	534191	476492
工业、生活废水（加仑）	801034800	859476060
碳排放（吨）	76743000	

第七章

文　化

第一节　教育

一　教育简史

科威特的学校教育始自 1877 年，当时第一所教授阿拉伯语读与写的私塾班开学。此后，陆续出现了一批教授男女学生的私塾班。科威特正规教育开始于 1912 年"穆巴拉克学校"的创办，它是科威特第一所正规学校。1936 年科威特成立了教育委员会，教育正式被纳入政府管辖之内。同年，聘请外国教师来科任教的工作开始启动，穆巴拉克和艾哈迈迪两所学校实施正规的教学大纲。1954 年，科政府对教学大纲和教学计划进行了重新审定，改变教学体制和学习阶段，把教育划分为三个学习阶段，即小学、初中、高中，每个阶段四学年，外加幼儿园二年。

国家也十分重视成人教育和扫盲工作，1956/1957 学年开办了六所扫盲中心，后在全国各地都建立了扫盲中心。科威特的私立学校也相当普遍，1959 年，政府决定由教育部统一管辖所有私立学校和教学机构。1967 年政府决定，所有非公立学校必须执行教育部制定的教学大纲。同年，教育部颁发了《义务教育法》，规定小学和初中为义务教育阶段。

科威特高等教育开始于 1966/1967 学年，当年科威特大学文学院、理学院和女子学院开学，此后，又先后开办了法学院、商学院、政治经济学院、工学院和医学院。

二　教育地位

受教育是每个科威特公民的权利，国家依法向全体公民提供免费教育，实行从小学到初中，即 6 岁到 14 岁 8 年初等义务教育。

科威特是一个高度重视教育的国家，教育经费占国家财政支出的 10% 以上，即使在石油发现前亦是如此，因为它坚信教育在一个民族的发展和进步中有着巨大的影响和作用。石油出口使国家收入成倍增长后，科政府对教育给予更大重视和支持，全面实施从小学到初中的义务教育，从幼儿园到大学的免费教育和大学生享受助学金制度，从而保障每个公民都能获得受教育的机会。科威特把不断发展和普及教育事业作为政府一项重要议程来抓，密切跟踪世界教育领域里日新月异的变化，加大对教育的投入，增设更多的院校，重视素质教育和特殊教育，不断改进和完善教育制度和教学大纲，采用国际上最先进的教学理论，使教育成为科威特的骄傲，成为国家进步和复兴的支柱。

三　教育体制

科威特教育分为：幼儿园—小学—初中—高中的普通教育阶段和大学教育阶段。普通教育阶段一切都是免费的，包括校车接送，统一校服，供应午餐、文具、书籍、体检、医疗等。

科威特的学校有公立和私立两种。

公立学校　2011/2012 学年，全国共有幼儿园 201 所，小学 253 所，初中 204 所，高中 136 所，各类学校总共 794 所。教员 57042 人（含外籍教师）。学生 357273 人。

私立学校　私立学校吸纳在科各国侨民子弟入学。私立学校分本国和阿拉伯国家公民开办的以及其他国家公民开办的，包括文化补习班（职业技术培训班）和文化中心等类型。本国和阿拉伯国家公民开办的学校得到政府的年度赞助，并完全按照科威特实施的教学大纲进行教学。其他国家公民开办的学校在教育部指导下依据教学大纲进行教学，确定必修课程，如阿拉伯语、穆斯林伊斯兰教育及阿拉伯国尤其是科威特的地理、历史课等。2011/2012 学年，有幼儿园 105 所，小学 132 所，初中 133 所，高中 105 所。各种私立学校共 475 所，学生 224268 名。教员 13029 名，多数为外籍教师。

科威特除了普通教育外，还有一些其他的教育种类。

宗教教育 科威特作为一个伊斯兰国家，非常重视国民的宗教教育。宗教教育先于正规教育，始于 1947/1948 学年。早期的宗教教育在清真寺的私塾里进行，作为在学生中传播伊斯兰文化的手段。宗教学校只在初中和高中阶段开设，到 2011/2012 学年全国已有 9 所，另外，在艾哈迈迪和杰赫拉还将开办 2 所。鉴于宗教在塑造个人和集体个性方面具有重要影响，科宗教事务部先后于 1971 年开办了男子《古兰经》社，1977 年开办了女子《古兰经》社，还建立了"伊斯兰教研究学会"，着力培养年轻的传教者，使他们真正掌握伊斯兰宗教文化。

科威特教育部与宗教事务部、科威特大学一起，共同负责组织、主持宗教教育工作。教育部为青少年开办了宗教学校，学校中心设在科威特市，分校设在古尔图巴和法哈黑勒。每年举办一次由中、小学生参加的背诵《古兰经》竞赛，埃米尔亲自为优胜者颁发奖金、奖状。此外，教育部还利用广播电台和电视台大量播放《古兰经》和宗教节目。科威特大学设有伊斯兰教经学院，为那些专门研究伊斯兰教教义、立法和法理学的学者、专家提供深造机会。到 2011 年，科宗教事务部在全国各地共开设了14 所《古兰经》学习中心，拥有男学员 685 名，女学员 1232 名。举办了 77 期背诵《古兰经》学习班，参加者有 1990 名男学员和 150 名女学员。

为配合国民宗教教育和国外传教活动，科宗教事务部花巨资编纂了一套工具书《伊斯兰法百科全书》。《伊斯兰法百科全书》（简称《百科全书》）是一部体现伊斯兰法学与现实需求相适应的科学巨著，它遵循现代分类法，以保证所刊登的资料和信息充分、可靠和有据可查。《百科全书》按法学名词的字母排列，共约 5000 条。该书的出版发行得到了科司法部专家委员会和法学教授的一致认可。为使《百科全书》的内容不断充实和更新，从而架设一条与世界各地科学家和学者联系的通道，招聘伊斯兰法学家的工作正在紧锣密鼓地进行中。此外，还开通了在《百科全

书》上发表论文和查找资料的网站。《百科全书》现已出版发行 26 卷。除《百科全书》外，宗教事务部还出版了一系列宗教遗产书籍和旧的判决案例索引，并经常发表一些阐述重要宗教课题的论文，如戒斋、朝圣、天课等。

特殊教育　教育部十分重视对残疾儿童的教育，坚持使全民受教育并照顾到受教育者自身差别。从 1955 年开始，教育部建立了专门招收残疾儿童的"光明"和"希望"学校。截至 2011/2012 学年，特殊教育学校 29 所，在校男女学员 1694 名，教师 1285 人。除科威特儿童外，这些学校也接收海湾和其他阿拉伯国家的残疾儿童，对这些学员也都免费。特殊教育近年来得到了飞速发展，引进了先进的教学方法，装备了现代化的教学设备和教学器材。

残疾学校实施普通教育大纲，但根据学员的实际情况，作如下变通：对行动不便学员实行慢班教育；对聋哑和听力弱的学员实行特殊课堂授课；对失明和视力弱的学员实行预习一年制度，即在升入小学和初中前各补习一年。特殊教育除学习功课外，有的还教授烹饪、缝纫、刺绣、编织等生产技能，为他们毕业后到社会上工作打下一定的基础。科威特残疾学员毕业后，除安排就业外，有的还可以上大学。

成人教育和扫盲　科威特成人教育和大规模扫盲工作是在 20 世纪 50～80 年代之间进行的，为那些小时候未能继续读书者提供一次新的学习机会。为此，全国各地建立了扫盲和成人教育中心，1981 年颁布了《扫盲法》，并开展了轰轰烈烈的扫盲运动，取得了明显的效果，文盲人数逐年下降。据统计，1957 年，文盲人数占全国人口的 54.5%，1980 年为 28.9%，1985 年下降到 26.4%。到 2011/2012 学年，参加扫盲班的男性学员 372 人，女性815 人，总共仅有 1187 人。据联合国教科文组织统计，2008/2009 学年，科威特适龄儿童升学率达 95%，高中阶段适龄青年升学率为 90%；成年人受教育率为 93.4%，其中男性达 95.0%，女性为 91.8%。

四　高等教育

科威特大学成立于 1966 年，是科唯一的综合性大学，其办学宗旨是为国家培养和提供具有科学知识和实践经验的高级人才。大学成立时只有 2 个学院，418 名学生，31 名教职员工。经过四十多年的发展，到 2009/2010 学年，在校学生 24916 人，其中本科生 23674 人，研究生 1242 人。教授、副教授 1288 人，助教 988 人，行政管理与技术人员 4000 人。

科威特大学设校长 1 人；副校长 5 人，分别负责科技、研究、计划、医学和学术服务；秘书长 1 人，负责学校的一切行政、后勤、人事、法律事务。科大最高决策机构是"校务理事会"，它由下列人员组成：高教部长（主席）、科大校长、秘书长、教育部次长、各学院院长、3 名公营部门科人代表、3 名私营部门科人代表。理事会负责制订学校总方针政策，发展规划，授予学术学位、证书、职称，批准外国同等学位证书，制定规章制度以及任免、晋升、奖惩章程，管理学校财务和使用等。

科威特大学现有 14 个学院：文学院、女子学院、教育学院、法学院、伊斯兰法学院、药学院、医学院、口腔学院、理学院、行政学院、社会学院、医师学院、工程石油学院、研究生院。科大实行学分制（学时），毕业年限一般为 4 年 8 个学期，工程石油学院 9 个学期 4 年半，建筑系 10 个学期 5 年，医学院、口腔学院 7 年毕业。

各学院简况：

文学院：设阿拉伯语言文学、英国语言文学、新闻、历史、哲学系。

女子学院：设环境卫生、家政、交际与语音、资料数据、美术设计系。

教育学院：设教学大纲与方式、教学原理、教育心理学、行政管理专业。

法学院：设公法、私法、刑法、普法专业。

伊斯兰法学院：设诠释与圣训、法律与立法原则、法律比较与合法政治、信仰与宣传专业。

药学院：学制五年，设药事管理、药物化学、药剂学、临床药学专业。

医学院：设妇产科、内科、外科、解剖学、儿科、心理学、社会医学、核医学、微生物学、病理学、草药毒品学、影像学、生物化学、生理学专业。

口腔学院：设口腔预防、口腔外科、牙齿修复、牙齿诊断专业。

理学院：设统计与实用研究、数学与计算机科学、环境与地球学、地质学、物理、化学专业。

社会学院：设社会与社会服务、地理、政治学、秘书信息、心理专业。

行政学院：设行政管理、营销、经济、融资与财物、定量方式与情报整理、会计专业。

医师学院：设病历管理、理疗、化验、放射专业。

工程石油学院：设建筑、石油工程、工业与管理体制、土木工程、计算机科学、电力、化学专业。

研究生院：1977 年 8 月设立，现有硕士、博士研究生 1242 人。2000/2001 学年，科大首次授予博士学位。

此外，学校还设有科研中心、语言中心、信息中心、战略与未来研究中心、海湾与阿拉伯研究中心、社会服务与成人教育中心、远程教育中心、电子望远镜中心、图书馆等。

科大教学语言为阿拉伯语，但在理学院、医学院、工程石油学院教学语言为英语。科大与世界上著名大学保持着密切联系，通过文化与学术交流，代表团互访，出席科学报告会和研讨会，接待来访学者、客座教授、科学家和专家，拓宽了与这些大学的合作领域。科大每年向阿拉伯和亚非拉国家提供数百个奖学金名额。目前，有相当数量的外国留学生（含中国）在科大学习。

1988 年 10 月，科政府设立高教部，具体负责大学教育、科学研究、应用技术、留学生派遣与管理工作。目前，高教部的工作集中在留学生选派和管理上，并在美国、英国、爱尔兰、法国、俄罗斯、埃及、沙特阿拉伯、阿拉伯联合酋长国等国设立了留学生管理处，负责管理在这些国家学习的留学生。截至 1998/1999 学年，留学生为 1534 人，进修生 84 人，计划选派 393 人，总共 2011 人。其中在美留学生 1252 人，在英国、爱尔兰留学生 494 人，在埃及留学生 110 人。科威特留学生派遣工作始于 1925 年，那年，向伊拉克派出了首批留学生。1943 年，40 名留学生派往埃及学习，同年在开罗成立了"科威特之家"，专门负责留学生事务。此后，又先后向英、美等国派出留学生。以 1978/1979 学年为例，科威特国外留学生共 2925 名，其中男性 2324 人，女性 601 人，获博士、硕士学位者，男性 166 人，女性 66 人。

此外，属于高教部管辖的还有戏剧专科学校和音乐专科学校。

应用和培训总局 成立于 1982 年，其主要目的是为国家发展培训和提供急需的技术干部。总局负责国内的 4 所大专学校和一批培训中心。学员从应届高中毕业生中招收，经过两年专业培训后分配工作。在培训工作中，总局贯彻了把应用和培训教育与劳动力市场需求相结合的政策，保证学生在毕业时能够找到一份与所学专业对口的工作。同时，也重视对学生进行素质教育和培养，在社会、文化、宗教、体育、艺术等方面关心他们，使他们的道德品质与技术水平得到均衡发展。到目前为止，各类专业毕业生已有 2 万余人。总局所属院校有：

基础教育学院，所设专业包括：伊斯兰教育、阿拉伯语、数学、美术、体育、音乐、幼师、家政、室内设计、电器原理、图书与教具。

商业进修学院，所设专业包括：会计、管理、保险、银行、计算机、医务护理、资料、合作管理、邮政管理、秘书。

理工进修学院，所设专业包括：应用化学、应用物理、生产与焊接技工、动力与冷却技工、电工、能源输送与分配、医疗器材、通讯、建筑、道路、测量、石油工业、化工工业、石油工程技工、电子。

卫生专科学校，所设专业包括：护理、环境卫生、病历、药物学、食品学、口腔卫生、医疗化验室。

此外还有：通讯与航运学校、水电技术学校、工业技术学校、职业培训班（设工程制图、测量、检验检疫、精密仪器、海上污染、食品、肉类检查、海关、公安与安全、秘书、饭店服务等专科）、护士学校等。此类中等专科学校招收初中毕业生，培训 1～3 年。

五　师资

科威特高等教育起步较晚，是一个严重缺乏师资的国家。早在 20
世纪三四十年代，科威特就开始从巴勒斯坦和其他阿拉伯国家大量聘请
中、小学教师，直到独立后 70 年代末，大部分中、小学教学工作仍由
外籍教师承担。进入 80 年代，在充足的财力支持下，科威特教育事业
得到迅猛发展，特别是国家对师范教育和其他职业教育高度重视，大量
的科威特妇女选择教师为职业，科教师队伍结构才开始发生变化，科籍
中、小学教师人数逐渐占据多数。即使如此，直到今天，科威特每年仍
需从埃及、叙利亚、黎巴嫩等国聘请数万名教师。以 1998/1999 学年为
例，统计资料显示，科威特各类学校教师总数为 38013 人，其中科籍教
师 19588 人，仅比外籍教师 18425 人多 1163 人。如以成人、扫盲、特
殊教育师资计，外籍教师占绝对多数，共 1719 人，科籍教师 624 人。
私立学校 6841 名教师全部为外籍。至于大学教师，一半以上来自欧美、
埃及、叙利亚、印度以及巴基斯坦等国家和地区。目前，这一状况没有
根本性改变。

第二节　科学技术

一　自然科学

科威特科学院　科威特科学院具体承担国家的科研工作。科学院创建
于 1967 年，为独立的法人单位，由内阁的一位大臣负责。它的主要任务
是从事科学与应用技术研究，特别是工业、能源、自然资源、食品以及国
民经济其他支柱产业的研究工作。科学院下设 5 个研究所：

　　环境、地球研究所，负责自然资源、环保、水利、地质勘探；

　　工程技术研究所，负责研究非石油资源、电子、建筑工程等；

　　石油与石化研究所，负责石油工业、化工原料、防腐蚀课题；

　　粮食与农业研究所，负责食品保障、渔业、农业、园艺等课题；

经济技术研究所，负责能源、经济、技术经济、工程系统课题。

此外，还有中央分析室、国家科学技术信息中心、数据资料室、工艺车间和培训部等辅助单位。

为满足社会经济发展的需求，解决技术难题，克服民族工业面临的障碍，推动科威特社会经济健康发展，目前，科学院选择了下列 6 个课题作为研究重点：食品与生物资源，水资源，石油、石化与材料科学，环保与土地，能源、建筑与工程系统，技术经济。

科威特科学进步基金会 基金会是有突出贡献的公共事业单位之一，成立于 1976 年 12 月 12 日，基金会由董事会管理，埃米尔贾比尔·艾哈迈德·萨巴赫为董事会主席，6 名董事由科威特的参股公司推选，任期 3 年。各参股公司每年以 5％的净利润资助基金会。基金会的主要宗旨和目标是：

①支持基础和应用科学研究，向工程学、医疗卫生、食品、社会、经济和其他自然科学领域提供资助；

②向投资和开发项目的研究工作，向与科威特经济有关的实验项目提供资助，以资鼓励；

③向科威特和其他阿拉伯国家提供资助、奖金和报酬，支持智力开发和精神文明建设；

④通过提供奖学金、助学金、进修补贴，以及通过举办科学研讨会、报告会等方式培训科威特公民；

⑤鼓励、支持和大力促进科威特科研部门与国际科研部门之间进行联合科学研究和科学规划；

⑥促进科威特两代人之间的团结。

从成立到 20 世纪末的 20 年间，基金会的主要活动有：

——共资助了 397 项研究课题，资金达 1200 万第纳尔，其中资助科威特大学 173 项，资金 320 万第纳尔，资助科威特科学院 133 项，资金 600 万第纳尔；

——出版和翻译各种书籍 159 册，其中包括科学和文化杂志集，专科词典和百科全书；

——资助 166 场科学大会，资金 2327785 第纳尔；

——组织了 33 场国内研讨会，与会者达 715 人，另有 33 场国际研讨会，与会者 405 人。

为鼓励和支持科威特、阿拉伯和伊斯兰国家科学家和研究人员的科学研究工作，基金会每年向各学科的优秀者颁奖，奖励的项目包括：

科威特奖　基金会最大也是最重要的奖项，授予在科研工作中作出杰出贡献的科学家和研究人员。

伊斯兰医学奖　为鼓励在伊斯兰传统医学领域内的研究，每两年向以下两个领域颁奖：在科学标准指导下的医学实践，法医学和伊斯兰医学验证。

优秀图书奖　在每年举办的阿拉伯图书博览会展出的图书中评选，共设 6 项图书奖：自然科学编纂奖、人文科学编纂奖、科威特研究编纂奖、自然科学翻译奖、人文科学翻译奖、阿拉伯儿童图书最佳编纂奖。

农业奖　授予在以下两个领域里作出贡献者：科技在提高农作物产量方面的应用以及农作物的多样化。

最佳科研奖　奖给在科威特科学评论性专刊上发表的科研成果：一是在自然科学领域里最突出的研究成果奖；二是在人文科学领域里最突出的研究成果奖。

科技成果奖　授予在科学研究、教学和其他领域内有创造发明的科学家、教授和工程技术人员。

基金会所属的活动中心、会馆和出版物有：

科学中心　2000 年竣工，中心建有水陆生物馆、科学发现厅、一座可容纳 250 名观众的宽银幕文化科技电影厅、一座停靠科威特传统帆船的码头、两个供钓鱼爱好者垂钓的码头和配套的生活设施。科学中心面积达 28.5 万平方米，造价 2500 万第纳尔。

糖尿病研究和治疗中心　基金会决定建立一所专门研究和治疗科威特常见病——糖尿病的中心，其规模和技术、设备、科研、医生等各方面都达到世界一流的水平。

太空摄影地图　基金会依据人造卫星拍摄的太空图像和最新的地形

图，着手制作一幅全景式科威特国环境地图，内容包括地理、地质、气候、海洋、空间等各方面资料。

出版物　从 1986 年起出版发行《科学杂志》月刊，迄今已出版 121 期，杂志的大部分内容为翻译和转载美国《科学》杂志材料。此外，还出版了 8 套科学系列丛书：科技词典系列、翻译图书系列、大学论文系列、专科图书系列、科普读物系列、阿拉伯科学遗产系列、新生代著作系列和书刊翻译系列。

二　人文社会科学

科威特人文社会科学的研究工作主要由中央银行、石油部、国家投资局、科威特大学和一些私人开办的经贸、金融咨询机构承担。他们的作品和论文大都发表在新闻部出版的《科威特》《阿拉伯人》《阿拉伯财经报道》和科威特工商会出版的《科威特经济家》等期刊杂志上。国家在制定经济领域里的方针、政策、计划时，一般都要先听取科威特工商会专家的意见，或参考他们提出的立法草案。

1990～1991 年海湾危机后，科威特新闻部发起了一场大规模的对外宣传运动，组织大量人员编辑和出版了一系列的对外宣传材料和书籍，如《事实与数字》《科威特与社会发展》《科伊争端的历史真相》《科威特与伊拉克边界之标定》《驳萨达姆之流的谬论——科威特的历史、政治、法律真相》《科威特战俘与失踪者是重大的人道主义问题》等。这些宣传材料和书籍介绍科威特在现代化建设中取得的成就、人民生活和社会福利；介绍科威特的历史，与伊拉克边界纠纷的由来及通过平等协商、和平解决边界分歧的一贯立场；介绍伊拉克占领期间给科威特带来的浩劫，给人民带来的灾难和心灵创伤，要求释放 625 名战俘和失踪人员等，取得了非常好的效果，赢得了广泛的同情和支持。科威特的学术研讨氛围相对宽松，除宗教和科学社会主义等禁区外，其他学术问题都可以自由发表看法、意见、评论，但不准宣扬愚昧迷信和传播黄色淫秽，对政府实施的政策、方针、措施和办法可以进行评论批评，但不准批评攻击埃米尔、王储兼首相和世袭制国体。

第三节　文学艺术

一　文学

科威特的文学艺术，特别是诗歌、戏剧、造型艺术等，在政府的大力支持和提倡下都取得了长足的发展，在海湾地区占有一定的地位和影响，涌现出了一批有名的艺术家和代表人物，他们为繁荣科威特文化艺术和丰富人民的精神生活发挥了重要作用。当然，科威特政府在这方面也起了不可替代的作用，它每年都向各种文艺团体和组织提供慷慨资助，拨款修建各种文化设施，为文学艺术创作活动提供舒适的环境和必要的条件，如"自由画室""纳巴特民间诗社"。此外，政府还高价收购艺术家的作品，对在各种比赛中获奖的作品给予重奖。

诗歌在科威特文学发展史中占有突出的位置，20 世纪以前，它是科威特文学的唯一载体和主要创作形式。这种现象与当时的生活环境和有限的物质条件是分不开的。诗歌是最易于口头传诵的文学作品，诗歌的作者也在流传中为人们所熟悉。科威特的诗歌发展大体上分为四个阶段。第一阶段以诗人阿卜杜勒·贾利勒·塔巴塔巴尼（1776~1853）为代表，体裁多为宗教诗、赞美诗，格式僵化做作，脱离社会。第二阶段以诗人哈立德·阿卜杜拉·阿德萨尼（？~1898）、阿卜杜拉·法拉杰（？~1901）为代表，进入诗歌革新时期，开始关注社会和民生问题，在诗歌创作上，尝试使用土语和方言创作自由诗。第三阶段为 20 世纪上半叶，是诗歌与其他文化类型同步发展时期，先进思想和政治觉悟敲开了社会封闭的大门，也促使诗歌革故鼎新，更加贴近社会，反映人类理想和愿望。然而，任何变革包括文化和政治变革，都不可能一蹴而就。事实上，20 世纪上半叶科威特社会仍然处在觉醒与麻木、先进与保守的激烈碰撞中。大多数科威特人根深蒂固地坚持陈旧的传统习俗，排斥新生事物，自由思想难以找到生存发展空间。因此，这个时期的诗人多数被看做是叛逆者，为社会所不容，生活窘迫艰苦。代表诗人有萨格尔·谢百卜（Saqr Al-Shebaib,

1894～1963）、哈立德·法拉杰（1898～1945）、法赫德·阿斯克里（1913～1951）、阿卜杜勒·穆哈辛·拉希德（1928～）。

20世纪下半叶，科威特进入石油经济时期，物质条件极大地丰富起来，然而忧虑、不安和拒绝依然是新一代诗人作品中的一个鲜明特点。他们对现实不满，对尔虞我诈、物质贪婪、不公平竞争、利己主义、机会主义感到厌烦，他们嘲讽丑陋，针砭时弊，关心民情，揭露虚伪。代表诗人有艾哈迈德·米夏尔·阿德瓦尼（1922～1990）、阿里·塞卜提、哈利法·维格延。当代诗人的另一特点是对阿拉伯民族主义和热点问题的关注，代表人物有艾哈迈德·萨卡夫（1919～）、阿卜杜拉·艾哈迈德·侯赛因（1930～1994）、阿卜杜拉·欧泰比（1942～1995）。21世纪以来，仍然活跃在诗坛上的诗人有：穆夫利赫·卡赫坦尼、侯赛因·阿比丁、法里斯·阿卜杜勒·贾利勒。女诗人有苏阿德·穆罕默德·萨巴赫、莱拉·苏布希。此外，还有女作家、画家苏莱娅·巴克莎米等。

科威特文学艺术界的著名人物还有：历史学家尤素福·伊萨·基奈伊，著作《科威特简史》；阿卜杜勒·阿齐兹·拉希德，著作《科威特》；艾哈迈德·穆斯塔法·阿布·哈基姆，著作《科威特现代史》。此外，还有著名的文学家、作曲家阿里·扎克里亚·安萨里，主要作品有交响乐《解放》《生命之旅》《乘风破浪》和《跳动的梦幻》；纳瓦夫·阿卜杜拉，作品有《啊！科威特》《我们的领袖萨巴赫》。

全国文化、艺术、文学委员会　科威特全国文化、艺术、文学委员会是文学艺术的行政主管单位，由新闻大臣任主席，次官级专职秘书长负责日常工作。其主要职责是，为文化、艺术、文学创作提供合适的氛围，鼓励多出精神和文化产品，大规模推广各种文化活动，极大地丰富人民群众的精神和文化生活。此外，委员会还负责名胜古迹的维修和保养工作。

委员会自成立以来工作卓有成效，它编辑出版多种在海湾地区颇具影响的文学期刊和杂志，如《思想世界》《知识世界》系列和《世界文化》《世界创造发明》系列等。每年举办一次"古林文化节""阿拉伯图书展""儿童文化节"和"造型艺术展"。1998年11月，委员会举办了"第五届古林文化节"和"第23届阿拉伯图书展"。该届图书展共有来自

包括 11 个阿拉伯国家和 9 个其他国家在内的 610 家公司和出版社参加，展出图书 250 万册，观众达 18 万人次，仅委员会展厅书刊销售额即达 1143500 第纳尔。展览期间，还进行了音乐、艺术研讨，诗歌朗诵和戏剧表演等活动。1999 年 3 月，举办了"阿拉伯儿童日""科威特儿童周"和"第四届儿童文化节"。2011 年 1 月，委员会举办了"第 17 届古林文化节"，并邀请埃及作为荣誉主宾国。文化节期间，举办了"科威特教育史展""科威特历史与建筑艺术展""科威特文化遗产与古迹展"。2011 年 10 月、12 月，先后举办了"第 36 届阿拉伯图书展"和"第 12 届阿拉伯戏剧节"。此外，委员会还会同教育部设立了高中生创造发明奖，以鼓励高中生的创造力，激发他们更多的创造发明。

二 戏剧、电影

科威特戏剧表演艺术繁荣，较海湾其他国家发达。它是构成科威特社会结构中的文化主体之一，不仅得到科威特人民的欢迎和喜爱，而且赢得了阿拉伯世界的敬重。科威特剧团多次获奖，得到了国家的信任和支持。国家对剧团从资金和道义上给予帮助，为他们在国内外举办戏剧艺术节创造条件。目前，科威特有多家戏剧公司，最著名的有海湾剧院、阿拉伯剧院、人民剧院和科威特剧院。为了进一步搞好戏剧工作，成立了以新闻大臣为首的高级委员会，负责提高戏剧艺术水平，为戏剧和表演公司制定规章制度，指导科威特的文化娱乐活动。为保证戏剧表演艺术队伍的不断发展壮大，保证演职人员的稳定性和持久性，1973 年 10 月，新闻部创办了戏剧艺术学院，培养各种表演艺术家，提高戏剧艺术水平，传播戏剧意识，提高人民大众的艺术欣赏能力。1977 年戏剧艺术学院第一批学员毕业。如今，戏剧艺术学院毕业生大部分在戏剧领域工作，其中有的活跃在学校的课堂上，而另一些则在新闻部、各文艺团体和海湾阿拉伯国家工作。

戏剧艺术学院每年都在学年结束前为毕业班学生举办文化节，将学生实习的一部分创作向公众演出。他们表演的题材大都是从阿拉伯和世界名著中挑选出的戏剧作品。戏剧艺术学院为丰富科威特的文化生活、促进与

阿拉伯国家的文化艺术交流作出了贡献。21 世纪以来，活跃在科威特舞台上的著名女演员有：苏阿德·阿卜杜拉、哈雅特·法赫德、玛莉亚·萨利赫、苏阿德·侯赛因、阿依莎·易卜拉欣。著名男演员有：福阿德·夏蒂、阿卜杜勒·侯赛因·阿卜杜勒·里达、萨阿德·法拉杰、哈立德·纳菲斯、加尼姆·萨利赫、朱海尔·萨利姆、卡纳阿尼·哈姆德等。

科威特电影事业不发达，国内没有电影制片厂。独立 50 年来，只有在 20 世纪 70 年代与叙利亚合拍过一部短的故事片。电影院上映的电影都是从美国、埃及、印度等国进口的影片，尤其是印度的歌舞片非常适合科威特老百姓口味，偶尔进口的香港武打片也有一定的市场，但知识界和富有阶层还是比较欣赏美国片。科威特新闻部、电视台配合重大事件和节假日活动，不定期地摄制一些纪录片、教育片，内容大都有关科威特的历史和文化遗产，或者是国内外重大事态发展。科威特电影院多为私人经营，影片上映前须经新闻部审查。总体上看，电影院观众上座率不高，人们更喜欢观看光碟和家庭影院。21 世纪以来，比较出名的导演和制片人有阿卜杜拉·穆黑雅勒，作品《浪迹天涯》；瓦利德·阿瓦迪，作品《图拉布拉》；塔立克·扎米勒，作品《脚本》等。

三　美术

（一）造型艺术

科威特造型艺术家通过参加国际展览和在国外举办作品展览，提高了自己的水平，扩大了科威特造型艺术的知名度。科威特造型艺术可追溯到 1959 年，它的发展得到了新闻部和全国文化、艺术、文学委员会的有力支持。新闻部在国内外举办展览，印刷、出版艺术家的小册子和作品，其下属的自由画室为艺术家提供了施展才华的场所，使他们能够在惬意的环境中从事创作。每年，新闻部为职业艺术家举办一次展览，为他们提供参加世界各地举办的文化周活动的机会。科威特造型艺术研究会成立于 1968 年，它拥有众多的科威特艺术家会员。协会每年为会员举办一次作品展览，每两年举办一次科威特贝纳里展览，这是科威特最大的艺术展览之一，来自阿拉伯各国的艺术家争先恐后地参加展览。全国文化、艺术、

文学委员会建造了一所国际水平的艺术馆，终年展出科威特和外国艺术家的个人作品。该委员会还为本国和阿拉伯各国的儿童举办展览。科威特政府通过购买和收藏科威特艺术家作品，鼓励造型艺术的创作，此项开支每年达10000第纳尔。科威特国家博物馆也长期展览科威特的艺术作品，包括油画、绘画和雕塑等。

（二）雕塑

科威特雕塑艺术始于1963年，当时，3名画家在政府资助的自由画室改修雕塑专业，后来又有7位画家追随他们从事雕塑创作，但到1970年，职业雕塑家只剩下4人。21世纪以来，科威特雕塑界出现兴旺景象，特别是在科威特雕塑家萨米·穆罕默德为萨发广场创作的雕塑获得设计奖之后。获奖的作品高9米，是一个由三部分组成的、张开的巨大牡蛎。牡蛎壳内有一枚直径长1.5米、用不锈钢制作的"珍珠"。牡蛎和"珍珠"的构思象征着科威特与海的密切关系。值得一提的是，萨米在开罗贝纳里展览馆展出他的作品时，获得了最高雕塑奖和一枚金牌。他还曾为前埃米尔谢赫阿卜杜拉·萨利姆·萨巴赫铸造了一尊大的铜像。科威特较有名的现代画家、造型和雕塑家有：萨米·穆罕默德、贾法尔·伊斯拉赫、阿卜杜勒·哈米德·伊斯梅尔、穆罕默德·阿卜杜。

四 民间艺术

贝都因艺术是科威特民间艺术最杰出的体现，用羊毛编织的"萨都织锦"就是一个最好的例子。"萨都织锦"展室作为一个文化慈善机构建于1984年，它保护了这种手工艺品。该展室为有兴趣者设立了编织方法和技艺培训课，为来展室参观的青年学生讲课，使他们了解自己的传统文化和遗产。

"萨都织锦"展室用提供织锦的办法吸引大批贝都因妇女前来参观学习，当地的居民和外国游客也都乐于在他们的家中收藏贝都因织锦。这些手工艺品受到科威特埃米尔和政府的支持，新闻部和其他政府机构把它作为礼品赠送给外宾。

贝都因艺术的另一精华是传统的"阿尔达"舞。它把舞剑的速度、大鼓小鼓的节奏有机地结合起来。这一舞蹈现已风行全国，每逢重大庆祝活动和节假日，人们都会自发地组织起来，在强烈的唢呐和手鼓声中跳起"阿尔达"舞，来表达他们的欢乐心情。

科威特民间艺术的另一特殊形式是出海仪式。人们自准备出海采珠开始直到返航，特殊的歌、舞蹈和号子一直伴随着船上的各种工作。最有名的出海号子有《达瓦里》《赫罗》和《辛戈立》。

其他传统艺术形式还有"萨姆里""卡马里"和"坦布拉"等独特仪式，这些是在家庭聚会、社交场合和婚礼庆典时表演的舞蹈和节目，当然，有时也表演其他歌舞节目。

科威特有 22 支民间歌舞团，表演朴实无华的民间歌舞节目。政府每年给予资助，以发挥他们的传统作用。另外，科威特电视台也成立了民间歌舞团，通过在阿拉伯国家和世界各地巡回演出，表演民间歌舞等节目获得了好评和声誉。

五 文化设施

科威特国家博物馆 科威特国家博物馆 1957 年 12 月 13 日竣工，建在具有 140 年历史的达斯曼宫内，隶属于教育局。1966 年 4 月 27 日，文物和博物馆划归新闻部。1977 年动工建设新博物馆馆舍，其设计和建筑工艺都是最先进的，同时，也参考了阿拉伯和伊斯兰建筑风格，使其适合科威特国情。1983 年 2 月 22 日新博物馆竣工。

博物馆设有行政办公厅、古文物厅、现代艺术品厅、演讲厅、4 座大展厅和图书馆。各展厅通过行人桥连接。站在桥上可以俯瞰一个用金属片覆盖的方形池。展品表现了伊斯兰艺术 1300 多年的历史发展进程，共分 4 个时期：伊斯兰蒙昧时期、伊斯兰中古时期、伊斯兰中晚期和伊斯兰晚期。展品体现了几何图形、植物造型、肖像和阿拉伯书法四大特点。

科学博物馆 1976 年兴建，主要目的是为教育服务。科学博物馆用玻璃纤维填充鸟类和动物标本的科学方法是非常独特的。该馆的鸟类标本达 165 种之多，还有一头用科学方法填充的象，一只长颈鹿、一条鲸鱼等多种动物、植物。馆内还有科技模型，其中包括"挑战者"号宇宙飞船

的大型模型和科威特航空公司使用的第一架飞机。

天文馆 馆内设有最尖端的天文观测仪器，还有一个存放天文仪器、地图和记录各种资料的大厅。天文馆负责制定本国的天文计划，翻译有关宇宙和天文现象资料，供专业来访者和观众查阅。

伊斯兰文物馆 该馆的藏品达 2 万多种，均为罕见的伊斯兰珍品，年代跨越伊斯兰教诞生以来的 12 个世纪。馆内还有一个特殊图书馆，收藏着几千本用各种文字介绍伊斯兰教历史和传说的书籍。伊斯兰文物馆已发展成为科威特伊斯兰文化中心，馆内收藏的一些珍品曾在世界上最有名的博物馆展出。该馆还经常为观众举办讲座，开办制作陶器和礼拜用品的培训班。

文物馆内藏品均为"萨巴赫收藏品"，属于谢赫纳赛尔·萨巴赫·艾哈迈德·萨巴赫和他的夫人胡莎·萨巴赫·萨利姆·萨巴赫。

塔立克博物馆 塔立克博物馆是塔立克·赛义德·拉杰布开办的私人博物馆，1980 年向公众开放。它珍藏着世界上罕见的古兰经卷手抄本、伊斯兰诗歌、阿拉伯伊斯兰乐器和家具、穆斯林艺术家制作的传统银饰和珠宝，以及从中国、尼泊尔进口的珠宝饰品、金属制品和一些名家的油画等。

第四节 体育

一 概述

科威特体育得到了政府的广泛鼓励和支持。体育明星拥有崇高的荣誉地位和丰厚的物质奖励，不但可与舞台上的艺术明星相媲美，甚至可与政治明星相媲美。

在科威特，足球是人们最喜爱的运动项目。学校和俱乐部足球场共有 120 个。尽管科威特足球运动的历史不长，但它的水平无论是在阿拉伯国家，还是在国际上都令人瞩目。国家足球队在海合会国家足球比赛中，曾 9 次获得冠军。在亚洲足球赛中，也曾获得冠军。1980 年，科威特足球队获得了在莫斯科举行的奥林匹克运动会足球赛入场券，并取得了第五名的好成绩。1982年，科威特足球队获得了在西班牙举行的世界杯足球赛参赛资格，这对于亚洲和阿拉伯国家来说均属第一次。1992年，科威特奥林匹克足球队获得了进军巴塞罗那奥运会资格。科威特另一运动强项是马术，在赛马场上，科威特骑手们均有良好表现，取得骄人成绩。1982年，在印度举行的亚洲运动会上，科威特选手包揽了赛马项目的金、银、铜三枚奖牌。1985年在科威特举行的第五届阿拉伯国家锦标赛上，又获得了这个项目的冠军。1995年以后，体操和跳水在中国教练的指导下，也取得了明显的进步。21世纪以来，科威特涌现出的著名运动员有：足球运动员纳瓦夫·哈利迪、马沙里·阿泽米、纳赛尔·瓦哈卜，射击运动员哈立德·穆扎夫、纳赛尔·迈克拉德、拉什迪，长跑运动员穆罕默德·阿兹米，游泳运动员舒艾卜·苏维尼等。

二 体育制度

科威特群众性体育活动是通过俱乐部和体育协会进行的。科全国有14个俱乐部，每个俱乐部都设有符合奥林匹克标准的游泳馆、多功能体育馆、网球场、壁球场和其他运动设施。另外还有3个属于机关和协会管辖的体育俱乐部：狩猎跑马俱乐部，赛艇俱乐部和海员俱乐部。残疾人俱乐部和女子俱乐部是属于公益协会的。

科威特建有拥有6条跑道、设备齐全、可举办大型国际体育比赛的体育场。体育场可容纳观众25000人，有良好的照明设备，夜间也可以举行比赛。

科威特有16个专业体育协会负责组织体育活动，这些协会都受科威特奥林匹克委员会领导。科威特劳工与社会事务部在财政上对这些体育协会和俱乐部提供资助。

三 体育水平

科威特整体体育水平在海湾地区国家中是比较强的。除国家足球队曾多次获得海湾和亚洲足球杯冠军，并曾数次打进奥林匹克运动会和世界杯

足球赛外，科威特在手球、壁球、马术、柔道、击剑、水上运动等运动项目上也都有不俗表现，在一些地区和国际比赛中取得过优秀成绩。

21 世纪最近几年，科威特运动员在地区和国际比赛中取得的成绩主要有以下内容。

2006 年 12 月，科威特运动员在多哈亚运会上，一共摘得 6 金、5 银、2 铜共 13 枚奖牌，仅次于 1998 年曼谷亚运会的 18 枚。射击运动员拉什迪获男子双向飞碟决赛冠军；摔跤运动员艾哈迈德在男子空手道 80 公斤级决赛中战胜日本选手夺得冠军；国家男子手球队战胜卡塔尔队勇夺冠军。

2010 年 11 月 19 日，在广州举行的第 16 届亚运会射击男子多向飞碟团体比赛中，科威特运动员队以 352 中的总成绩夺得金牌，射击运动员纳赛尔·迈克拉德夺得这个项目的个人第一名。11 月 20 日，科威特运动员队，在广州残运会上取得 3 金、6 银、1 铜的好成绩。

2011 年 2 月 24 日，科威特体操队在卡塔尔举行的海合会第九届体操锦标赛中获得 7 金、10 银、9 铜。3 月 12 日，科威特游泳队在卡塔尔举办的海湾第八届游泳和跳水比赛中，获 63 金、31 银、20 铜共 114 枚奖牌。6 月 1 日，科威特体操队参加"法赫德烈士杯"男子艺术体操比赛，获 1 金、1 银。这次比赛共有 48 位阿拉伯国家运动员参加。7 月 10 日，长跑运动员穆罕默德·阿兹米在日本举行的第十九届亚洲田径锦标赛上获男子 800 米金牌。9 月 27 日，游泳运动员舒埃卜·苏维尼在阿尔及尔举行的阿拉伯国家游泳锦标赛上获男子 100 米自由式游泳冠军，打破了阿拉伯世界的该项记录。10 月 11 日，科威特跳水队在印度尼西亚举行的亚洲水上运动比赛中获 6 银、3 铜共 9 枚奖牌。11 月 1 日，科威特国家队在摩洛哥举行的阿拉伯国家飞碟锦标赛上获 8 金、4 银、2 铜共 14 枚奖牌，夺得冠军。

四　体育机构

（一）科威特青年与体育总局

科威特青年与体育总局是负责青年和体育事务的行政机构，成立于 1979 年 4 月 4 日，隶属于劳工与社会事务部。其任务是执行国家在青年和体育领域里的总政策，在国内外宣传和介绍科威特的文明和进步；培养和教育青年为国家和公共利益服务，以增长才干和技能；通过参加国内、国际上公正的体育、知识比赛，增强青年爱国主义、效忠祖国的精神和崇高的民族主义感情；组织运动会、体育表演和比赛，给予物质和精神奖励，激励青年的竞争意识。青年与体育总局下设青年教育处和青年组织处：

青年教育处是青年的体育和教育机构，关心青年思想和身体发育，使青年的宗教信仰和道德品质得到健康成长。科威特各地共有 7 个青年教育中心：萨米亚、菲哈、卡迪西亚、达埃亚、萨尔米亚、萨巴希亚和杰赫拉。

青年组织处包括童子军、青年营、青年之家。

童子军活动 1936 年传入科威特，1952 年开始举办，1962 年起由劳工与社会事务部负责，1992 年划归青年与体育总局。活动的目的是培养青年成为一名履行国家义务的优秀的公民。通过参加集体活动使他们的身体和思想得到锻炼和成长。

1969 年首次举办青年营活动，有 70 名科威特青年参加。青年营举办期间主要活动是绿化纳赛尔公园。举办青年营的目的是：充分利用青年的空闲时间，挖掘青年的潜能，并予以正确指导。通过参加国际和地区青年营活动，增进彼此了解，促进相互交流，增强自立能力，热爱集体劳动，改善青年之间的关系。

1965 年科威特第一所青年之家成立，1996 年科威特正式加入阿拉伯青年之家协会联盟，并成立了青年之家专门委员会——科威特青年之家委员会。

（二）科威特奥林匹克委员会

科威特奥林匹克委员会是国内最高的体育机构，成立于 1957 年，它领导所有的体育协会。虽然有些协会所管理的体育项目并没有列入奥林匹克计划之中，但这些协会也要接受奥委会的领导。科威特奥委会的任务是，在国内组织体育活动，根据国家的总政策，协调各体育协会之间的工作，提高国民的体育运动水平。只有科威特奥委会，才能代表科威特参加国际奥委会和它的分支机构组织的会议。也只有科威特奥委会，才能代表科威特参加在科或其他地区举行的地区性或国际性奥林匹克比赛。科在国际奥林匹克委员会享有常委席位。2009年6月16日，国际奥委会执行委员会宣布，由于科威特政府对国内奥林匹克运动进行干预，国际奥委会决定对科威特奥委会实施禁赛。此后，科奥委会官员不再被允许参加国际奥委会的会议，运动员只能以"科威特运动员队"的名义参加国际和地区比赛。

现任科威特奥林匹克委员会主席是谢赫艾哈迈德·法赫德·贾比尔·萨巴赫，他同时兼任亚奥理事会主席。科威特还是亚洲奥林匹克委员会、亚洲手球协会、亚洲体育记者协会等体育组织常设机构的所在地。

五　国际交流

科威特体育运动在国家财力物力的大力支持下获得了蓬勃的发展，对外体育交往也十分频繁。科威特利用其亚奥理事会主席的地位，在组织亚洲运动会、开展亚洲国家间体育交流方面发挥了重要作用。在1990年8月~1991年2月海湾危机期间，科威特奥林匹克委员会与海湾合作委员会成员国和埃及奥林匹克委员会密切配合，在体育、文化和社会的多边活动中突出科威特问题，利用其影响成功冻结了伊拉克在国际各体育协会资格，禁止它参加阿拉伯和国际体育比赛。

科威特对外体育交流分三个层面，一是积极参加历届国际奥林匹克运动会和亚洲运动会，凡达标的运动项目都派运动员参加比赛。二是积极推动和开展阿拉伯国家，特别是海湾合作委员会成员国之间的各种体育比赛和交流。每年一届的海湾地区国家足球锦标赛具有一定的声势和影响。三是为提高国内运动员的竞技水平，科威特各体育俱乐部每年出巨资，大量聘请外国教练来科任教，其中尤以足球为甚，曾先后高价聘请过巴西、阿根廷、南斯拉夫等国的教练。另外，还从俄罗斯、英国、中国、埃及、罗马尼亚等国聘请田径、体操、跳水、排球、手球、乒乓球、柔道、跆拳道、马术等体育项目教练。

第五节 新闻出版

一 报纸与通讯社

报纸 科威特的新闻出版业相当发达，以报刊出版发行为代表的新闻出版业，已成为科威特一个颇具影响力且拥有雄厚财力的集团。它们拥有大型的、设备先进的印刷厂，不仅每天完成报纸的印刷任务，而且还能经营商业性印刷和广告业务。科威特报纸在阿拉伯世界报纸中占有重要地位，在舆论导向上起到了先锋作用，并对建设现代化的科威特作出了贡献。科威特政府每年向在境内出版的所有报纸、杂志提供财政资助。

科威特奉行灵活的、国内外开放的、相互合作与尊重、不干涉他国事务的宣传政策，利用一切宣传手段为社会服务，在国内、阿拉伯和国际范围内宣传和介绍科威特，争取支持和同情。科威特新闻部在主要阿拉伯国家以及美国、英国、法国和印度都设有新闻中心，它们在驻在国执行科威特的新闻政策，与这些国家的新闻机构和行政当局发展友好合作关系，向他们提供有关科威特国内的各种活动和建设成就的材料、印刷品和音像制品等，以帮助驻在国人民比较全面地了解科威特。

科威特新闻媒介与海湾新闻媒介通过两个协定，即《海湾新闻荣誉宪章》和《对外宣传工作纲要》紧密地联系在一起，贯彻统一的新闻目标。在此框架内，海湾国家之间新闻合作卓有成效，合作项目包括：广播节目《合作委员会之声》、电视节目《合作使命》以及联合节目制作公司的电视系列片等。此外，海湾各通讯社之间密切合作，海湾新闻代表团互访，海湾各国共同举办研讨会、展览会和知名人士论坛等。

科威特现有 7 家日报，全部为私人所有。它们主要是：《舆论报》《政治报》《火炬报》《祖国报》和《新闻报》，另外两种日报即《阿拉伯时报》和《科威特时报》分别用英文、乌尔都文和印度的马拉亚文发行。

《舆论报》 （*AL-Rai AL-Aam*），政治、社会、文化性阿拉伯文报纸，

1961 年创办，发行量 101000 份（2012 年），主编是尤素福·贾拉赫马。

《政治报》（*AL-Seyassah*），政治、金融性阿拉伯文报纸，1965 年创办，发行量 70000 份（2012 年），主编是艾哈迈德·阿卜杜勒·阿齐兹·贾拉拉。

《火炬报》（*AL-Qabas*），独立性阿拉伯文报纸，1972 年创办，发行量 60700 份（2012 年），主编是瓦利德·阿卜杜勒·拉蒂夫·尼斯夫。

《祖国报》（*AL-Watan*），政治性阿拉伯文报纸，1962 年创办，发行量 91726 份（2012 年），主编是谢赫哈利法·阿里·哈利法，总经理是迪纳·马利克。

《新闻报》（*AL-Anbaa*），政治性阿拉伯文报纸，1976 年创办，发行量 85000 份（2012 年），主编是哈立德·马尔祖克。

《阿拉伯时报》（*Arab Times*），政治、金融性英文报纸，1977 年创办，发行量 41922 份（2012 年），主编是艾哈迈德·阿卜杜勒·阿齐兹·贾拉拉。

《科威特时报》（*Kuwait Times*），政治性英文、乌尔都文报纸，1963 年创办，发行量 32000 份（2012 年），主编是尤素福·阿勒扬。

此外，还有隶属于议会民族民主集团的阿拉伯文报纸《报纸报》，主编是哈立德·希拉勒·穆泰里。除当地报纸外，市场上还出售 700 多种从世界各地运来的、用各种语言和文字出版和发行的报纸和杂志。

通讯社 科威特通讯社（KUNA）是科威特国家通讯社，创建于 1976 年 10 月，其宗旨是搜集和整理新闻和新闻资料，澄清事实，向新闻单位和个人提供新闻和资料以及完整的新闻服务。科通社成立迄今一直严格遵循客观、公正和快速报道与传播的新闻工作原则，在采集新闻和宣传材料方面，完全依靠自己的国内来源和驻外分社与记者网络。科通社现有 24 个驻外分社及长驻记者，分布在世界各地的事件中心和大国首都。除此之外，它还与地区和世界著名通讯社建立了业务关系，以保证新闻和宣传材料的播发。科通社是阿拉伯和伊斯兰新闻通讯社联盟的积极成员，并长时间担任联盟的主席。

科通社的新闻中心已实现编辑工作自动化和电脑储存，总社与驻外分社之间使用文传等最先进的通信联络手段，以保证新闻的时效性和可靠性。科通社现每天 24 小时以阿拉伯文和英文播发新闻，并免费向个人提供新闻服务。21 世纪以来，科通社年均播发新闻约 50000 条，全年向个人提供新闻、信息、咨询服务 2000 万多件。

科通社不定期地出版专题调研小册子，内容包括国内、地区、阿拉伯和国际重大事件、专题报告和形势评述。科通社还参加国内和国际上举办的有关展览会，举办政治和宣传研讨会，为来访者举办记者招待会。

现任科通社社长是谢赫穆巴拉克·杜埃基·萨巴赫（2012 年）。

外国通讯社驻科威特分社或派有长驻记者的有：

俄罗斯新闻社 – 塔斯社科威特分社

埃及中东通讯社科威特分社

英国路透社中东分社驻科代表

中国新华社科威特分社

法新社科威特分社

阿拉伯叙利亚新闻社

土耳其安纳托里通讯社

此外，美联社、德新社、利比亚通讯社、卡塔尔通讯社都派有长驻代表。

现任科威特新闻工作者协会会长是艾哈迈德·尤素福·伯哈伯哈尼（2012 年）。

二 广播、电视

广播电台 科威特广播电台始创于 1951 年 5 月 12 日。"这里是科威特"的洪亮声音，1957 年第一次传向全世界。当时播音时间每天只有两小时。经过近半个世纪的飞速发展，科威特广播电台已拥有 5 套广播节目，每天以阿拉伯文、英文、波斯文、乌尔都文四种语言播音。广播的内容也越来越丰富、广泛，由过去只限于新闻、评论、宗教栏目，发展到今天涵盖政治、经济、宣传、文化、社会、文学、艺术、体育、卫生等各个

领域。现任台长为阿卜杜勒·阿齐兹·阿里·曼苏尔，节目部主任为阿卜杜勒·拉赫曼·哈迪（2012年）。

科威特广播电台现有5套节目：第一套综合节目，每天播音24小时；第二套外语节目，每天播音8小时；第三套《古兰经》节目，每天播音24小时；第四套阿拉伯歌曲节目，每天播音24小时；第五套外国歌曲节目，每天播音24小时。总共播音104小时。

3座发射台：凯卜德发射台，科威特广播电台的主要发射台，有两个频率，540千赫，1134千赫；马格瓦发射台，功率100千瓦，频率1341千赫，备有紧急发电设备，即使在停电的情况下，外界也能听到科威特的声音；吉万发射台，播放阿拉伯语、英语调频节目的专用发射台，英语87.9、103.7两个波段，阿拉伯语歌曲台99.7超级立体声和92.5国际立体声两个波段。

电视台 科威特是海湾地区创建电视台较早的国家，其国家电视台创建于1961年。1957年，一位商人开始在一家私人电台播放电视电影。1961年1月1日起，科威特新闻部接管了电视播放任务，电视事业走上了快速发展通道。1974年开始彩色频道播放。1978年电视台搬进新闻大楼新址，电视进入一个新的更快的发展期。科威特电视不仅在国内新闻媒介中起着先锋作用，而且在海湾国家中也有一定的影响，它的观众达1000万之多。1998年初，科威特宣布，政府将允许开设私人卫星电视频道。

科威特电视从1961年11月15日到1974年3月15日为起始阶段，每天播放4小时黑白电视节目。第二阶段始于1974年3月15日，以播放德国PAL系统的彩色电视节目为标志。1979年2月17日，电视台搬进新闻大楼办公后，科威特电视进入飞跃式发展阶段，无论是电视台设备、技术的现代化程度，还是电视节目的制作、播放和频道的扩展都有质的提升和进步。截至20世纪末，科威特电视台拥有阿拉伯语、英语5个频道，4个演播室，3个制作室，可以制作各式各样的电视节目，如地方节目、专访节目、新闻报道、文化娱乐节目、体育节目、儿童节目、青年节目、妇女节目、故事片、动画片、电视连续剧等，每天播放16个小时。电视台

5 个频道的分工如下。

第一频道：科威特电视台阿拉伯语综合频道，1961 年开始播放。节目包括新闻、电影、戏剧、音乐、文化、宗教、歌舞等。

第二频道：1979 年 12 月 2 日开始播放。该频道的主要服务对象是居住在科威特的外国侨民，向他们介绍科威特的过去和现在，了解科威特的文化遗产、宗教状况和风土人情。播放的节目包括外国电影、系列片和歌舞，以及新闻和政论等。每天下午 3 时至凌晨 1 时，共播放 9 个小时。

第三频道：体育频道，播放世界各地的体育消息和重大体育事件，外加阿拉伯语评论。

第四频道：娱乐频道，1993 年 11 月开始播放，每天从凌晨 12 时 30 分到上午 8 时 30 分，共播放 8 个小时。1997 年 6 月开始，播放时间改由下午 1 时至第二天上午 8 时，连续播放阿拉伯和外国电影、歌舞。

第五频道：卫星频道，1992 年 7 月 4 日开播，租用阿拉伯工业卫星频道，转播外国节目。

科威特著名播音员有：穆罕默德·卡哈塔尼、穆巴拉克·米亚勒、马吉德·夏蒂等。

科威特的电视转播站主要有：①米塔拉阿转播站，科威特最悠久的转播站，现已使用先进发射设备，邻国也可以收视；②马格瓦转播站，该转播站设备先进，也发射电台节目；③法拉卡转播站，海湾危机期间被伊拉克占领军捣毁，后根据最新体系重建。

卫星转播电视节目使人们大开眼界。世界上发生的事件，当时就可以通过家中的电视看到。在伊拉克占领期间，科威特电视通过阿拉伯卫星、大西洋卫星，利用多种渠道接收和转播节目。解放后，科威特政府把恢复广播和电视作为最紧迫的任务之一，在很短的时间内，修复了一批发射台和转播站，很快恢复了在全国范围内广播电视的播送。在这期间，新闻部还采取非常措施，接收和转播埃及频道、中东频道和美国的 CNN 频道节目，以满足国内观众及时了解世界各地新闻的需求。

"舆论"电视台，创立于 2004 年，是科威特第一家私营卫视电视台，

电视台和办公处设在科威特市，转播塔设在阿拉伯联合酋长国迪拜。该电视台隶属于"舆论"传媒集团。

三　出版

期刊　截至 1997 年，科威特共出版各种杂志 131 种，其中月刊 105 种，双月刊 2 种，季刊 23 种，年度刊 1 种。这些杂志涵盖了生活的各个领域，如政治、社会、医学、体育、教育、文学、艺术、商业、工程、科学、石油、农业、法律、儿童、交通等。科威特发行量较大、比较有影响的杂志有：

《科威特》（*AL-Kuwait*），科威特新闻部出版的阿拉伯文月刊，1975 年创刊，主要介绍伊斯兰文化。发行量 50400 份（2012 年）。主编是哈米德·加拉巴里。

《今日科威特》（*Kuwait Today*），科威特新闻部出版的阿拉伯文官方公报，周刊，1954 年创刊，主要刊登埃米尔敕令、法律法令、政府公告、决定任命、统计数字、招标投标公告等。发行量 5000 份（2012 年）。

《科威特杂志》（*Kuwait Magazine*），科威特新闻部出版的阿拉伯文月刊，1961 年创刊，内容有关科学、文学、艺术、历史等方面，图文并茂。

《阿拉伯人》（*AL-Arab*），科威特新闻部出版的阿拉伯文文艺性月刊，发行量 350000 份（2012 年），主编是穆罕默德·鲁梅希。

《事实与数字》（*Facts and Figures*），科威特新闻部每两年用阿拉伯文、英文、法文和其他文字出版一次，向世界全面介绍科威特。

《思想世界》（*World of Thought*），科威特新闻部出版，季刊，1970 年 4 月创刊。

《艺术世界》（*World of Art*），主编是穆罕默德·达瓦什。

《阿拉伯财经报道》（*Arab Business Report*），英文金融、商业半月刊。

《公报》（*Communique*），以宣扬伊斯兰教为宗旨的政治性阿拉伯文周刊，发行量 29000 份。主编是阿卜杜勒·拉赫曼·拉希德·韦拉亚蒂。

《目标》（*The Objective*），阿拉伯文社会和文艺性周刊，1964 年创刊，主编是艾哈迈德·阿卜杜勒·阿齐兹·贾拉拉。发行量 268904 份（2011

年）。

《生活》（*Our Life*），阿拉伯文医疗卫生半月刊，1968 年创刊，主编是尤素福·阿卜杜勒·阿齐兹·穆兹尼。发行量 6000 份（2011 年）。

《开门咒》（*Open Sesame*），阿拉伯文儿童文艺月刊。

《科威特经济家》（*Kuwaiti Economist*），科威特工商会出版的阿拉伯文商业、贸易、金融月刊，1960 年创刊，主编是马吉德·贾马勒丁。发行量 6000 份（2010 年）。

《海湾和阿拉伯半岛研究》（*Journal of the Gulf and Arabian Peninsula*），科威特大学出版的阿拉伯文、英文季刊，1975 年创刊。主编是法蒂玛·侯赛因·阿卜杜勒·拉扎克。

《科威特人》（*AL-Kuwaiti*），科威特国家石油公司出版的阿拉伯文月刊，1961 年创刊，主编是哈立德·哈米斯。发行量 6500 份（2012 年）。

《科威特文萃》（*The Kuwait Digest*），科威特国家石油公司出版的英文季刊，1972 年创刊，主编是阿里·穆拉德。发行量 7000 份（2012 年）。

《科威特医学季刊》（*Kuwait Medical Journal*），英文季刊，1967 年创刊，文学、报道、评论性杂志。主编是福阿德·阿卜杜拉·哈森。

《集会》（*Meetings*），阿拉伯文周刊，主要报道当前发生的事件，主编是卡西姆阿卜杜勒卡迪尔。发行量 60206 份（2012 年）。

《民族之镜》（*The Mirror of the Nation*），阿拉伯文周刊，主编是穆罕默德·贾西姆。发行量 79500 份（2012 年）。

《文艺复兴》（*The Renaissance*），阿拉伯文政治、社会性周刊，1967 年创刊，主编是艾哈迈德·阿布·西多，发行量 170000 份（2012 年）。

《家庭》（*My Family*），妇女杂志，阿拉伯文周刊，1964 年创刊，主编是加尼玛·马尔祖克。发行量 10050 份（2012 年）。

《信息》（*Message*），阿拉伯文政治、社会、文艺性周刊，1961 年创刊，主编是贾西姆·穆巴拉克。

《阿拉伯运动员》（*The Arab Sportsman*），阿拉伯文体育杂志，周刊，发行量 101822 份（2012 年）。

《幸福》（*Good Luck*），阿拉伯文儿童周刊，主编是玛纳勒·穆萨埃

德。发行量 60000 份（2012 年）。

《海湾之声》（*Voice of the Gulf*），阿拉伯文政治、文艺性杂志，1961
年创刊，主编是克里斯蒂纳·赫雷伯特。发行量 20000 份（2012 年）。

《先驱》（*The Ascendant*），阿拉伯文政治和文艺性周刊，1962 年创
刊，主编是艾哈迈德·尤素福·纳菲斯。发行量 10000 份（2012 年）。

《觉醒》（*The Awakening*），阿拉伯文政治、经济、社会性周刊，1967
年创刊，主编是艾哈迈德·尤素福·巴哈巴哈尼。发行量 170000 份
（2012 年）。

出版社　科威特除政府出版社外，还有 7 家私营出版社：

政治出版印刷发行公司　出版《阿拉伯时报》《政治报》《目标报》。

灯塔翻译出版公司　总经理是塔里克·阿卜杜拉。

海湾中心出版广告公司　社长是哈姆扎·伊斯梅尔·伊斯拉赫。

科威特民族出版与广告公司　创建于 1995 年，出版商业指南、电话
簿等。

科威特出版社　创办于 1970 年，社长是伊萨姆·阿萨德·阿布法拉
基。

科威特联合广告出版发行公司。

先锋印刷和出版公司　社长是艾哈迈德·尤素福·纳菲西。

另外，科威特共有 63 家印刷厂，其中国有印刷厂负责印刷新闻部和
其他政府部门出版的杂志和各种印刷品。年均印刷出版杂志、课本等达
5700 万册。

第八章

外　交

第一节　外交政策

　　科威特奉行的外交政策建立在坦诚、明确和温和平静的基础之上。在相互尊重、互不干涉内政的基础上加强与其他国家的建设性合作关系，主张依据公平和正义原则，以和平方式解决国际问题，远离争端、势力范围和国际集团，维护科威特的独立、领土主权、资源和政治决策的自由。

　　科威特坚信阿拉伯民族的共同命运，并在此基础上发展同阿拉伯国家的关系，支持阿拉伯联盟及其机构的进步，全心全意地支持巴勒斯坦问题的解决。在地区事务方面，科威特一向坚信建立一个反映阿拉伯海湾国家合作与兄弟情谊的组织的必要性。为此，科威特同其他海湾国家一起于1981年5月25日成立了海湾合作委员会。该委员会自成立以来，为发展和加强成员国之间在各个领域里的合作作出了巨大的努力。科一贯主张海湾合作委员会成员国家之间应加强协调与合作，通过谈判和对话解决相互间的分歧和领土争端。海湾合作委员会在阿盟的框架内发挥作用，是对阿拉伯共同行动的一个有力支持。在阿拉伯范围内，科威特一向致力于发展同阿拉伯国家在各个领域的关系，深信阿拉伯民族的共同命运，努力加强和改善阿拉伯联盟组织及其所属机构，积极参与一切阿拉伯事业。2010年以来，一些阿拉伯国家受"阿拉伯之春"风波影响，政局动荡，科支持叙利亚反对派，要求巴沙尔总统下台，并向反对派武装力量提供援助。

　　在伊斯兰事务方面，科威特相信，穆斯林的进步与彼此间在宽容和博

爱原则下的合作与共处密切相关。为实现这一崇高目标,科威特作出了不懈的努力,尽其所能克服一切阻碍伊斯兰合作的障碍。1987 年 1 月在科威特召开的伊斯兰组织第五次首脑会议为加强和发展伊斯兰国家之间的合作发挥了突出的作用。

在国际关系方面,随着建立在国际合作基础之上的世界新秩序的形成,科威特希望在国际关系中奉行一种新的合作方式,它拒绝侵略,保护人权,就像国际社会明确无误地拒绝伊拉克对科威特的占领一样。科威特坚信联合国在维护国际安全与和平中的关键作用,呼吁加强国际合作,保护人类、个人和集体免遭民族和国家恐怖以及各种形式的威胁、讹诈,但应把保卫国家、恢复被掠夺的合法权利而进行的斗争同恐怖主义区别开来。总之,如埃米尔贾比尔·艾哈迈德·萨巴赫所宣告的那样:科威特的宗教是伊斯兰教,泛阿拉伯是它的祖国,合作是手段,宽容为座右铭,博爱是行动指南,协商为操作方式,公正是准则,发展为己任,和平是目的。

科威特在对外关系中奉行中立和不结盟政策,主张在和平共处五项原则的基础上同所有国家发展关系。主张通过和平的、直接接触的方式,解决国际争端和分歧,反对诉诸武力或以武力相威胁,反对干涉别国的内部事务。科威特遵守联合国宪章及其宗旨,支持阿拉伯联盟使命,致力于阿拉伯国家团结,努力加强同伊斯兰国家的联系。强调海湾合作委员会成员国之间在政治、经济和军事等领域里的合作与协调,共同维护海湾地区的安全与稳定。敦促伊拉克全面执行安理会所有有关海湾危机的决议,承认科威特的独立和领土完整,释放科被俘人员。主张全面、公正地解决中东问题,支持并极力推动中东和平进程,欢迎签署巴以和平协议,认为"土地换和平"是公正解决巴以争端的基础,强调承认巴勒斯坦人民的合法民族权利以及建立自己国家的权利,呼吁以色列认真履行安理会有关中东问题的 242 号和 338 号决议,主张以色列应全面执行同巴勒斯坦签署的所有和平协议,从所占领的阿拉伯领土全面撤军,停止改变耶路撒冷状况和在所占领土上建立定居点的行径。支持民族解放事业和各种形式的从外国统治下摆脱出来的斗争,反对种族歧视和种族隔离政策,支持各国人民的自决权。主张减免第三世界国家的债务。科是联合国、阿拉伯国家联盟、海湾合作委员会、石油输出国组织等国际和地区组织的成员国，迄今已同110多个国家建立了外交关系，近70多个国家在科派有长驻大使。

第二节　对重大国际和地区问题的立场

伊拉克问题　支持伊拉克重建，呼吁伊各派保持克制，通过对话实现稳定，实现由伊拉克人民自己治理自己的国家，实现民族和解。担心美国撤军后可能爆发伊教派冲突。在伊拉克推动安理会重新评估所有涉伊决议问题上，科威特希望保留有关科威特失踪人员和财产、科伊边界划分和维护、伊拉克战争赔偿等方面的安理会授权。

中东问题　支持中东和平进程，主张在安理会决议、"土地换和平"、阿拉伯和平倡议基础上解决巴以争端。敦促国际社会向以色列施压，停止改变耶城状况和在所占领土上建设定居点行径，谴责以"定点清除方式"杀害巴派别领导人，支持美国主导下的中东"路线图"计划，认为只有通过和平方式和直接对话才能解决巴以问题。

伊朗核问题　承认伊朗有和平利用核能的权利，但认为伊朗的核活动应接受国际原子能机构的监督。希望伊朗恪守承诺，只将核计划用于和平目的。强调中东应成为无大规模杀伤性武器区。担心伊核问题升级威胁自身安全。呼吁伊朗积极回应国际社会的调解努力，尽早同美国达成谅解。

关于反恐问题　反对一切形式的恐怖主义和暴力行径，支持国际社会为打击和消除恐怖主义所作努力。反对将恐怖主义与特定的民族或国家挂钩。科支持美国打击恐怖活动，并应美方要求向其提供反恐情报，同意美负责阿富汗行动的中央总部陆军司令部从美国本土移至科威特。

关于联合国改革　认为联合国现有机制已不适应时代发展的要求，改革是大势所趋。联合国改革是整体改革，旨在加强联合国维护世界和平、稳定的能力和作用，便于有效决策。联合国大会、安理会及其机构的改革都是联合国改革的内容，仅仅关注增加安理会常任理事国不是科希望的结果。认为安理会扩大的原意在于如何增加常任国。安理会应代表不同的宗

教、民族和文化，以体现多样性。支持阿拉伯国家作为一个整体在安理会长期拥有席位。

第三节　同美国及西方大国的关系

一　同美国的关系

科威特同美国关系密切。独立前，美在科设有领事馆。1961 年 6 月科宣布独立后，两国即正式建交。20 世纪六七十年代，当时的科威特政府受蓬勃兴起的民族解放运动的影响，以及出于对美国在中东偏袒以色列政策的不满，两国关系一般。进入 80 年代后，两国关系发展迅速，政府高级官员互访增多。1984 年 4 月，科威特国防大臣萨利姆访美，两国签订了价值约 8000 万美元的军火协议。美是科的主要贸易伙伴之一，科在美国有大量的投资和存款，在科对外投资中居首位。1990 年 8 月，科被伊拉克占领，1991 年 2 月，科在以美国为首的西方国家帮助下，驱逐占领者并复国，科美关系进一步密切。1991 年 9 月 19 日，科美签订了为期 10 年的安全防御协定。美在科获取了建立军事基地、驻军、储存武器和随时派遣快速反应部队来科和海湾地区应急等权利。1994 年 10 月 28 日，美国总统克林顿访科，埃米尔授予他大穆巴拉克勋章。1996 年 2 月，埃米尔贾比尔访问美国，就双边关系和共同关心的地区安全问题进行了会谈。美支持科继续对伊拉克制裁，直至伊满足科在释俘、战争赔款和归还财产方面的要求。1997 年 6 月，美国防部长科恩访科，与科国防大臣萨利姆讨论了购买武器计划。1998 年 1 月，美国与伊拉克在武器核查问题上出现危机，美向科增兵 3000 多人。同年，美国国务卿奥尔布赖特、国防部长科恩、参谋长联席会议主席谢尔顿等要员相继访科。2000 年，科威特与美国的关系进一步发展。4 月和 11 月，美国国防部长科恩两次访科；6 月，美国参谋长联席会议主席谢尔顿上将访科；同月，科副首相兼国防大臣萨利姆访美。2001 年 2 月和 3 月，美国国务卿鲍威尔和参谋长联席会议主席谢尔顿先后访科。"9 · 11"事件后，科支持美打击恐怖主义。在 2003 年 3 月伊拉克战争爆发前，科允许美国在科北部地区集结部队，并向美军提供基地和后勤保障。海湾战争结束后，允许美国长期驻军 1.5 万人、储存大量武器装备。两国每年举行联合军事演习，美军界领导人频繁访科，仅以 2011 年为例，就有参谋长联席会议主席、特种战术部队司令、中央战区司令、美第三军军长、美国空军部长等。同年 11 月，美国文化中心在首都科威特开幕，埃米尔萨巴赫出席。12 月，美国总统克林顿访科。

二 同英国的关系

科英关系历史悠久，英国势力很早就侵入科威特。1899 年英国强迫科威特当局签订了英科保护协定，控制了科威特的外交和防御事务。1939 年科正式沦为英国的"保护国"。1961 年 6 月科威特宣布独立后，伊拉克不予承认。当时卡塞姆政府提出兼并科威特的要求，英国立即作出反应，向科派出部队。直到 1968 年 5 月科威特政府才宣布中止与英签订的军事援助协定。20 世纪 80 年代以前，科军的武器装备主要来源于英国，同时，英也是科的主要贸易伙伴之一。1979、1981 年英国女王伊丽莎白、首相撒切尔夫人分别访科。在海湾危机中，英、法等西欧国家站在科威特一边，反对伊拉克对科的占领，并参加了以美国为首的多国部队发动的解放科威特的战争。1992 年 2 月 11 日，科英签署了为期 10 年的《安全谅解备忘录》。1997 年 2 月，英王储查尔斯访科，同年 6 月，科副首相兼国防大臣萨利姆访英。1998 年，因伊拉克武器核查危机，英国外交大臣库克（2 月）、国防参谋长格思里（2 月、12 月）、国防大臣罗伯逊（10 月）等政府要员先后访科。2000 年，英国国防大臣霍恩（2 月）、能源兼贸易大臣查德克（3 月）、军队参谋长查尔斯上将（7 月）、外交国务大臣比特（11 月）相继访科。科副首相兼国防大臣萨利姆（4 月）、总参谋长穆明中将先后访英。2001 年 4 月英国海军上将米歇尔访科。同年 9 月和 11 月，科副首相兼国防大臣穆巴拉克和代首相兼外交大臣萨巴赫先后访英，双方就反对恐怖主义、中东地区形势和双边关系等问题进行了会谈。英国也是科威特主要投资国之一，在英投资达 80 多亿美元。21 世纪以来科继

续推进与英、法等西欧大国的关系，扩大互利合作。2010 年英国外交大臣黑格访科。2011 年 2 月，英国首相卡梅伦访科。同年，前首相布莱尔（2 月）、王储查尔斯（11 月）先后访科，

三　同法国的关系

科与法国关系发展平稳。1983 年 3 月，科同法国签订了购买法国"空中客车"民用飞机合同，价值约达 10 亿美元。1988 年，科对法投资 8000 万美元。1992 年 8 月 18 日，科法签订了为期 10 年的《防务合作协定》。1997 年 7 月，科石油公司与法国托塔尔公司签订了为期 3 年半的石油、天然气技术服务协议。1998 年 9 月，科第一副首相兼外交大臣萨巴赫访法。10 月，法国防部长里查德访科。2000 年 1 月，科威特外交国务大臣夏欣访法。2 月，法军参谋长卡尔希上将访科。同月，科法举行了"西方珍珠 2000"联合军事演习。11 月，科法签署了文化艺术合作协议。2001 年 4 月和 9 月，科副首相兼国防大臣穆巴拉克和第一副首相兼外交大臣萨巴赫先后访法，双方就反对恐怖主义和加强两国军事合作等进行了讨论。2010 年 4 月，科威特首相纳赛尔访问法国，与法国总理菲永签署了为期 20 年的民用核能合作协议，法方将在有关国际公约的框架下，向科提供民用核能设备和技术支持，培训核能方面的技术人才。双方还讨论了有关科入股阿海珐集团事宜和购买"阵风"战斗机计划。

四　同德国的关系

德国一直是科威特的主要贸易国之一。1965 年两国正式建交。同年，因当时的联邦德国与以色列建交，科宣布与其断交，但允许德国保留总领馆。1972 年，两国复交。现科在德国的投资占其对外投资总额的 16.8%。

2004 年 7 月，德国经济部长凯利姆内特访科，与科方就加强双边经贸关系和互相增加在对方的长期投资进行商谈。德方向来把科作为加强与海湾国家经贸关系的桥梁。2005 年 2 月，德国总理施罗德访科，出席由德国西门子公司在科南部援建的一座天然气发电站二期工程竣工典礼。双方签订了经济合作协议，决定成立经济、技术、贸易混合委员会，还签署

安全合作协议和谅解备忘录。

2010 年，科威特埃米尔萨巴赫访问德国，双方签订了新的贸易合作协定。同年，两国之间贸易总量上涨了 76%。2011 年 12 月，德国总统武尔夫回访科威特。

五 同日本的关系

多年来，日本一直是科威特的第一大贸易伙伴，进出口额均占首位。日主要从科进口石油及石油产品，向科出口机械、电器、纺织品及其他日用品。1996 年，两国贸易额达 38.28 亿美元，其中日进口额为 28.84 亿美元。1995 年 10 月，科埃米尔访日，双方就经贸合作及海湾地区形势等问题进行了会谈。1998 年 10 月，科第一副首相兼外交大臣萨巴赫访日。1999 年 5 月，日本通产大臣访科。2001 年 2 月和 7 月，日本外相河野洋平和通产大臣平昭赳夫先后访科，就开发中立区海上油田问题进行了谈判。2004 年 2 月 20 日，日本海上自卫队的"大隅"号运输舰，在"村雨"驱逐舰的护卫下访问了科威特，向日本自卫队驻伊拉克部队运送所需要的车辆、机械及其他装备和物资。舰上搭载了 330 名自卫队人员。2011 年 4 月 18 日，科政府决定，无偿援助日本 500 万桶原油（价值约 5.5 亿美元），支援大地震灾后重建工作。此前，科已向日提供了大批救灾物资。2012 年 3 月 22 日，科石油大臣哈尼·侯赛因与日方就两国新能源领域石油开采和技术服务合作事宜达成一致。日本阿拉伯石油公司与科方达成的特许协议于 2003 年 1 月到期，随后，又与科石油公司签订了 20 年石油购买协议。21 世纪以来，日本平均每天购科原油 50 万桶（年购买量 2500 万吨）。2013 年 8 月 26 日，日本首相安倍晋三访科，与科首相贾比尔举行会谈并发表联合声明，内容涉及外交、安全、能源、医疗及农业合作等领域。安倍首次担任首相时，曾在 2007 年访问过科威特。

第四节 同俄罗斯的关系

1993 年 11 月 30 日，科俄签订了一项为期 10 年的《科俄联合防御协

定》。1994 年 11 月，俄总理切尔诺梅尔金访科，双方签署了《鼓励和保护投资协定》等 5 个文件。同年底，科俄双方签订武器购买合同。1997年 5 月，科外交部次官夏欣访俄，双方重点就海湾地区形势及安理会有关对伊拉克制裁等问题进行了磋商。1998 年 2 月，俄杜马主席访科。1999年，科第一副首相兼外交大臣萨巴赫（2 月）、总参谋长穆明中将（9 月）相继访俄。2000 年 1 月和 8 月，科外交国务大臣夏欣两次访俄，11 月，俄外交部长伊万诺夫访科，受到了科埃米尔的接见。2001 年 3 月，俄罗斯杜马主席普拉杜诺夫访科。4 月，科议长胡拉菲访俄。2006 年 5 月，俄罗斯外交部长拉夫访科，与科方就地区形势和伊朗核问题进行了会谈。2010 年科副首相兼外交大臣穆罕默德访俄。

第五节　同周边国家的关系

一　同沙特阿拉伯的关系

科与沙特阿拉伯王国关系密切。1964 年 3 月，科沙草签了一份关于平分中立区（面积 5700 平方公里）领土主权和均享石油利益的协议。1970 年，两国划定分界线，中立区不复存在。1981 年 2 月，科沙两国共同发起成立“海湾合作委员会”组织，两国关系得到了进一步加强。1990 年 8 月，伊拉克占领科威特后，包括埃米尔、首相在内的科政府官员全部逃亡沙特，并在沙特的塔伊夫建立了流亡政府。沙特政府予以盛情款待和全方位的支持。

在两国亲密无间的兄弟关系中也存在分歧。独立后到 20 世纪 70 年代末，科在同沙交往中一直存在戒心，对沙特主导提出的有关海湾国家间的任何统一与协调行动保持距离，或予以婉拒。两国间陆上中立区虽已划定分界线，但在延伸至波斯湾内的大陆架分界线走向，以及附近几个小岛的归属问题上仍存在争议。2000 年 7 月 2 日，经过多年协商谈判，科威特和沙特终于就海上中立区边界划分达成协议。根据科沙近海中立区边界协定，沙特同意把有争议的两个小岛（乌姆马拉迪姆和卡鲁）及其周围 1

英里的区域让给科威特，但整个近海中立区内的石油、天然气储藏，根据边界条约第二条规定，仍由双方共享。科、沙同为海湾合作委员会主要创始国，21世纪以来，两国关系明显加强，领导人之间互访频繁。2011年5月，第13届海湾合作委员会首脑会议在沙特利雅得举行，元首们就如何应对"阿拉伯之春"风暴进行磋商。随即，科、沙两国以海合会"半岛盾牌部队"名义联合向巴林派兵，平息那里的民众抗议示威。

二 同伊朗的关系

科威特与伊朗的关系受地区形势影响，发展坎坷曲折。1965年6月，两国草签协议，决定成立委员会，研究两国领海问题。1968年1月，两国就海湾大陆架沙洲问题达成协议。1971年11月，伊朗出兵占领海湾阿布穆萨岛和大、小通布岛，科表示反对。1979年2月，科宣布承认伊朗霍梅尼政权。两伊战争爆发后，科一再呼吁伊朗响应国际呼吁，通过和平谈判解决两伊争端。伊朗多次袭击科的石油设施和油轮，并警告科不要站在伊拉克一边，科就此向伊朗提出抗议。1986年2月1日，科政府和议会发表声明，对伊朗不断进攻伊拉克表示强烈谴责，并再次呼吁伊朗通过和平谈判解决争端。但科伊两国仍保持正常的外交关系和经贸往来。1990年8月，海湾危机爆发后伊朗同情科威特。海湾战争结束后，科主张海湾安全体系不应该将伊朗排除在外。在海湾三小岛归属问题争端中，科支持阿联酋立场，赞同阿联酋将争端提交国际法院仲裁的主张。1997年12月，科埃米尔出席了在德黑兰召开的伊斯兰会议组织首脑会议，此后，伊朗的几名部长先后访科，双方达成推迟两国领海边界谈判默契，直到科、沙达成近海边界协议。1997年，两国贸易额达7400万美元（不含石油贸易）。1999年1月，伊朗总统特使、副外长穆罕默德·赛德尔访科。2000年7月，科、沙近海中立区边界达成协议，为就近海中立区东部边界与伊朗的谈判创造了条件。科、伊近海中立区边界谈判7月底在德黑兰举行，9月举行了第二轮谈判。德黑兰谈判的成果之一是，双方原则上达成铺设一条由伊朗向科输送天然气的管道协议，作为由卡塔尔向科输送天然气的补充。伊方还提出由卡仑河每天向科输送2亿加仑淡水的建议，科允予以认真研究。2001 年 5 月，伊朗副总统穆罕默德·阿里访科。6 月，科水电大臣塔拉勒访问伊朗，双方正式启动从伊（朗）引水工程磋商。2006 年 2 月，伊朗总统艾哈迈迪·内贾德正式访科，商谈向科供气、供水以及划分大陆架问题。此时，适逢美国声称伊朗的核计划不是为了和平目的，但科政府反对武力打击伊朗，不愿意美军把科威特作为发动攻击伊朗的基地。2007 年 2 月，科副首相兼外交大臣穆罕默德正式访问伊朗，同伊朗总统就伊核计划及地区安全等问题进行了会谈。他宣布，科支持伊朗的核计划，相信它是为了和平目的，美、伊之间的僵局只能通过谈判解决。6 月，伊朗议长访科 4 天。2008 年 1 月，科外交大臣穆罕默德再次访伊，出席在德黑兰召开的两国混委会，双方同意取消双层税收，尽快签订供气、供水协定。2009 年 11 月，科首相纳赛尔访问伊朗，就进一步加强双边关系与内贾德总统进行会谈，这是 1979 年巴列维国王被推翻后科首相第一次访伊。此后，两国关系因受所谓"伊朗间谍网"影响再度紧张，直到 2011 年 5 月，伊朗外长萨利希访科，双边关系才得到一定程度的缓和。

三 同伊拉克的关系

伊拉克在卡塞姆执政时（1958 ~ 1963），由于对科威特有领土要求，与科关系紧张。1963 年 10 月，伊拉克阿拉伯复兴社会党政权承认科威特独立，同年 11 月，两国签订了贸易经济协定，但边界问题仍悬而未决。1971 年两国外长互访后，双方于 8 月间成立了科—伊联合委员会，负责执行 1963 年协定并解决边界问题。为此目的，科伊双方进行了一系列的接触与磋商，由于伊方拒绝接受 1932 年边界协议，致使谈判毫无进展。不久，伊复兴党政权提出了对沃尔巴和布比延岛的主权要求。1973 年 3 月 20 日，伊拉克出兵占领了科威特的萨米塔边防哨所，后在阿拉伯国家调解下，伊从萨米塔撤军。1975 年，科威特政府拒绝了伊拉克提出割让沃尔巴岛、租借半个布比延岛 99 年的要求。1980 ~ 1988 年间，科伊领土争端因两伊战争而暂时平息。

1980 年两伊战争爆发后，科公开宣布持中立立场，积极参与和支持

各种调解活动，但实际上出于民族感情和义务，科在道义、物力、财力上给予伊拉克巨大的支持和帮助，仅贷款即达150亿美元之多，科威特国家和人民为此付出了沉重的代价。

1990年8月，伊拉克入侵并占领了科威特，从而引发了海湾危机和海湾战争。1991年2月，在以美国为首的多国部队帮助下，科威特获得了解放。海湾战争结束后，科威特呼吁国际社会保持对伊拉克的制裁，敦促伊拉克全面执行安理会有关决议，承认科领土、主权，释放科被扣押人员及履行对科的战争赔款。1993年5月27日，联合国安理会通过了833号决议，重新划定了科伊两国的边界。1994年11月，伊宣布承认科主权和根据第833号决议划定的科伊边界。1996年11月，科第一副首相兼外交大臣萨巴赫对伊同联合国签署的关于"石油换食品"谅解备忘录表示欢迎，认为这一协议是解决伊人民对食品和药品需求的积极步骤，但同时要求伊拉克全面履行安理会有关决议，尽快释放科被扣人员并解决对科的赔偿问题。1998年初，伊拉克武器核查问题缓解后，伊曾表示希望与科改善关系，科予以拒绝，强调伊必须公开承认侵科错误，全面履行安理会所有有关决议，特别是释放战俘和失踪人员。但两国关系还是出现了一些松动迹象，科第一副首相兼外交大臣萨巴赫宣布，科不再反对伊出席阿拉伯首脑会议。1998年5月，科红新月会向伊拉克提供了人道主义援助。年底，美对伊实施"沙漠之狐"军事行动后，科威特外交大臣萨巴赫表示，科与此次行动无关，也不是敌对行动的一方。2002年7月12日，外交事务国务大臣穆罕默德·萨巴赫强调，尽管伊拉克一直未认真履行联合国有关决议，但科威特领土决不会被用来向伊拉克发动进攻。2003年4月，美英联军攻占伊拉克首都巴格达后，科第一副首相兼外交大臣萨巴赫·艾哈迈德祝贺伊拉克人民的解放，并宣布捐款4000万美元，用于援助伊拉克人民。2004年中，两国宣布恢复外交关系并决定互派大使。2007年，伊拉克总理马利基、总统塔拉巴尼相继访科，就加强双边关系进行会谈。2011年，科威特首相纳赛尔访问伊拉克，双方重点讨论了战争赔款和边界等悬而未决问题。2012年，科埃米尔萨巴赫正式访伊，两国就陆地和海上边界达成协议，最终解决了影响两国关系的边界问题。

同年，伊拉克通过联合国赔偿委员会累计向科支付战争赔款 377 亿美元（总赔款额约为 525 亿美元）。2013 年，两国正式恢复通航。

第六节　同中国的关系

1971 年 3 月 22 日，科、中两国建交。自建交以来，两国关系稳步发展。中国作为安理会常任理事国一贯支持科的独立和领土完整，支持科在海湾战争遗留问题上的合理要求。科在人权、台湾、西藏、奥运会等问题上给予中方坚定支持。两国高层往访频繁，经贸合作密切，两国关系堪称大小国间关系之典范。

科、中之间的友好交往，早在两国正式建立外交关系之前即已开始。1961 年科威特独立时，中国政府曾致电祝贺。1965 年 2 月，时任科财政和工业大臣贾比尔（前埃米尔）率科威特友好代表团访华，双方同意采取有效措施发展两国经济、贸易和技术合作关系。同年 6 月，中国友好代表团赴科访问。1967 年，中国在科举办经济、贸易展览会。建交后，科副议长尤素福（1972 年 7 月）、工商大臣哈立德（1972 年 10 月）、议长古奈姆（1974 年 3 月）、副首相兼外交大臣萨巴赫（1977 年 5 月）、卫生大臣阿瓦迪（1977 年 11 月）、住房大臣哈姆德（1978 年 7 月）、内阁事务大臣侯赛因（1979 年 3 月）、议长阿德萨尼（1984 年 8 月）、石油兼财政大臣阿里·哈利法（1985 年 1 月）先后访华。中国人大常务委员会副委员长乌兰夫（1976 年 11 月）、国务院副总理姬鹏飞（1980 年 9 月）、外贸部长李强（1980 年 10 月）、卫生部长崔月犁（1982 年 10 月）、人大常委会副委员长王任重（1984 年 1 月）、国务委员兼外交部长吴学谦（1984 年 4 月）、国务委员张劲夫和石油工业部长唐克（1985 年 3 月）、国务院副总理姚依林（1985 年 11 月）先后访科。1986 年 5 月，国务委员张劲夫率经济代表团赴科参加科中投资洽谈会。

进入 20 世纪 80 年代，科中经济合作有了新发展。自 1981 年起，中国开始在科开展劳务承包业务。1982 年起，科威特阿拉伯经济发展基金会开始向中国提供长期低息贷款（见"科中经贸关系"部分），用于工农业、水利、交通等基础设施建设。科、中两国先后签订了民航、贸易、文化、卫生、投资保护、经济技术、环保等协定。1985 年 7 月 3 日开辟了科中航线。

1989 年 12 月，中国国家主席杨尚昆应邀访问科威特，两国关系进入一个新的发展阶段。1990 年，海湾危机期间，中国明确反对伊拉克侵占科威特，支持以埃米尔贾比尔为首的合法领导。海湾战争结束后，中国积极参与了科扑灭油井大火和经济重建工作。中国关于应全面、切实执行联合国有关决议，尊重伊、科边界，理解并支持科在释俘、赔偿方面要求的立场受到科高度赞赏。科埃米尔贾比尔先后于 1990 年 12 月和 1991 年 11 月两次访华。中国国务院总理李鹏于 1991 年 7 月访问科威特。1995 年 4 月 5～10 日，科王储兼首相萨阿德·阿卜杜拉·萨利姆·萨巴赫对中国进行了正式友好访问。在这期间双方的重要互访还有：科威特战俘委员会主席谢赫萨利姆·萨巴赫（现副首相兼国防大臣，1993 年）、国防大臣谢赫艾哈迈德·哈姆德（1995 年 3 月）、中国外交部副部长田曾佩（1994 年 5 月）、人大常委会副委员长吴阶平（1995 年 6 月）、国务委员兼国务院秘书长罗干（1995 年 8 月）、兵器工业总公司总经理张俊九（1995 年 11 月）、中国石油天然气总公司总经理王涛（1995 年 12 月）、国务委员兼国防部长迟浩田上将（1996 年 6 月）、政协副主席叶选平（1996 年 11 月）。

1998 年，两国关系又有新发展。9 月 8 日，科威特驻华大使阿卜杜勒·吉安向民政部副部长范宝俊转交了科威特政府向中国抗洪救灾捐款 300 万美元的支票，这是洪灾期间外国政府提供的最大一笔捐助。科威特的一些慈善组织也举行了募捐活动帮助灾区人民。9 月 23 日，中国外长唐家璇在纽约会见了科第一副首相兼外交大臣萨巴赫，双方就两国关系和共同关心的地区、国际问题交换了看法。1999 年 6 月 15～21 日，科威特市政委员会主席（市长）阿卜杜勒·拉希姆·霍提率团访华，双方签署了《北京、科威特两市合作谅解备忘录》。2000 年，中国外交部长唐家璇（2 月）、全国人大常委会副委员长铁木尔·达瓦买提率人大代表团（5 月）和国务院副总理吴邦国率政府代表团（11 月）先后访科。同年 6 月，科王储兼首相的特别顾问纳赛尔访华。2001 年，中国国家经贸委副主任石万鹏（4 月）和济南

军区司令员陈炳德中将（9月）先后率代表团访科；科威特埃米尔特使萨乌德·萨巴赫（4月）、新闻大臣谢赫艾哈迈德·法赫德、杰赫拉省省长谢赫阿里（5月）和国民议会副议长安吉里（5月）先后访华。

进入21世纪，科中友好合作关系继续巩固和发展，两国保持各层次友好交往。2008年9月，中国外长杨洁篪过境科威特。12月，李克强副总理访科。2009年5月，科埃米尔萨巴赫访华，这是其继任埃米尔后首次访华。两国有关部门签署了涉及能源、教育、交通、体育、财政等领域的6项合作文件。2010年6月。科副首相兼外交大臣穆罕默德来华出席中国—海合会首次战略对话。11月，科石油兼新闻大臣艾哈迈德访华。同月，亚奥理事会主席、科经济事务副首相兼发展和住房事务大臣艾哈迈德来华出席广州亚运会开、闭幕式。2011年2月，中国国家主席胡锦涛特使、国家体育总局局长刘鹏应邀访问科威特，出席科国庆50周年暨解放20周年庆祝活动。3月22日。中国国家主席胡锦涛、总理温家宝分别致电科埃米尔萨巴赫、首相纳赛尔，热烈祝贺两国建交40周年。2012年5月，中国外交部副部长翟隽访科，科首相贾比尔、副首相兼外交大臣萨巴赫予以会见，外交次官贾拉拉与其进行了会谈。同年，中国外交部长杨洁篪在突尼斯举行的"中阿合作论坛"第五届部长会议期间，会见了科威特副首相兼外交大臣萨巴赫。10月，中国全国政协副主席孙家正作为中国国家主席胡锦涛特别代表赴科出席了亚洲合作对话首次首脑会议，会见了科威待首相贾比尔，并与埃米尔萨巴赫简短寒暄。

自科中建交后，科威特在台湾问题上坚持一个中国的立场，不同台湾发生官方关系。1994年，在中国奥委会敦促下，亚奥理事会主席谢赫艾哈迈德·法赫德决定不邀请台湾李登辉出席在日本广岛举行的亚运会。1986年4月，台湾在科威特开设"中华民国"驻科威特商务办事处。1995年3月，在科政府的勒令下伪牌被摘除，改换成台北商务代办处。科威特每年向台湾出口原油约200万吨。1998年科台贸易额为4.3亿美元，其中科出口3.5亿美元。2001年科台贸易额为11.93亿美元，其中科出口为11.30亿美元。2009年，科、台贸易额约17亿美元，其中科出口约16亿美元，进口1.067亿美元。

大事纪年

公元前 600 年	古希腊人在法拉卡岛哈扎纳丘陵地区定居。
公元前 529 年	蒙兹尔·本·马埃萨玛在科威特瓦拉地区大败哈里斯·金迪。
公元前 300 年	古希腊人在法拉卡岛定居 200 年。
公元前 73 年	皇家书信刻写在伊卡罗斯石碑上。该石刻现存科威特国家博物馆。
公元 226 年	科威特所在的两河流域地区进入波斯文化影响的前伊斯兰时代，史学界称之为"蒙昧"时期。
公元 623 年	阿拉伯人在卡齐迈地区的"扎特塞拉西勒"战役中大败波斯人。
1672 年	哈立德家族的埃米尔巴拉克·本·古雷尔修建科威特城的近似年代。
1716 年	萨巴赫家族抵达科威特的近似年代。
1756 年	萨巴赫家族的萨巴赫·本·贾比尔被推选为科威特首任执政官的近似年代。
1762 年	阿卜杜拉·本·萨巴赫继承其父职务，为科威特第二任执政官。
1765 年	丹麦大旅行家卡斯滕·尼布尔访问科威特，在他的旅行图上将科威特标为"古莱茵"。
1773 年	科威特流行瘟疫，大部分居民死亡。

1783 年	科威特人在里戛海战中战胜凯尔卜部落船队。
1812 年	贾比尔一世在科威特执政。
1859 年	萨巴赫二世在科威特执政。
1866 年	阿卜杜拉二世在科威特执政。同年，谢赫阿卜杜拉·萨巴赫二世铸造出第一枚科威特铜币。
1871 年	塔巴阿大难。许多科威特采珠船在阿曼与印度之间遇飓风而翻沉海底。同年，科威特成为奥斯曼帝国巴士拉省的一个县。
1892 年	穆罕默德一世在科威特执政。
1896 年	穆巴拉克·萨巴赫在科威特执政。
1899 年	1 月 23 日，科威特与大英帝国驻海湾地区政治代表马尔科姆·米德中校签订了秘密保护协定。
1914 年	萨巴希亚大会——在科威特举行的首次国际会议。
1915 年	贾比尔二世在科威特执政。
1917 年	萨利姆·穆巴拉克在科威特执政。
1921 年	艾哈迈德·贾比尔·萨巴赫在科威特执政。
1927 年	科威特第一个机场竣工，1928 年接待第一架飞机。
1930 年	科威特市政委员会成立。
1934 年	12 月 7 日，暴雨成灾，房屋倒塌，故被称作"毁灭之年"。
1934 年	12 月 23 日，科威特政府与美、英合资组建的科威特石油公司签订了为期 75 年的石油开采权租让协定。
1938 年	2 月 24 日，布尔干大油田被发现，标志着科威特石油工业的诞生。
1942 年	科威特第一家银行开业。

1945 年	"科威特之家"在开罗成立,负责管理科威特留学生事务。
1946 年	6 月 30 日,科威特出口第一船石油。
1947 年	科威特第一家印刷厂建成。
1948 年	科威特第一份杂志——《卡齐马》出版发行。
1950 年	2 月 25 日,谢赫阿卜杜拉·萨利姆·萨巴赫在科威特执政。
1950 年	5 月 12 日,科威特广播电台落成并开始首次播音。
1960 年	从英国人手里接管司法权和货币管理权。
1961 年	4 月 11 日,第纳尔取代印度卢比,成为科威特正式货币。
1961 年	6 月 19 日,终止 1899 年 1 月 23 日与英国签订的"保护协定",宣布独立。
1961 年	7 月 20 日,科威特加入阿拉伯联盟。
1961 年	9 月 7 日,科威特在政府机构升挂新国旗。
1961 年	12 月 31 日,科威特"阿拉伯经济发展基金会"成立。
1962 年	1 月 20 日,选举产生的制宪会议着手起草科威特宪法草案。
1962 年	11 月 11 日,埃米尔阿卜杜拉·萨利姆批准科威特第一部宪法。
1963 年	1 月 23 日,科威特举行第一届国民议会选举。
1963 年	5 月 14 日,科威特加入联合国。
1965 年	7 月 7 日,科威特沙特边界中立区达成平分协议。
1965 年	11 月 24 日,科威特独立后首任埃米尔阿卜杜拉去世,其胞弟萨巴赫·萨利姆继承埃米尔职务。

1966 年	11 月 27 日，科威特大学举行盛大揭幕典礼。
1967 年	科威特科学院成立。
1969 年	4 月 1 日，科威特中央银行开业。
1971 年	3 月 22 日，科威特与中国正式建立外交关系。
1975 年	3 月，科威特政府收回外国石油公司享有的一切石油权益，完成了对石油工业的国有化。
1976 年	科威特颁布《社会保险法》和《后代储备金法》。后者规定截留国家总收入的 10% 用作后代储备金，2001 年前不准动用。
1976 年	8 月 29 日，埃米尔萨巴赫以"阻挠立法实施"为由，下令解散议会，并宣布成立专家委员会对宪法进行修改。
1977 年	12 月 31 日，第十二任埃米尔萨巴赫去世，谢赫贾比尔·艾哈迈德·萨巴赫继任埃米尔。
1978 年	11 月，在巴格达召开的阿拉伯首脑会议上，科威特坚决主张谴责埃以和平协定，支持对埃及实行制裁并召回了它驻埃及大使。
1981 年	5 月 25 日，科威特签署成立海湾合作委员会基本文件。
1984 年	11 月 27 日，海湾合作委员会第五届首脑会议在科威特举行。
1985 年	5 月 25 日，埃米尔车队遭汽车炸弹攻击，埃米尔安然无恙，暗杀图谋未遂。
1986 年	科威特内阁与议会分歧激化，埃米尔贾比尔接受内阁辞呈，同时宣布解散议会，中止一些宪法条款的效力。
1987 年	1 月 26~29 日，第五届伊斯兰国家首脑会议在科威特举行。
1990 年	4 月 22 日，埃米尔颁布成立国务委员会令。

1990 年	8 月 2 日，伊拉克出兵占领科威特。
1990 年	8 月 3 日，安理会通过 660 号决议，谴责伊拉克入侵科威特，要求伊拉克军队无条件撤出科威特，恢复科威特的合法政府。
1990 年	8 月 6 日、9 日，安理会通过 661、662 号决议，宣布对伊拉克实行经济军事全面制裁，伊拉克吞并科威特的决定无法律效力。
1990 年	8 月 25 日，安理会通过为强迫伊拉克从科威特撤出可以使用武力的 665 号决议。
1990 年	9 月 25 日，安理会通过 670 号决议，重申伊拉克政府采取的任何违反安理会关于科威特决议的措施均无法律效力。决议规定加紧对伊拉克的海上与空中的经济制裁，直到伊拉克接受安理会决议为止。
1990 年	10 月 13~15 日，科威特人民代表会议在沙特吉达召开。它体现了科人民万众一心，团结在其合法领导周围。
1990 年	11 月 29 日，安理会通过 678 号决议，限令伊拉克在 1991 年 1 月 15 日前从科威特撤军，否则可以对伊拉克使用武力。
1991 年	1 月 17 日，海湾时间凌晨 2 时，联军开始了解放科威特的"沙漠风暴"行动，对伊拉克进行大规模空袭。
1991 年	2 月 24 日，海湾时间凌晨 4 时，联军发起解放科威特的陆上进攻。26 日，科威特获得解放。
1991 年	2 月 27 日，科威特民众在首都中心举行盛大集会，升起自由科威特旗帜，宣布合法政府重返科威特。

1991 年	3 月 2 日，安理会通过 686 号决议，要求伊拉克立即废除一切兼并科威特的行动。
1991 年	3 月 14 日，贾比尔在离开科威特 225 天后回到祖国的土地上。
1991 年	4 月 3 日，安理会通过 687 号决议，决定海湾战争停火正式生效，强调要尊重疆界，赔偿战争损失和销毁大规模毁灭性武器。
1991 年	4 月 20 日，组成科威特解放后的第一届内阁。
1991 年	11 月 6 日，扑灭伊拉克占领军点燃的最后一口油井的大火。
1991 年	12 月 23 日，海湾合作委员会第十二届首脑会议在科威特召开。
1992 年	8 月 26 日，安理会通过 773 号决议，批准边界划定委员会认定的科威特与伊拉克边界，并向伊拉克重申，安理会将保证边界的不可侵犯性。
1992 年	10 月 5 日，举行解放后的首次议会选举，第七届国民议会选举。
1993 年	1 月 15 日，科、伊陆地新边界正式生效。3 月，联合国科伊边界划分委员会宣布完成两国海上边界划分，以阿卜杜拉湾水路中间线为基准线。
1995 年	1 月 10 日，伊拉克政府宣布承认科威特的主权、领土完整和政治独立，承认联合国划定的两国边界。
1996 年	10 月 7 日，第八届国民议会选举。议会与政府之间关系一直紧张，先后出现过三次重大对峙事件，促使埃米尔第三次解散议会。
1997 年	11 月，埃米尔贾比尔出席在德黑兰召开的伊

斯兰国家首脑会议，此后，多名伊朗部长访
科，两国关系改善。

1998 年	7 月，科、伊（拉克）两国代表团在日内瓦就科战俘和 625 名失踪人员举行"秘密"会谈。
1999 年	7 月 5 日，第九届国民议会选举产生。议会否决了埃米尔在议会中止活动期间颁布的关于给予妇女选举权和担任高级公职的敕令。
2000 年	联合国赔偿委员会根据科威特申报，最终确定科应得海湾战争赔款总额为 525 亿美元。（截至 2012 年底，伊拉克已支付赔款 377 亿美元，尚有 147 亿美元有待落实。）
2003 年	3 月 20 日，美国、英国联军，以科威特为基地，发动伊拉克战争推翻萨达姆政权。此后，美在科驻军常态化。
2003 年	7 月，萨阿德王储放弃首相职务，副首相萨巴赫继任首相。这是科独立后第一次王储不再兼任首相。
2005 年	5 月，科威特国民议会通过给予妇女选举权和担任公职资格法案。随后，埃米尔贾比尔任命马苏玛·穆巴拉克博士为计划大臣，成为科历史上首位女大臣。
2006 年	1 月 15 日，科第十三任埃米尔贾比尔去世，王储萨阿德继任埃米尔，首相萨巴赫要求议会启动宪政程序，以萨年老多病为由逼其逊位。1 月 24 日萨阿德放弃王位。29 日，萨巴赫即位，为科第十五任埃米尔。
2006 年	1 月 29 日，新任埃米尔萨巴赫宣布解散议会，改组内阁，任命其侄子纳赛尔为首相，指定其兄弟纳瓦夫为王储。

2009 年	5 月 16 日，科第十三届国民议会选举产生。4 名科大女教授在这次选举中赢得议员席位，这是科议会史上第一次。
2010 年	科威特议会通过了政府提出的 2010～2014 年五年发展计划，总投资 1290 亿美元。该计划着力把科打造成海湾地区商业、贸易和金融中心。
2011 年	2 月 25 日，科威特独立 50 周年，萨巴赫上台执政 5 周年，埃米尔萨巴赫下令给每位科籍公民发放 1000 第纳尔（约合 3500 美元），13 个月（2011. 2～2012. 3）凭卡供应食品买单。
2011 年	11 月 16 日，受"阿拉伯之春"风暴影响，约 5 万名科威特民众在一些议员的带领下示威游行，要求首相辞职，并与治安部队发生冲突。
2012 年	8 月 16 日，首届亚洲合作对话峰会在科威特召开，国家元首萨巴赫在开幕式上呼吁，亚洲各国加强对话，以实现应对各种挑战的目标。
2012 年	截至年底，美国在科驻军 1.5 万人，包括两个作战旅和一个战斗航空旅，科已成为美国中央司令部战区应急部队后勤基地。
2013 年	2 月 27 日，科威特与伊拉克恢复通航，这是自 1990 年海湾战争以来首次开通民间航班。此前，两国已于 2004 年中宣布恢复外交关系，2008 年 10 月互派大使。

参考文献

一　中文书

经贸部西亚非洲司编《世界各国贸易和投资指南——海湾国家分册》，经济管理出版社，1994。

对外贸易经济合作部编《走向 21 世纪的中国——科威特经贸合作专刊》，中国经贸画报社，1998。

安维华、钱雪梅主编《海湾石油新论》，社会科学文献出版社，2000。

左文华、肖宪主编《当代中东国际关系》，世界知识出版社，1999。

开罗新闻中心编《科伊争端的历史真相》，科威特驻华使馆翻译，1991。

世界知识出版社编《世界知识年鉴》（2011/2012），2013。

科威特驻华使馆编《走进科威特》（*A Passage to Kuwait*），2011。

二　外文书

The Information Ministry of Kuwait, *Facts and Figures*, 1999

Middle East and North Africa, 2012/2013

The Economist Intelligence Unit, *Country Report Kuwait*, 2012

The Planning Ministry of Kuwait, *The Social Development of Kuwait*, 1995

Hakim Abu A. M. , *The Modern History of Kuwait 1750 – 1966*, 1982

Kuwait News Agency, *Digest*, 1991

The Information Ministry of Kuwait, *Archaeological Investigation of the Island of Failaka*, 1963

The Central Statistics Bureau of Kuwait, *Statistics Bulletin 2013*

Kuwait University, *Brief Introduction of Kuwait University*, 2009

Burgan Bank of Kuwait, *Kuwait Tourist Booklet*, 2011

索　引

A

阿卜杜拉·萨利姆·萨巴赫　58，59，61，65，70，124，125，202，229，233

阿卜杜勒·拉蒂夫·加尼姆　70

阿卜杜勒·阿齐兹·萨格尔　70

阿卜杜勒·克里姆·卡塞姆　64

阿卜杜勒·拉蒂夫·哈马德　137

艾哈迈德·贾比尔·萨巴赫　3，58，69，124，232

艾哈迈德·哈立德·萨巴赫　153

艾哈迈德·法赫德·贾比尔·萨巴赫　208

艾哈迈德·哈姆德·贾比尔·萨巴赫　67

艾哈迈德·宰德·萨尔汉　70，71

艾哈迈德·尤素福·巴赫巴哈尼　133

艾哈迈德·尤素福·纳菲西　216

阿里·扎克里亚·安萨里　199

阿卜杜拉·欧泰比　199

阿卜杜拉·布特罗斯　136

艾哈迈德·萨敦　78

艾哈迈德·比夏拉　79

艾哈迈迪·内贾德　226

艾哈迈德·阿卜杜勒·阿齐兹·贾拉拉　210，214

阿拉伯湾　124

阿拉伯半岛　1，13，16，35～37，39，55，56，64，69，95，163，167，171，215

阿拉伯联盟　39，40，50，58，125，217，218，233

阿拔斯王朝　35

奥斯曼帝国　35，36，38，56，57，232

阿奈扎部落　36，163

阿里夫坚美军基地　52

B

布比延岛　3，5，41，44，51，89，103，119，162，226

布尔干油田　95

巴拉克·本·古雷尔　231

贝都因人　93，163，164

241

「」 科威特

新版《列国志》总书目

亚洲

阿富汗
阿拉伯联合酋长国
阿曼
阿塞拜疆
巴基斯坦
巴勒斯坦
巴林
不丹
朝鲜
东帝汶
菲律宾
格鲁吉亚
哈萨克斯坦
韩国
吉尔吉斯斯坦
柬埔寨
卡塔尔
科威特
老挝
黎巴嫩
马尔代夫

马来西亚
蒙古
孟加拉国
缅甸
尼泊尔
日本
沙特阿拉伯
斯里兰卡
塔吉克斯坦
泰国
土耳其
土库曼斯坦
文莱
乌兹别克斯坦
新加坡
叙利亚
亚美尼亚
也门
伊拉克
伊朗
以色列
印度
印度尼西亚
约旦
越南

非洲

阿尔及利亚

埃及

埃塞俄比亚

安哥拉

贝宁

博茨瓦纳

布基纳法索

布隆迪

赤道几内亚

多哥

厄立特里亚

佛得角

冈比亚

刚果共和国

刚果民主共和国

吉布提

几内亚

几内亚比绍

加纳

加蓬

津巴布韦

喀麦隆

科摩罗

科特迪瓦

肯尼亚

莱索托

利比里亚

利比亚

卢旺达

马达加斯加

马拉维

马里

毛里求斯

毛里塔尼亚

摩洛哥

莫桑比克

纳米比亚

南非

南苏丹

尼日尔

尼日利亚

塞拉利昂

塞内加尔

塞舌尔

圣多美和普林西比

斯威士兰

苏丹

索马里

坦桑尼亚

突尼斯

乌干达

西撒哈拉

赞比亚

乍得

中非

欧洲

阿尔巴尼亚

爱尔兰

爱沙尼亚

安道尔

奥地利

白俄罗斯

保加利亚

比利时

冰岛

波黑

波兰

丹麦

德国

俄罗斯

法国

梵蒂冈

芬兰

荷兰

黑山

捷克

克罗地亚

拉脱维亚

立陶宛

列支敦士登

卢森堡

罗马尼亚

马耳他

马其顿

摩尔多瓦

摩纳哥

挪威

葡萄牙

瑞典

瑞士

塞尔维亚

塞浦路斯

圣马力诺

斯洛伐克

斯洛文尼亚

乌克兰

西班牙

希腊

匈牙利

意大利

英国

美洲

阿根廷

安提瓜和巴布达

巴巴多斯

巴哈马

巴拉圭

巴拿马

巴西

玻利维亚

伯利兹

多米尼加

多米尼克

厄瓜多尔

哥伦比亚

哥斯达黎加

格林纳达

古巴

圭亚那

海地

洪都拉斯

加拿大

美国

秘鲁

墨西哥

尼加拉瓜

萨尔瓦多

圣基茨和尼维斯

圣卢西亚

圣文森特和格林纳丁斯

苏里南

特立尼达和多巴哥

危地马拉

委内瑞拉

乌拉圭

牙买加

智利

巴布亚新几内亚

斐济

基里巴斯

库克群岛

马绍尔群岛

密克罗尼西亚

纽埃

萨摩亚

所罗门群岛

汤加

图瓦卢

瓦努阿图

新西兰

大洋洲

澳大利亚

《列国志》丛书是社会科学文献出版社重点品牌图书，有着"21世纪《海国图志》"的美誉。列国志数据库源于丛书又不局限于丛书，在囊括《列国志》丛书内容资源的基础上全面整合国别国际问题研究资源，以建立当代世界发展问题研究的权威基础资料库和学术研究成果库为己任，以打造权威的国别国际问题研究资讯平台为目标，旨在为中央和地方政府部门应对日益繁杂的国际事务提供基础理论和决策支持，为国际问题的研究机构和专家学者提供权威的参考文献和丰富的学术资料，并搭建人文社会科学研究的应用平台和组建学术交流圈，为企事业单位、社会团体和个人开启放眼看世界的窗口，铺就与国际接轨的桥梁。

产品特点

内容权威全面：依托中国社会科学院雄厚的国别国际问题研究实力和专家学者队伍，充分整合社会科学文献出版社优质的学术出版资源，确保内容资源的权威性；囊括世界上200多个国家和重要国际组织，涉及地理、历史、政治、经济、军事、社会、文化、外交等多个领域，时间跨度从远古到当代。

产品丰富多样：收录图书、期刊、研究报告、学术资讯等多种资源，以文字、图表、图片、音频、视频等形式呈现，包含国家库、国际组织库、世界专题库和特色专题库等多种子库产品。

编辑队伍专业：以拥有相关专业背景和理论素养的数字编辑为骨干，

并与《列国志》丛书编辑队伍深层互动，在遵循学术研究脉络和满足专业研究需要的前提下，对内容资源进行专业加工和深度标引。

知识关联强大：源于图书又跳出"书"的概念，利用数字化形态的表现力，借助有序化的知识组织模式，将篇、章、节和知识点通过学科、地域等分类建立交叉连接，实现知识关联，构建节点丰富、交织纵横的知识网络系统。

信息更新及时：全方位收集整合世界主要国家和国际组织的各类基本信息，并不断采集各国最新发展动态，同时收录与国别国际问题有关的最新学术成果。

技术支持有力：强大的对比检索功能方便用户对比阅读，实用的专题推荐功能帮助学者准确定位研究资讯，按需定制功能满足不同用户的个性化需求。

网　址：www. lieguozhi. com

产品联系人：王燕　010 – 59367078　wangy@ ssap. cn

销售联系人：王林华　010 – 59367227　wanglinhua@ ssap. cn

联系地址：北京市西城区北三环中路甲 29 号院 3 号楼华龙大厦 B 座 1406 社会科学文献出版社数字资源运营中心（100029）

图书在版编目（CIP）数据

科威特/王景祺编著. —2 版. —北京：社会科学文献出版社，2014.9
（列国志：新版）
ISBN 978 - 7 - 5097 - 6078 - 9

Ⅰ.①科…　Ⅱ.①王…　Ⅲ.①科威特 - 概况　Ⅳ.①K933.83

中国版本图书馆 CIP 数据核字（2014）第 114081 号

· 列国志（新版）·
科威特（The State of Kuwait）

编　　著／王景祺

出 版 人／谢寿光
项目统筹／张晓莉
责任编辑／王　燕　冯　蕊

出　　版／社会科学文献出版社·人文分社（010）59367215
　　　　　地址：北京市北三环中路甲 29 号院华龙大厦　邮编：100029
　　　　　网址：www.ssap.com.cn
发　　行／市场营销中心（010）59367081　59367090
　　　　　读者服务中心（010）59367028
印　　装／三河市尚艺印装有限公司

规　　格／开　本：787mm × 1092mm　1/16
　　　　　印　张：17.25　插　页：0.75　字　数：264 千字
版　　次／2014 年 9 月第 2 版　2014 年 9 月第 1 次印刷
书　　号／ISBN 978 - 7 - 5097 - 6078 - 9
定　　价／69.00 元